災害に立ち向かう人づくり

減災社会構築と被災地復興の礎

室﨑益輝・冨永良喜
兵庫県立大学大学院減災復興政策研究科
［編］

ミネルヴァ書房

はしがき

減災復興の羅針盤として

2017年4月に，兵庫県立大学に独立大学院として「減災復興政策研究科」が開設された。大震災の経験を活かして災害リスクの軽減をはかるためと，阪神・淡路大震災から22年という準備期間をおいて開設された。被災地での20年を超える震災との葛藤の中で獲得された，豊かな見識の集大成である。

私たちの大学院は，第一に「阪神・淡路大震災以後，被災地の自治体や市民セクターが蓄積した教訓を学問的に体系化する」，第二に「減災と復興を表裏一体のものとして捉え，災害に強い社会づくりに実践を通して貢献する」，第三に「様々な分野の学生や社会人が共に学ぶことで，減災復興に関する専門家ネットワークを形成する」ことを，その具体的な使命としている。この使命に応えるべく，減災復興の指南書あるいは羅針盤として編纂されたのが，本書である。

最初に，本書の意義を確認していただくために，編纂と刊行にいたった背景を簡単に述べておきたい。その背景の1つは，「災害の激甚化」である。今の日本は，大規模な災害が次々と発生する時代にあるといって過言ではない。首都直下型や南海トラフの巨大地震の発生が危惧されているし，異常気象の影響による豪雨や豪雪のリスクも大きくなっている。最近の白根山の噴火に見るように火山噴火のリスクも見逃せない。それだけに，災害から命や暮らしを守るための備えや構えを強化するニーズが大きくなっている。

被災地責任と教訓の発信

もう1つは，「被災地の責任」である。被災地は被災の経験と教訓を発信する責務を負っている。他の地域が同じ被災の悲しみを経験しないように，減災や復興の教訓やノウハウを伝えることが，被災地には課せられている。災害時

i

に内外から受けた支援に教訓の発信と伝承で報いることも欠かせない。それだけに，被災や復興の教訓を伝えるために教訓の普遍化をはかるという，社会的なニーズがある。

こうしたニーズに応えるうえで，被災地の大学が果たす役割は非常に大きい。教訓の普遍化や対策の総合化には研究面からの科学的な考察が欠かせないし，教訓の伝承や対策の実践には教育面からの人材育成が欠かせないからである。教訓発信の責務を本書の普及により，また人材育成の責務を本書の活用により果たすことができればと，考えている。

教訓の発信においても人材の育成においても，大震災の教訓を正しく捉えて体系化あるいは標準化することが必須の要件となる。そこで，大震災の教訓を減災と教訓につなげるという見地から，私なりに整理している教訓を示しておきたい。今まで何げなく使ってきた「減災」や「復興」というキーワードとその概念も，震災を経験して生まれた教訓そのものである。

減災復興への新たな視角

大震災の教訓は，大きく課題面と運用面に分けて整理することができる。課題面からは「事前減災と事後復興」「政策提起と人材育成」という2つの教訓が，運用面からは「プロセスと連携協働」「生活減災と人間復興」という2つの教訓が浮かびあがる。そこから，事前と事後を一体的に考える，自然と社会を総合的に捉える，ガバナンスとマネージメントを融合させる，ソフトウエアとヒューマンウエアに力点を置くという，減災復興政策の全体像や目標軸が浮かびあがってくる。

本書では，その全体像を総論として提起している。序章の「減災と復興──その概念と原理について」と第Ⅰ部の「減災復興政策の基礎」では，減災や復興の基礎概念とともに，減災や復興の実践視座を提示している。自然の正しい理解が減災復興の基礎にあること，ソフトウエアとしてのガバナンスやマネージメントが大切なこと，ヒューマンウエアとしての防災教育や人材育成が必要なことを，ここでは提示している。

阪神・淡路大震災で気づかされたことの一つに，「災害への対応は起きてか

らでは遅い」ということがある。事前の減災や防災まちづくりが大切だということである。その事前減災やまちづくりのあり方を詳しく論じたのが，第Ⅱ部の「減災と防災まちづくり」である。事前対策では，予防医学的な対策と共に公衆衛生的な対策が必要になる。その公衆衛生的対策に焦点をあてたのが第Ⅱ部である。共助社会あるいはまちづくりに焦点をあてつつ，基礎技術としての災害情報や想定シミュレーションのあり方を示している。

　事前とともに事後をということで，第Ⅲ部の「被災者支援と災害復興」では，災害後の救援から復興にいたるまでの過程を扱っている。災害で苦しみ傷つくのも人間，復興で立ち上がるのも人間という「人間復興」の視点を，ここでは大切にしている。その視点からの，被災者の健康やケアのあり方，暮らしと住まいの再建のあり方，復興を支えるボランテイアのあり方，地域と復興を支える経済のあり方などを，詳しく論じている。数多くの災害現場に関わり，被災者に寄り添ってきた，私たちの実践からの知見がここには詰まっている。

　先に述べたように私たちの大学院は，減災や復興を担う人材の育成を大きな目的にしている。減災のための施設や装備が整備されても，また減災のための組織や制度が整備されても，それらを正しく運用し命を吹き込む「人間」がいなければ，役に立たない。それゆえに，その担い手を育む人材育成とそれを実現する防災教育に力を入れることが欠かせない。この重要な人材育成と防災教育のあり方を論じたのが，第Ⅳ部の「防災教育と心のケア」と第Ⅴ部の「支援者・専門家の養成」である。

土の人，水の人，風の人

　ところで，減災と復興には「土の人」「水の人」「風の人」が欠かせない。減災に必要な理論や技術という種を運んでくるのが「風の人」である。風の人は減災の指揮官である。その蒔かれた種を育んで花を咲かせるのが「土の人」の人である。土の人は減災の主人公である。安全を希求するすべての人が土の人である。ところで，土の人だけでは美しい花は咲かせられない。土に水をやるように，地域の中や職場の中でサポートする「水の人」が欠かせない。水の人は減災の潤滑油である。学校の先生や地域の防災リーダーなどが水の人である。

この「水の人」の裾野を広げ，そのレベルアップをはかることを，本書は目標にしている。本書のタイトルが，「災害に立ち向かう人づくり」となっているように，人材育成を念頭において編纂されている。減災や復興の担い手となる人が具備すべきリテラシーを提示するとともに，人材育成をはかる教育のあり方についても詳細に論じている。防災を学ぶ学生はもとより，地域の防災リーダーや災害ボランティアの皆さん，企業や団体の危機管理担当者，そして行政の職員や学校の先生に読んでいただければと，教科書としても活用できるように編纂させていただいた。人づくりの大きな武器となれば幸いである。

　2018年1月

執筆者を代表して　室﨑益輝・冨永良喜

災害に立ち向かう人づくり
──減災社会構築と被災地復興の礎──

目　　次

はしがき

序　章　減災と復興——その概念と原理について…………………………………… 1

　　1　減災復興政策の意義………………………………………………… 1

　　2　大災害の教訓………………………………………………………… 2

　　3　災害がもつ特質……………………………………………………… 4

　　4　減災の概念と原理…………………………………………………… 5

　　5　復興の概念と原理…………………………………………………… 10

　　6　ボトムアップとパートナーシップ………………………………… 14

　　7　「総合現場科学」の確立へ………………………………………… 15

第Ⅰ部　減災復興政策の基礎

第1章　自然災害との正しいつきあい方………………………………………… 19

　　1　「地球の営み」に関する教育の現状……………………………… 19

　　2　自然災害による犠牲者の推移……………………………………… 20

　　3　災害の要因と恩恵…………………………………………………… 23

　　4　地球の営みと共に生きる…………………………………………… 29

第2章　減災の心理学と防災教育………………………………………………… 31
　　　　——津波・豪雨なぜ逃げおくれるのか

　　1　災害心理学からみた避難行動……………………………………… 31

　　2　東日本大震災での避難行動………………………………………… 32

　　3　研究と防災教育の実践……………………………………………… 36

　　4　南海トラフ巨大地震津波から命を守るために…………………… 38

目　次

第3章　災害対応の組織マネジメント………………………………………42

　　1　災害対応の特徴と難しさ……………………………………………42

　　2　災害対策本部の2つの役割（「何を」と「いかに」）……………44

　　3　災害対策本部における情報のマネジメント………………………45

　　4　災害対応のリーダーシップ…………………………………………47

　　5　計画と訓練……………………………………………………………48

第4章　減災復興とガバナンス………………………………………………51
　　　　──多様な担い手が協働し災害に強い社会を創る

　　1　ガバナンスとは………………………………………………………51

　　2　社会を構成する主な主体……………………………………………52

　　3　過去の大災害とガバナンス…………………………………………53

　　4　ガバナンスを推進する方策（復興基金と中間支援組織）………56

　　5　改めて自治体の防災力を問う………………………………………64

　　6　将来の巨大災害等に備えたローカル・ガバナンスのあり方………68

第Ⅱ部　減災と防災まちづくり

第5章　災害時の共助…………………………………………………………77

　　1　災害時の共助について………………………………………………77

　　2　「公助」を補完する「共助」………………………………………77

　　3　助けてもらう・助け合うための共助………………………………79

　　4　義務的共助……………………………………………………………80

　　5　自己犠牲に基づく共助………………………………………………82

　　6　共助の概念の変化をめぐる考察……………………………………83

　　7　共助に根ざした防災対策……………………………………………84

vii

第6章　地域社会みんなで創る，共有する，使う，地域情報としての災害情報
　　　　　──情報，情報技術，情報システムを上手く活用するために……………87

　1　災害関連情報と情報システム，メディア……………………………87

　2　災害情報メディアミクス………………………………………………94

　3　地域社会の参画者で作る，使う地域情報……………………………104

第7章　安心・安全なまちづくりのためのシミュレーションの果たす役割
　　　　　──単一シミュレーションから統合シミュレーションへ……………111

　1　シミュレーションって役立つの？……………………………………111

　2　地震発生のメカニズム…………………………………………………111

　3　過去の地震における建物被害と耐震規定の変遷……………………112

　4　建築構造物のシミュレーション………………………………………112

　5　災害軽減のためのシミュレーションのこれからの役割・意義………118

　6　安心で安全なまちづくりのためのシミュレーションの果たす役割…120

第8章　水害リスクとまちづくり…………………………………………121

　1　日本の水害対策の現状…………………………………………………121

　2　まちづくりとしての水害リスクマネジメントへの転換………………121

　3　様々な水害リスクマネジメントの手法………………………………126

　4　国内外の水害リスクマネジメントの事例……………………………129

　5　水害に強いまちづくりに向けて………………………………………139

第Ⅲ部　被災者支援と災害復興

第9章　避難生活支援からはじまる復興プロセスと
　　　　そのプランニング……………………………………………………145

　1　地域の復興プロセスを概観する………………………………………145

2　重要な1ステップとなる仮設住宅計画⋯⋯⋯⋯⋯⋯⋯⋯⋯⋯⋯147

　　3　住まいの再建と暮らしの再建⋯⋯⋯⋯⋯⋯⋯⋯⋯⋯⋯⋯⋯149

　　4　居住地の再生と地域の復興をどう関連づけるべきか⋯⋯⋯⋯⋯152

　　5　復旧・復興プロセスは「タイミング」「時機」も大切⋯⋯⋯⋯⋯155

　　6　復興までの道のりをどう描くか⋯⋯⋯⋯⋯⋯⋯⋯⋯⋯⋯⋯161

　　7　復旧・復興の全体像をふまえたプロセスデザインが大切⋯⋯⋯⋯164

第10章　災害と人と健康⋯⋯⋯⋯⋯⋯⋯⋯⋯⋯⋯⋯⋯⋯⋯⋯⋯167

　　1　災害に対する備え⋯⋯⋯⋯⋯⋯⋯⋯⋯⋯⋯⋯⋯⋯⋯⋯⋯167

　　2　高齢者と災害⋯⋯⋯⋯⋯⋯⋯⋯⋯⋯⋯⋯⋯⋯⋯⋯⋯⋯169

　　3　子どもと災害：子どもは災害から守る存在であり，
　　　　未来の子どもを守る存在でもある⋯⋯⋯⋯⋯⋯⋯⋯⋯⋯171

　　4　妊産褥婦と災害⋯⋯⋯⋯⋯⋯⋯⋯⋯⋯⋯⋯⋯⋯⋯⋯⋯173

　　5　災害と保健師⋯⋯⋯⋯⋯⋯⋯⋯⋯⋯⋯⋯⋯⋯⋯⋯⋯⋯174

　　6　災害による心理的影響と被災者・援助者への心のケア⋯⋯⋯⋯176

第11章　災害ボランティアと現代社会⋯⋯⋯⋯⋯⋯⋯⋯⋯⋯⋯180

　　1　ボランティアとは何か⋯⋯⋯⋯⋯⋯⋯⋯⋯⋯⋯⋯⋯⋯⋯180

　　2　阪神・淡路大震災以降の災害ボランティア⋯⋯⋯⋯⋯⋯⋯⋯183

　　3　災害ボランティアをめぐる課題⋯⋯⋯⋯⋯⋯⋯⋯⋯⋯⋯⋯185

　　4　災害ボランティアの可能性と現代社会⋯⋯⋯⋯⋯⋯⋯⋯⋯188

第12章　内発的な復興の主体形成⋯⋯⋯⋯⋯⋯⋯⋯⋯⋯⋯⋯⋯192

　　1　「復興とは何か」⋯⋯⋯⋯⋯⋯⋯⋯⋯⋯⋯⋯⋯⋯⋯⋯⋯192

　　2　新潟県中越地震の災害復興⋯⋯⋯⋯⋯⋯⋯⋯⋯⋯⋯⋯⋯193

　　3　中越地震の復興の本質的課題⋯⋯⋯⋯⋯⋯⋯⋯⋯⋯⋯⋯197

4 「めざす」かかわりと「すごす」かかわり……………………………199

5 復興が内発的であるということ……………………………………201

第13章　復興特区の現在とその可能性………………………………204

1 東日本大震災の復興特区……………………………………………204

2 東日本大震災における復興特区……………………………………205

3 阪神・淡路大震災エンタープライズ・ゾーン構想から東北復興特区へ……206

4 東日本大震災復興特区の枠組みと現在……………………………207

5 復興特区と地域政策…………………………………………………210

6 復興特区政策の進化を………………………………………………216

7 残された課題…………………………………………………………218

補論：特区の理論面からのアプローチ………………………………222

第Ⅳ部　防災教育と心のケア

第14章　学校教育における実践的な防災教育………………………227

1 学校教育における防災教育…………………………………………227

2 室戸台風と学校教育における防災教育の導入……………………228

3 阪神・淡路大震災と総合的な防災教育……………………………229

4 想定外に備えるための防災教育……………………………………232

5 実践的な防災教育……………………………………………………236

第15章　復興の心のケアと被災地での防災教育……………………239

1 復興の心のケア………………………………………………………239

2 被災地での防災教育…………………………………………………247

第Ⅴ部　支援者・専門家の養成

第16章　減災復興における専門家育成と減災復興政策研究科……253
1　専門家育成の必要性……………………………………………253
2　日本における防災専門家制度の現状……………………………254
3　アメリカにおける防災専門家制度………………………………256
4　大学の役割と減災復興政策研究科の挑戦………………………259

第17章　被災地に関わる「若者，バカ者，よそ者」を育てる………265
　　　　　──災害多発時代における大学，特に公立大学の役割
1　若者，バカ者，よそ者……………………………………………265
2　兵庫県立大学の被災地支援………………………………………266
3　兵庫県立大学学生の被災地ボランティア活動からの学び…………268
4　学生ボランティア主体の被災地支援活動………………………269
5　大学における被災地ボランティアの育成教育……………………270
6　被災地におけるボランティア学生をより多く育てるために…………273
7　積極的に「若者，バカ者，よそ者」を育てる……………………275

あとがき……277
索　　引……279

序　章	減災と復興
	——その概念と原理について——

1　減災復興政策の意義

　阪神・淡路大震災（1995年）を経験した兵庫県の被災地では，救援から復旧さらには復興への長く苦しい道のりの中から，災害に向き合うための様々な規範や知見を蓄積してきた。その規範や知見をさらに磨き上げて普遍化し，世界の災害対策に生かせるように発信することは，世界から多大な支援を受けた被災地に課された大切な責務である。

　この責務の一端を担うべく，2017年4月，兵庫県立大学大学院に「減災復興政策研究科」が設立された。震災後の22年という歳月をかけての満を持しての設立である。この22年間の実践の中で培った理論的な蓄積を基礎に，研究と教育さらには社会貢献にあたることになる。この理論的蓄積の軸になるのが，「減災の総合化」と「政策の現場化」という考え方である。

　減災の総合化では，減災と復興を一体的に捉えて，安全で安心できる社会形成の持続的発展をめざす。政策の現場化は，現場から現場への政策的コミュニケーションを大切にして，研究や教育の社会的還流をめざす。減災復興政策研究科という名称は，この総合化と現場化を大切にするという考え方に基づいている。

　そこで本章では，この20年間ほど筆者が考究してきた成果としての，減災や復興の概念規定を述べることにする。未完成の理論であり未熟な考え方ではあるが，現時点での筆者の減災と復興にかける思いを述べさせていただいて，次なる理論的飛躍のための「踏み台」にしていただこうと思っている。

　本章が，私たちの大学院の理念，さらには本書全体の意図をご理解いただく，一助となれば幸いである。

2 大災害の教訓

阪神・淡路大震災などの教訓を基礎として，その発展と継承をはかるのが私たちの課題である。そこで最初に，阪神・淡路大震災や東日本大震災の教訓とは何かについて，簡単に触れておきたい。

その教訓は，「正しく恐れて，正しく備える」ということに尽きる。正しく恐れるには，災害のリスクを正しく捉えること，災害のリスクを正しく伝えることが欠かせない。ここでは，リスクアセスメントとリスクコミュニケーションのあり方が問われている。リスクアセスメントでは，被害想定の精度を上げる，最悪のケースを考えておく，想定外の発生を念頭に置くことが求められる。「油断大敵」と「最悪想定」というキーワードに，この教訓は要約される。

リスクコミュニケーションでは，リスク情報の公開と伝達をはかること，リスクについての意識啓発をはかること，専門家と市民との関係を密にすることが求められる。「意識啓発」と「学民交流」というキーワードに，この教訓は要約される。個人的なことであるが，大学などの防災関係の研究者として大震災の前に，行政には研究成果を伝える努力をしていたが，市民に向けてはその努力を怠っていた。専門家とメデイアあるいは市民とのコミュニケーションが欠けていたことを，反省することになった。その反省を踏まえ，大震災後は市民との井戸端会議的な対話の場を大切にするようにしている。

正しく備えるには，災害への備えの実効性を高めること，災害への備えの相補性を高めることが欠かせない。ここでは，リスクマネージメントとリスクガバナンスのあり方が問われている。リスクマネージメントでは，事前の取組みを重視すること，計画の実行管理に努めること，被害軽減の戦略を組み立てることが求められる。阪神・淡路大震災までの多くの防災計画には，やるべきことが書いてあっても，いかにそれをやりきるかは書かれていなかった。「絵に描いた餅」状態だったといってよい。それゆえ，計画とその実行にいかにリアリティや戦略性を与えるかが課題となった。「危機管理」と「事前防備」というキーワードに，この教訓は要約される。

序　章　減災と復興

　この実効性の向上をはかる上では，２つのサイクルが欠かせない。その１つが実行管理のサイクルで，もう１つが対策時期のサイクルである。実行管理では，計画段階（Plan），実行段階（Do），検証段階（Check），改善段階（Action）という「PDCA サイクル」をまわすことが奨励されている。防災では計画段階の前に，想定段階（Assess）を加えて APDCA サイクルとし，対策改善によりどれだけ被害が軽減されるかを確かめるようにしたい。対策を立てるだけではなく，対策を生かすプロセスを大切にしたい。

　対策時期では，予防段階（Reduction），応急段階（Response），復旧段階（Recovery），復興段階（Reconstruction）という「災害対応サイクル」をまわすことが推奨されている。震災前までは，バケツリレーなどに代表される応急対応に重点が置かれていたが，応急よりも予防対策や事前対策を重視する方向，さらには復旧対策や復興対策を重視する方向に進んでいる。「事前に取り組んでいなければ事後には役立たない」「暮らしやコミュニティの再建をはかる復興が大切である」という教訓は，とても重要である。

　もう１つの教訓としてのリスクガバナンスでは，法制など社会的な仕組みの改善をはかること，社会的セクターや担い手の連携や協働をはかることが求められる。「協働連携」や「地域密着」というキーワードに，この教訓は要約される。大震災の後，「自助，共助，公助」ということが教訓として強調された。大規模な災害では，行政の対応能力に限界があり，コミュニティやボランティアとの連携が欠かせないことを教えている。行政レベルでも，補完性を高めるための広域連携や対口支援の取組みが進んでいる。

　＊　中国四川省大地震（2008年）のとき，中国で実施された支援法。「対口」で１対１，ペアを組む，対になる，という意で，日本では「ペアリング支援」ともいう。

　この連携にかかわって，地域の大切さが再確認されている。大震災以後，「事前に備えることも大切だが，地域で備えることも大切だ」といわれるようになった。行政の限界を地域で補完するということもあるが，即応性や連帯性，さらには自律性を有する地域の特性をいかすということから，地域密着の防災が推奨されている。ちなみに，地域密着型の防災を表彰する「防災まちづくり大賞」の取組みは，阪神・淡路大震災の教訓を踏まえて誕生している。

3

以上の考察から,「リスクアセスメント,リスクコミュニケーション,リスクマネージメント,リスクガバナンス」が教訓だということもできるし,「最悪想定,意識啓発,危機管理,協働連携,地域密着」が教訓だということもできる。さらには,「リスクを正しく認識すること,対策の実行管理に努めること,事前と事後の対策を強化すること,担い手の協働と連携に努めること」が教訓だといってもよい。ところで,これらの教訓の多くは,以下で詳しく考察する「減災」という考え方に集約される。

　なお,私たちの減災復興政策研究科のカリキュラムは,アセスメント,コミュニケーション,マネージメント,ガバナンスの4つを柱に構成している。

3　災害がもつ特質

　この序章で提唱しようとする減災も復興も,災害による被害の軽減をはかるものであり,災害が提起した課題に応えるものである。それゆえに,減災と復興のあり方は,災害の態様や性格に規定される。そこで,災害がいかなる特質をもっているかを,整理しておこう。なお,減災や復興という社会的対応との関係をみるので,ここでは災害の自然的特質ではなく社会的特質に絞ってみることにする。その特質は,以下の3つのポイントに要約される。

1 社会的特質

　第一のポイントは,災害の破壊性である。災害は人の命だけでなく,人々の暮らしも,コミュニティのつながりも破壊する。さらには,生きてゆく希望さえも破壊する。災害の混乱の中で,人間としての生存権や幸福権も奪われかねない。人間としての命や暮らしが,暴力的に奪われるということでは,悲惨で残虐なものだといえる。なお,人の暮らしや夢を破壊する外力には,自然の猛威だけではなく,社会の非情もある。社会的な支援が得られないことでも,被害が拡大する。

　第二のポイントは,災害の教示性である。災害は,その時代その社会が内包していた社会的な歪や矛盾を顕在化させる。開発優先の歪み,一極集中の歪み,

序　章　減災と復興

自然破壊の歪み，超高齢化の歪みなどが，被害の形で顕在化する。阪神・淡路大震災は，少子高齢化社会の弱さを，古い市街地に取り残されていた高齢者の犠牲で，私たちに知らしめた。その顕在化した歪みと犠牲は，人間や社会が犯してきた誤りをも気づかせる。自然の破壊が自然の狂暴さを引き出したということでは，災害は自然の報復だとみることもできる。

　第三のポイントは，災害の誘発性である。立ち上がろうとする力を災害は誘発してくれる。災害によって人間が奈落の底に落とされても，そこから這い上がるための力が湧き出してくる。「なにくそ」という克己と挑戦のバネ，お互いに助け合うという連帯のバネ，誤りを正そうとする自省のバネも働く。災害が起きると，隣近所の助け合いが生まれたり，災害ボランティアが駆けたりするが，人間としての本来のあり方が災害によって引き出される。

［2］社会的メカニズム

　ところで，この災害の特質を考えるとき，社会的な災害のメカニズムに注目する必要がある。以下の2つの特性については，特に留意する必要がある。

　その第一の特性は，先に「社会の非情」という言葉を使ったが，人命や生活の破壊の原因には「自然の狂暴性だけでなく，社会の脆弱性もある」ことである。自然的要因だけでなく社会的要因にも注目する必要がある。この社会的要因の中には，少子高齢化の進展や地域経済力の衰退といった問題だけでなく，災害救済制度の未確立や災害復興行政の瑕疵といった問題もある。

　第二の特性は，後述する震災関連死が代表例であるが，人命や生活の被害には「直接被害だけでなく，間接被害もある」ことである。災害の大規模化が進むにつれて，また社会の高度化が進むにつれて，間接被害が大きくなる傾向にある。震災関連死や震災障害者の問題のほか，震災孤児の問題や震災離職者の問題もある。被災地を離れて避難生活を送る県外避難者の問題も深刻である。

4　減災の概念と原理

　阪神・淡路大震災の後，「防災ではなく減災」という言葉が強調されるよう

5

になった。

① 防災と減災の違い

　ところで，防災と減災はどこが違うのであろうか。読んで字のごとく，防災は「災害を防ぐこと」で，減災は「災害を減らすこと」である。防ぐという発想の根底には，「災害を力で押さえこんで，被害をゼロにしよう」という意識がある。減らすという発想の根底には，「被害はゼロにできないが，少しでもその軽減をはかろう」という意識がある。

　小さな災害に対しては，防げるので「防災」でよいが，大きな災害に対しては，防げないので「減災」に心がけるのである。例えば，小さな災害としての寝タバコは，寝具を防炎製品にする，あるいは住居内の喫煙を禁止することで，防ぎうる。その一方で，大きな災害としての南海トラフの巨大地震では，被害をゼロにすることは至難の業である。それゆえ，この大きな自然の破壊力に小さな人間が向きあうときには，少しでも被害を軽減しようとする「減災」の立場をとらざるを得ない。

　この小さな人間であるとの自覚とそれゆえの減災の努力の積み重ねは，人間の技術過信的な驕りを諌め，謙虚に自然や災害に向き合うことに通じる。「力まかせの防災」ではなく「柔らかな減災」をめざすのである。この謙虚に向き合う場合のポイントは，持続的に努力をすること，みんなで力を合わせること，できることをやりきることである。災害への備えにおける「持続性，総合性，協働性，着実性，地域性」が，この減災には求められる。

② 対策の足し算

　そこでもう少し，実践的に減災を考えてみよう。減災は，被害を減らすことであり，被害の引き算をはかることである。その被害の引き算は，対策の足し算により達成される。想定される100人の死者は，家屋の耐震補強により60人に減る。加えて，家具の転倒防止をすると50人に減る。その上，津波避難の訓練を繰返すと20人まで減る。このように，様々な対策を重ね合わせることによって，被害を少しずつ軽減してゆくのである。

序　章　減災と復興

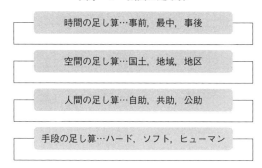

図序-1　減災の足し算

　ところで，この対策の足し算は，「時間の足し算」「空間の足し算」「人間の足し算」「手段の足し算」などに分けられる（**図序-1**）。時間の足し算は，事前，最中，事後の対策を組み合わせること，空間の足し算は，大きな公共レベルと小さな公共レベルの対策を組み合わせること，人間の足し算は，住民，行政，企業さらにはNPOの取組みを足し合わせること，手段の足し算は，ハードウエア，ソフトウエア，ヒューマンウエアの対策を足し合わせることである。このように，質の異なる多様な対策を効果的に組み合わせることにより，減災の実効性や補完性を高めてゆく。

〔3〕足し算とコミュニティ

　この減災の足し算では，小さな公共あるいは身近な近隣としてのコミュニティの果たす役割が大きい。空間の足し算は，お菓子のモナカのカワとアンコの関係に喩えられる。美味しいモナカはアンコがいいのでカワは薄くてよいが，不味いモナカはアンコが悪いのでカワを厚くせざるを得ない。カワとアンコは足し算の関係にあるからである。ところで，社会も地域も，モナカと同じでカワとアンコからできている。美味しいモナカのように，アンコにあたるコミュニティがよくないと，真に安全な社会の構築は難しいといえる。

　人間の足し算も，コミュニティの強化を求めている。行政だけではなく，コミュニティや企業さらにはNPOやボランティアなどが協働する形での，足し算が欠かせない。とりわけ，行政と住民や地域との連携が不可欠である。行政

7

のマクロケアでは対応できない部分を，コミュニティのミクロケアでカバーするのである。ファーストエイドとしてすぐに対応できる，被災地の実情に即して細やかに対応できる，取り残された人に手を差し伸べられるといったコミュニティの利点が，行政の欠点を補うのである。

　この人間の足し算では，コミュニティの外からの人の支援が，まず必要になる。内と外との足し算である。緊急時には，外からのボランティアの駆けつけや行政の広域応援が大きな役割を果たす。次に，コミュニティの中にいる人の相互の助け合いも，必要になる。内と内の足し算である。身近な人が互いに助け合うという連帯性，傍にいる人が救いの手をだすという即応性が，応急対応でも予防対応でも欠かせないからである。遠助も大切だが近助も大切なのである。

　地域の中には，アマチュア無線の資格をもった人，調理師，理髪師などの技術をもった人，スポーツや技芸に優れた人などがいる。消防団員や防災士といった防災力をもった人，看護師や福祉士といった救援力をもった人もいる。こうした様々な能力を足し合わせ，災害に向き合う地域力を高めて，被害の軽減をはかるのである。地域力を高めるということでは，昔ながらの商店街はもとより，コンビニやガソリンスタンド，学校や郵便局といった施設の足し算も忘れてならない。

4 事前と事後の取組み

　先に述べたように，減災の足し算には時間の足し算がある。災害が起きた直後の緊急対応や応急対応だけでなく，起きる前の予防対応や起きた後の復興対応をしっかりやらなければならない。従来の防災では，バケツリレーや避難誘導さらには炊き出しに象徴される消火活動や救助活動といった直後の活動が，防災の主流とされてきた。しかし，その直後の活動だけでは，人の命や地域の暮らしを守ることができないことを，阪神・淡路大震災や東日本大震災などで学んだ。

　事前に，住宅の耐震補強や家具の転倒防止をしていなければ命は守れないし，避難誘導の計画や避難経路の整備をしていなければ命は守れない。災害後の復

序 章 減災と復興

旧や復興で，住宅や仕事をある程度取り戻すことはできるが，失った命は事後の取組みではとり戻せない。そこで，1人でも多くの命を守るための事前の減災が必要になってくる。応急対応中心の防災から予防対応あるいは事前対応中心の減災への転換が求められる所以である。「事後の前に事前がある」ということを忘れていけない。

　ところで，ハードウエア，ソフトウエア，ヒューマンウエアという手段の足し算が，この事前の備えでも必要となる。耐震化や堤防整備といったハードな備えに加えて，避難誘導や情報伝達といったソフトの備え，さらには意識啓発や能力向上といったヒューマンな備えを，事前にはかることが求められる。とりわけ，ヒューマンな備えはとても大切である。住民の意識や知識を変えなければ，事前減災の取組みは前に進まない。それゆえ，防災教育や防災訓練の強化をはかって，災害に強い人間の育成に努めなければならない。

　さて，事前の減災も必要だが，事後の減災も必要である。2016年の熊本地震では，直接死の4倍を超える間接死が出ている。直接死を防ぐだけではなく間接死を防がなければ，トータルとしての犠牲を減らすことにならない。地震時の間接死は「震災関連死」と呼ばれている。この間接死に関わって，「復興災害」という言葉がある。復旧や復興の遅れやミスが2次災害あるいは3次災害としての間接死を含む間接被害をもたらしているからだ。この間接被害を軽減することもターゲットに置き，事後対応や復興対応の強化をはかることが求められる。

　被災者の苦しみの総量は，日々の苦しみの時間積分で与えられる。日々の苦しみを和らげることと苦しみの継続時間を短くすることが，この間接被害の軽減では欠かせない。日々の苦しみを軽減するには，被災者のケアの態勢の強化をはかることが欠かせないし，苦しみの時間を短くするには，生活再建やコミュニティ再建のスピードをあげることが欠かせない。この時間に関しては，災害が長期化すると共に間接被害が増大する状況の中で，速やかな再建の必要性が大きくなっている。

　ただ，復興のスピードアップといっても，東日本大震災のように十分な議論もないままに，急いで方針を決めてしまうと，被災者の足並みが乱れて混乱を

9

招き，かえって復興が遅れることになる。「熟議なき暴走は混乱を招く」ということである。「急がば回れ」ということで，合意形成のための時間は十分とるようにしなければならない。

　こうした事前と事後の取組みにおいても，コミュニティや地域社会の役割は大きい。家具転倒防止や感震ブレーカ設置などの取組みは，コミュニティぐるみの励ましあいがなければ進まないし，住民の意識啓発や能力向上も世代を超えた地域ぐるみの防災教育がなければ進まない。事後の苦しみの緩和では，コミュニティによるケアが欠かせないし，苦しみの時間縮減では，コミュニティによる復興の協議が欠かせない。減災は地域づくりと密接に関わっているのである。

5　復興の概念と原理

　時間の足し算では，事後の取組みが欠かせないし，復興の取組みが欠かせない。また，最近の大災害では，復興のあり方が厳しく問われている。ということで，復興についてもその概念や原理，さらには課題を明らかにしておきたい。

［1］復興の目標と課題

　事後の復興の取組みが早期の生活再建や間接被害の軽減に欠かせないことを，すでに述べた。ところで，事後の復興の目標は，間接被害の軽減や生活再建の実現をはかることだけではない。次の災害に備えての予防をはかることも求めている。対策時期のサイクルでも触れたが，「予防から応急，応急から復興，そして復興から予防」という，連続性が重要になる。復興の中で，今までの脆弱な体質の改善をはかり，安全性を高める対策を講じて，次の災害予防につなげるようにしなければならない。

　旧態に戻すだけだと，前と同じ危険を抱え込む。それゆえ，同じ災害を繰り返さないためには，従前より高い安全性を復興の中で確保しなければならない。この前よりも高い状態にするということが，復興を復旧と区別する重要な特質であり，復興に期待される必須の要件である。ところで，より高い状態にする

序　章　減災と復興

のは安全性だけではない。健康性，利便性，快適性，そして文化性なども，より高い状態にしなければならない。前に進むということで，理想を追求することや社会の変革をはかることが欠かせない。

　災害は，その社会のもっている歪みや誤りを，時代を先取りする形で顕在化する。阪神・淡路大震災は，超高齢化社会やスプロール開発（都市の郊外に向けての無秩序な拡大開発）の歪みを顕在化した。中越大地震は，中山間地域の過疎化や限界集落化の歪みを顕在化した。東日本大震災は，医療や経済などの地域格差の歪みに加え，技術過信社会の歪みを顕在化した。災害後の復興では，これらの顕在化した歪みに向きあって，社会の改革をめざすことが余儀なくされる。復興が「建直し」だけでなく「世直し」だといわれる所以である。

　復興という言葉を，広辞苑などの辞書でみると，「衰えていたものが，再び盛んになること」と定義されている。この「再び盛んになる」ということは，社会の弱点を正して世直しをはかることに他ならない。復興の英語訳において，筆者は reconstruction ではなく revitalization を使うようにしている。再び盛んになることは，生きる力を取り戻すことだからだ。理想に向かって生きてゆく力を取り戻すことが，復興には欠かせない。

　世直しということでは，「衰えていたもの」が何かを問い直すことも大切である。それは，必ずしも生存基盤の衰えだけをいうのではない。生活や福祉の衰えもあるし，経済や文化の衰えもある。さらには，地球環境や生態系の衰えもある。政治の衰えもあろう。こうした衰えにメスを入れることが，復興では求められる。1755年のリスボン地震がなければフランス革命はなかった，1854年の安政地震がなければ明治維新はなかったといわれるのも，衰えとしての社会矛盾の変革を，大災害が要請しているからだ。

　世直しという言葉とともに，「創造的復興」あるいは「Build Back Better」という言葉が使われる。こうした復興に関わる言葉を，量的に「前よりも大きくする」という意味で捉えてはいけない。災害が問いかけた衰えや歪みと正して，質的に「前よりもよくする」という意味で捉えなければならない。

　以上の考察から，復興の目標と課題をまとめると，「被災からの回復をはかること」「より安全な社会を築くこと」「社会の矛盾を正し変革をはかること」

11

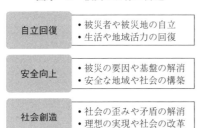

図序-2　復興の目標と課題

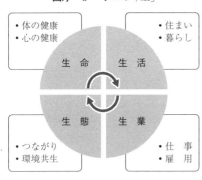

図序-3　4つの「生」

の3つに整理することができる。つまり「自立回復，安全向上，社会創造」をコミュニティの中でいかに具体化するかが，復興では問われている（**図序-2**）。

２ 減災と復興の有機的連関性

　復興の課題をもう少し詳しくみておこう。復興で取り戻すべき内容は，4つの「自」と4つの「生」というキーワードに要約される。まず4つの「自」では，自立，自由，自治，自尊を獲得することが求められる。人間としての自由や自尊心を取り戻し，他者に依存することなく自立して暮らせるようにすることが，復興の最終的な目標であることを忘れてならない。

　その一方で，生命，生活，生業，生態という4つの「生」を追求しなければならない。自立や自由のためには，その4つの生の確保が欠かせないからだ。生命では，震災関連死などの間接死を防ぐとともに，心身の健康が守られる社会をつくること，生活では，人間らしい生活を取り戻すとともに，未来につながる豊かな生活文化を築くこと，生業では，地域経済の速やかな回復をはかり，生活の糧と生きがいにつながる仕事をつくりだすこと，生態では，失われた自然や文化との共生を取り戻し，持続的発展につながる環境をつくることが，求められる（**図序-3**）。

　ところで，こうした4つの生の確保が必要なのは，何も事後の復興に限ったことではない。日常の対応でも事前の予防でも同じである。事後で行うことになる復興の事業を事前に先取りして行うことを「事前復興」というが，見守り体制の整備や都市基盤の整備，またコミュニティの醸成や環境共生の確立，さ

序　章　減災と復興

らに産業基盤の強化などをはかることは，事前の予防にも事後の復興にも欠か
せない。

　事後で取り組むことになる社会的な歪みの解消も，できうれば事前に取り組
むのが望ましい。災害が教えてくれる社会的な歪みは，災害が起きないとわか
らないわけではない。自然破壊の問題や生活格差の問題など，冷厳に社会を見
つめていれば事前に気づくことができる。事前にその歪みを発見するように努
め，発見すれば直ちにそれを是正しようと努めなければならない。この社会の
歪みを放置しておくと，災害時の被害も大きくなってしまう。それだけに，社
会の歪みを正すことは事前復興に欠かせない課題である。

　さて，アメニティやコミュニティやサスティナビリティがあって，はじめて
セキュリティが確保されるのである。アメニティやコミュニティは安全の重要
な要件だからである。ここで確認しておかなければいけないことは，「安全は
必要条件であっても十分条件ではない」ということである。防災だけを考えて
つくった社会は，往々にして無味乾燥なものとなる。人間はパンのみに生きる
にあらずで，安全のみで生きることはできないのである。復興においても減災
においても，暮らしの総体を考えて地域づくりをしなければならない。

　その暮らしの総体を念頭におくとき，「医・職・住・育・連・治」の6つの
課題を総合的に取り組む総合性が，事後の復興でも事前の減災でも求められる。
「医」は心身の健康を確保すること，「職」は経済や仕事を確保すること，「住」
は住まいや生活の場を確保すること，「育」は保育や教育の環境を確保するこ
と，「連」は人のつながりや自然や歴史とのつながりを確保すること，「治」は
人権や自治を確保することである。

　今までの復興では，生命や健康を守ることと住宅を再建することに力点が置
かれがちであったが，これからの復興では，経済の再興をはかることや子育て
の環境を整備することにも力を入れないといけないし，コミュニティの継続と
創出にも力を入れなければならない。さらには，自然との共生をはかることや
文化の継承をはかることも忘れてならない。地域の持続的発展という視点から
の，コミュニティづくりや地域経済再建を主軸にした「復興地域づくり」に力
を入れなければならない，と思う。

13

6 ボトムアップとパートナーシップ

　事前の減災でも事後の復興でも，地域が大きな役割を果たすことを強調した。それは，地域のもつ「地域密着性，自律自発性，連帯互助性，持続発展性」が，減災や復興には欠かせないと思ってのことである。地域をベースとすることで，地域という場で即地的，総合的に取り組むことができ，地域住民が主人公となって取り組むことができる。

　ところで，減災や復興では「プロセスが大切だ」といわれる。みんなで考えて知恵を出しあう，お互いに助けあい寄り添いあう，みんなの気持ちを聞いて理解しあうことが，地域づくりの基本だからである。プロセスがよければ結果は自らついてくる。ところで，地域づくりやまちづくりの「つくり」は手づくりの「つくり」である。創造性と協働性を包含した「つくり」である。みんなで論議し，みんなで納得し，みんなで実践するのが，地域づくりである。

　このプロセスでは，ボトムアップとパートナーシップが求められる。ボトムアップでは，地域の実態に即して考える，住民が意見を出して方向を決める，地域の自律や自治を尊重することになる。「思いが先で形は後に」ということで，住民や被災者の思いを持ちよるプロセスが基本となる。これに関して，2014（平成26）年の災害対策基本法の改正で，コミュニティが自発的に策定する「地区防災計画」が制度化された。これは，従来のトップダウンの行政主導の地域防災計画に加えて，ボトムアップの住民主導の地区防災計画が必要との判断に基づいている。

　地区防災計画では，地域の実情に応じて個性的な計画をつくることが推奨されている。行政の画一的で標準的な計画では応えきれない，地域の細やかなニーズあるいは特殊な課題に応えるのが，地区防災計画である。高齢者の避難に際して自動車を利用する，避難所の食事に際して手作りの料理を出す，夜間等の避難に際して身近にある個人宅を利用する，といったことをみんなで決めるのである。マイプランともいうべき手作りの計画をつくることができ，そのほうが実効性をもつ。

序　章　減災と復興

パートナーシップはまさに人間の足し算で，地域と行政あるいは企業が協働する，地域住民が力を合わせる，地域内の様々な階層や組織が連携する，専門家やアドバイザーが協力をする，といったことが求められる。地域に住む人だけではなく働く人との協働，自治会と地域の中にある企業との連携なども欠かせない。多様な担い手が，包括ケアセンターや地域サポートセンターを核として，地域ぐるみで高齢者や障害者などを支えあう取り組みが，ここでは推奨されている。

7　「総合現場科学」の確立へ

災害のない安心できる社会をめざして，減災と復興を一体のものとして捉えて，そのための対策を具体的に提起してゆかねばならない。その際に，現場主義と総合主義を貫くことが大切だと，筆者は考えている。現場主義は，「現場に赴き，現場で考える」「現場で課題を発見し，その答えを現場に返す」という姿勢を貫くことである。総合主義は，「既存の学問領域や専門性にこだわらない」「減災と復興に必要なあらゆる知見を融合する」という姿勢を貫くことである。本書が，減災復興政策という新たな「総合現場科学」確立のための突破口となれば幸いである。

引用参考文献
神戸大学震災復興支援プラットホーム，2015，『震災復興学』ミネルヴァ書房。
ひょうご震災記念21世紀研究機構，2011，『震災対策全書』（全4巻）ぎょうせい。
兵庫県，2016，『伝える〜1.17は忘れない』ぎょうせい。
室崎益輝，2012，「復興まちづくりの現状と課題」『復興』5号　日本災害復興学会。
室崎益輝，2016，「大震災における減災思想とそのあり方」『東日本大震災・復興の検証』
　　合同出版。

（室﨑益輝）

第Ⅰ部

減災復興政策の基礎

第1章 自然災害との正しいつきあい方

1 「地球の営み」に関する教育の現状

2011年4月に，兵庫県立大学大学院減災復興政策研究科へと発展的に繋がる教育組織「防災教育センター」（2015年4月に研究部門を加え，防災教育研究センターに発展）が発足した。その開設に向けて，教員を募集したが，その採用のための面接で，ある志望者が「災害は敵，敵を知らずして防災はない」と発言した。筆者は即座に，その発言に反論した。「災害は敵ではなく，地球の営みの一部であり，それに十分に備えていないから災害になる。地球の営みは私たち生物が生存できるように多くの恩恵をもたらしている。敵と呼ぶべきではない。」と。

しかし，やはり災害は「悪いもの」であり，一般社会でもそのように捉えられている。私たち人類にとって，災害は尊い人命や安らかな生活空間を奪うのであるから，当たり前の捉え方ではあるが，本当にそのような捉え方だけでよいのだろうか？　大学や大学院の講義では，そのような観点から，「地球の営み」のもたらす「恩恵」とその負の側面である「自然災害」の両方を紹介しながら，災害への向き合い方について筆者なりの考えを中心に述べ，教育を行っている。

常々，大学教育の中に，「地球の営み」に関する教育が十分に含まれていないと感じている。地球は私たちが生活している場所や環境そのものであるにも関わらず，である。そこで，防災教育センター発足の際，筆者は「地球の科学＝地球のこと」をしっかり教育する科目を防災教育関連科目に含めるべきであると考えた。そこで，学部生向け「防災教育科目」として，「地球の営みと災害」や「兵庫の歴史と自然災害史」などの地球科学的な内容を紹介する講義を

第 I 部　減災復興政策の基礎

開講した。また，2017年度から始まった大学院教育においても，「自然災害史論」という講義の中で自然災害の歴史だけでなく，災害に繋がる地球の営み（メカニズム）についても理解してもらうようにしている。これら講義の受講生の中には「地球そのものやその営みに関すること」を本格的に学ぶのが初めてという学生が多数いる。

　このように，災害についてはメディアを通してよく耳にするにもかかわらず，災害に繋がる「地球の営み（自然現象）とそのメカニズム」について理解している学生は少ない。高等教育を受けている大学・大学院生でさえこのような状況なので，一般社会ではさらに理解されていないと考えられる。このことは，高等学校での「地学」履修者数が約5％ということからも容易に想像できる。つまり，冒頭の「敵を知らずして防災はない」との言葉の，（使いたくないが）「敵」についてちゃんと知られていないということである。本文では，「敵」を使わず「地球の営み」という言葉を用いて以下の話しを進めていきたいと思う。

2　自然災害による犠牲者の推移

　私たちが自然災害と呼んでいるものには，地震，津波，火山噴火，台風，豪雨，豪雪や雷などがある。これら自然災害による1945年以降2016年までの犠牲者数を図1-1に示した。

　この図からも明らかなように，1995年の阪神・淡路大震災と2011年の東日本大震災を除いて，自然災害による犠牲者数は徐々に減少している。1945年の第二次世界大戦終了後の約20年間では台風や豪雨といった気象災害による犠牲者数が多かったが，それ以降にはそれらが減少傾向にある。これは，1959年の伊勢湾台風による甚大な被害を受けて1964年に開設された富士山レーダーの運用により，台風観測技術が飛躍的に向上したことや気象衛星の登場など気象観測技術の進歩のおかげである。このような観測の体制整備や技術進歩に加えて，テレビをはじめ，そして現代ではインターネットなどの情報提供手段の加速度的な普及により，気象予報の精度が上がり，また一般市民が事前に対策をとれるようになったことなどから気象災害の犠牲者が減少してきたと考えられる。

第1章 自然災害との正しいつきあい方

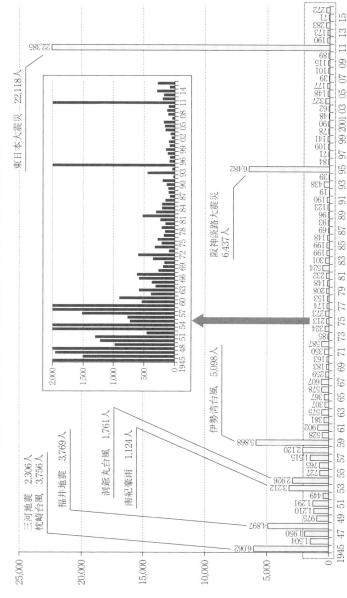

図1-1　1945〜2016年の自然災害による死者・行方不明者の推移

(出所)　内閣府HP「防災情報のページ」の「平成24年版防災白書附属資料15」および「平成29年版防災白書附属資料9」の中のデータ(2017年9月20日アクセス)を使用して著者作成。死者・行方不明者の推移を詳しくみるために、上図に2,000人までの拡大図をあげている。

第Ⅰ部　減災復興政策の基礎

なお，この気象災害による犠牲者数の経年変化については，牛山（2017）がより詳しい統計的な分析・検討をしており，同様に減少傾向を認めている。

　火山噴火によってもかなりの犠牲者が出ている。第二次世界大戦以降では，43名の死者・行方不明者を出した1991年の島原半島・雲仙普賢岳の噴火（火砕流），63名の死者・行方不明者を出した2014年の御嶽山噴火（水蒸気爆発）が記憶に新しい。その他被害の大きなものには，観測船「第5海洋丸」乗組員全員（31人）が犠牲になった，1952年のベヨネーズ列岩の海底噴火がある。ちなみに，雲仙岳では，1752年に眉山が火山性地震により山体崩壊し，崩落した大量の土砂が有明海に流れ込み津波が発生した。島原では山体崩壊と津波により約1万5000人，津波被害を受けた熊本（肥後）で約5000人の犠牲者が出たとされる「島原大変肥後迷惑」という火山災害が起こっている。

　北日本では大雪による犠牲者も多く，100人以上の犠牲者を出した豪雪や雪害が1945年以降8回（1963年，1977年，1980〜81年，1983〜1984年，2005〜06年，2010〜11年，2011〜12年，2012〜13年）もあり，近年になって減少しているといった印象はない。

　地震や津波災害においては，阪神・淡路大震災（死者・行方不明者6437人，関連死を含む）や東日本大震災（同2万1839人，関連死を含む）の犠牲者の多さが際立っている。これらの他，戦中・戦後すぐの1944年東南海地震（同1183人），1945年三河地震（同1961人），1946年南海地震（同1443人），1948年福井地震（同3769人）だけでなく，これ以降にも50人以上の犠牲者を出した，1960年チリ地震津波（同142人），1983年日本海中部地震（同104人），1993年北海道南西沖地震（同230人），2004年新潟県中越地震（同68人），2016年熊本地震（同247人）などがある。これら地震や津波の犠牲者数の多寡には地震の規模，起こった場所の地理・地質的条件や人口密度，そして建物耐震性能の差など種々の要素が関わっているが，犠牲者数が減っているような印象をもつことができない。地震・津波は発生頻度が低いため，被災後徐々に災害の教訓を忘れ，備えがおろそかにされているためと考えられる。

第1章　自然災害との正しいつきあい方

3　災害の要因と恩恵

　以上概観したように，自然災害によってこれまで多くの人たちが犠牲になった。このような犠牲をもたらす「地球の営み」ではあるが，犠牲者を出した主要な要因は何で，営みのプラスの側面，すなわち恩恵とはどのようなものだろう。まずは，地震と津波について考えてみよう。

［1］地震災害の要因と恩恵

　広大な被災地をもたらす地震や津波という現象に恩恵となる側面を想起することは難しいかもしれない。これらの災害で亡くなられた方々のご家族にお話しするとすれば，大変申し訳ないが，それでも私たちが住んでいる地表の景観はそのような地震や津波などの地質現象に伴ってつくられてきた。

　神戸・阪神間の人々にとって，六甲山は他地域から来る人たちに胸を張って誇れる観光名所となっている。この六甲山は花崗岩（分類上では，「火成岩」の中の「深成岩」というカテゴリーに入る）という岩石からなる。花崗岩は地下の深い所（平均的には地下10km 程度）でより深部から上がってきたマグマがその場で冷却・固化して生成される。地下深部で生成されるにもかかわらず，それが六甲山を形作っているということから，花崗岩生成後，長い時間をかけて地表まで隆起したプロセスがあると考えられる。この隆起が一定速度でゆっくり起こるのであれば，特に何事もなく，六甲山は形成してきたことになる。しかし，1995年の兵庫県南部地震の際がそうであったように，隆起は，数千年に1回のペースで，地震を伴い，突発的に起こったと考えられている。隆起が一定速度で起こるのではなく，周期的に繰り返し，さらに突発的に起こる理由は，日本列島が東から西に移動する太平洋プレートと西から東に移動するユーラシアプレートとの衝突（収斂）境界に位置し，その圧縮力（押し合う力）が日本列島にかかっているからである。時間経過とともに，この圧縮力よりも花崗岩が隆起しようとする力（アイソスタティックな浮力）が打ち勝ち，一気に隆起が起こる。ちなみに，兵庫県南部地震では，六甲山頂が12cm 上昇したとの報告

23

（平野，1998）がある。このような隆起（地震）は過去に何度も繰り返され，その結果，花崗岩からなる六甲山が地表に存在しているのである。

23年前に起こった阪神・淡路大震災の犠牲者の死因の半数以上を占めるのは，建物の倒壊や家具の転倒による窒息死や圧死であった（兵庫県のHP：https://web.pref.hyogo.lg.jp/kk42/pa20_000000016.html　2017年9月アクセス）。つまり，「地震ではなく，建物が人を殺した」ともいえる。上述の六甲山の生い立ちや神戸・阪神間の地理的・地質的な環境についての地学教育がかねてから市民向けに行われていれば，市民が家具の固定などで対応し，助かった命が多数あったのではないかと想像できる。

この大震災以降，神戸や阪神間は「震災のまち」というイメージが強いが，実は昔から「水害のまち」であった。戦乱の時代であった中世には六甲山は合戦の場になり，城が築かれるたびに切り倒され，また戦火による山火事などが起こり，自然林は回復できないくらいに破壊された。また，江戸時代（近世）から明治時代の終わり頃には，燃料や肥料として利用するため，マツなどの樹木，落ち葉や下草までもが採り尽くされた。これらの理由により，六甲山は花崗岩やマサ土（花崗岩が風化した土壌）がむき出しの「禿げ山」になっていた（以上，神戸市のHP：http://www.city.kobe.lg.jp/life/town/flower/rokkou/　2017年9月アクセス）。このことが，大雨によって六甲山の斜面崩壊や山麓部で土石流が起こりやすい原因となり，神戸や周辺のまちは多くの水害にあってきたと考えられる。1902年から始まった植林事業や砂防ダムの建設により雨水が山中にとどまるようになり，また，瀬戸内海に流れ出る河川の付け替えにより流路を変更するなどの対策によって水害の頻度が減少してきた。

しかし，早くから完璧な対策がとられ，それらが完成していたわけではなく，1938年には死者・行方不明者695人，被害家屋約15万戸の「阪神大水害」が起こった。さらに，1967年にも，台風から変わった熱帯性低気圧に刺激された梅雨前線の停滞により西日本を中心に集中豪雨が発生し，神戸市では，死者・行方不明者93人，被害家屋約3万8000戸の水害が起こっている。このような水害を受けて，神戸・阪神間では，より安全なまちづくりをめざす，さらなる水害対策がとられてきた。それでも残念ながら，2008年には，集中豪雨により5人

第1章　自然災害との正しいつきあい方

の犠牲者を出した都賀川水難事故が起こっている。ハード面の対策だけではなく，ソフト面の対策（防災教育）の必要性を強く印象づけた事故であった。

このようにしてできあがり，変化してきた六甲山は，海面からの狭い平野部を伴い，急激に立ち上がった緑豊かな山となっている。この様子はそれだけで素晴らしい景観となっていて，神戸の観光名所の1つである。六甲山は標高931mで，遠くからも望めるため神戸に港が開かれる大きな理由の1つとなった。高度な技術を持たない時代には，港の位置を示す遠くからも望める目印のようなもの（ランドマーク）が必要であったが，六甲山がまさにその役目を果たした。また，急激に立ち上がった六甲山の南部では上昇気流が発生しやすく，そのため南側からやってくる湿った空気が上昇し，雲や霧が発生して雨が降りやすい。このため，梅雨や台風の季節には，何度となく河川の氾濫や土砂崩れなどの水害が起こっている。その一方で，雨によって削られた土砂が山裾に扇状地を形成し，そこにしみ込んだ雨水は浄化され，海岸付近で湧水となる。この湧水は一般市民に生活用水として利用されてきたし，酒造という産業を発達させる要因ともなった。また，長期間航海する外国船にとっても浄化され，腐敗しにくい水は貴重だったと考えられるが，六甲山の山肌を伝い布引貯水池などに貯えられた水や湧水はまさにそんな水だった。そのことも，神戸が港として開かれた理由にもなっている。

［2］津波災害の要因と恩恵？

犠牲者2万1839人を出した東日本大震災であったが，その死者の92.4％が津波による溺死となっている（『平成23年度版防災白書』）。この溺死犠牲者数の大きな割合から，「過去の教訓が生かされて，高台に避難していれば」という思いを強くする。青森，岩手，そして宮城の3県には，1933年の昭和三陸地震津波の後，約200基の，津波の危険性を伝え，高台避難の重要性を伝える石碑が作られた。こういった先人が残した教訓を正しく伝え，その教えを守ることで助かった命は多数あっただろう。1960年のチリ地震津波を防潮堤が防いだとか，大きな被害が起こらなかったことが負の行動に繋がる教訓となり，「高所避難」に繋がらなかったのは大変残念である。

25

第Ⅰ部　減災復興政策の基礎

　東日本大震災で，このように悲惨な結果をもたらした津波に「恩恵」の側面を見いだすことはできない。しかし，南三陸町で聞いた話しの中から，津波や津波の起こった海に対する，被災地の方々が抱えている複雑な気持ちを読み取ることができる。2012年3月に南三陸町志津川で語り部の方から，「津波によって海底がかき混ぜられ，海が栄養豊かになった。そのため，海の幸が震災前より太り，おいしくなった」とのお話を聞いた。このことは真実ではあろうが，そのことを語るにはかなりの勇気が必要だったのではないかと想像できる。震災後，ある一定の時間が過ぎた1年後であったから言葉にできたのだろう。また，志津川に漁業や観光の復興の目玉として「さんさん商店街」が仮設店舗（2012年2月25日オープン）で開業したばかりのときであったから，漁業の復興を願ってのお話であったと想像できる。

　また，2012年8月から兵庫県立大学の学生ボランティアが支援を始め，これまで10回程度の継続支援をしてきた南三陸町歌津の漁師さんからも複雑な胸の内を聞かされた。それは，「海は嫌いだ。大切な家族，家，港そして船まで奪った海（津波）だから。だけど，この海とともに生きていくしか今の苦しみや悲しさから立ち上がれる方法はない」という言葉だった。漁業復興（養殖わかめ業の復活）のめどの立っていない震災1年半後のことであるが，すでに立ち上げていた「なじょにかなるさー（何とかなるさ）」と名づけたプロジェクトの下，復興に向けて強く戦っておられた頃にこの話を聞いた。現在は震災前のレベルまでわかめの収穫が戻ったとのことである。

　このように，津波には生物の生息環境をリセットする効果があったようである。また，大きな災害をもたらした津波ではあったが，津波の起こる海は，そこを生業の場としている方々にとっては「恩恵」をもたらすものである。東日本大震災の被災地の皆さんが被災地を離れず，震災後もそこでの生活を選んだのは，地球の営みに対する畏敬の念や「恩恵」に対する感謝の気持ちからなのだろう。

③ 火山災害の要因と恩恵

　すでに述べたように，火山の災害では，1991年の雲仙普賢岳の火砕流と2014

年の御嶽山の水蒸気爆発が記憶に新しく，印象深い。前者は，人類がまだ「火砕流」という現象をよく理解していなかったために起こった災害で，起こることが予測されており，本格的に研究し，そして記録に残したいと考えた火山研究者（犠牲者3人）やマスコミ関係者（同16人），そしてその人たちの安全を確保するために任務に就いていた消防団員（同12人）や警察官（同2人）そしてマスコミ関係者に雇われたタクシー運転手（4人）などが犠牲になった。全犠牲者数43人のうち37人がそのような立場の人たちであった。つまり，安全性よりも科学的興味や過熱した報道を優先したために起こった災害と考えられる。また，後者では犠牲者すべてが火口付近に滞在していた登山者であった。火山を美しい景観として遠くから眺めるだけなら起こらなかった災害であった。また，1952年のベヨネーズ列岩の海底噴火による犠牲者（31人）はすべて，噴火を観測していた海上保安庁の「第5海洋丸」乗組員であった。このように，火山災害の犠牲者の中には，噴火を甘く考えていたのではないかと想像できるような「人的な要因」で亡くなられた方々が含まれている。

　一方，火山や火山活動から多種多様な「恩恵」がもたらされている。火山のある地域は国立公園や国定公園に指定され，その景観を愛でる観光客で賑わっている。その美しい景観は近隣住民にとっての誇りであるが，富士山に至っては世界に誇れる日本の象徴であり，日本人の自慢の山でもある。火山地域でわき出る温泉は私たちの体を癒すし，その地域の重要な観光資源となっている。火山噴出物である火山灰からなる土壌は特定の野菜にとっての栄養を供給しているし，その多孔質の構造は雨水を浄化する働きを有しており，そこを通過して作られる湧水や地下水は飲料水として利用されている。また，まだ一般市民が利用できるところまで進んではいないが，火山を作るマグマからの熱（地熱）は発電にも利用できる。

〔4〕 台風・豪雨災害の要因と恩恵

　近年，これまで経験したことのないような異常な気象現象が増えてきており，「異常気象」という言葉をよく耳にするようになった。異常気象とは，気象庁の定義によれば，「過去30年間の気候に対して著しい偏りを示した天候」とな

第Ⅰ部　減災復興政策の基礎

っている。つまり，過去30年間の気温，降水量などの天候を平均した平年値との比較により，その隔たりの大きなものを指している。極端な話しをすると，もし過去30年間の天候が極めて安定していた（変化が少ない）場合には，異常気象と呼ぶべき天候が増えるということになる。また，同じ天候であっても時代によっては異常気象とされないことがあるということにもなる。異常気象の意味合いがどうであれ，最近の天候（気象）が，「猛暑（気象庁が決めた定義で，一日の最高気温が35度を超した場合を猛暑日と呼ぶ）」，「ゲリラ豪雨（気象庁ではなく，マスコミが用いる言葉，豪雨についても雨量に基づく定量的な定義はない）」や「局地的大雨・集中豪雨（ともに気象庁が定義し，前者は数十分で数十mm程度の雨量に達する場合，後者は1時間に数十mmの局地的大雨が数時間あるいはそれ以上継続し，総雨量が数百mmに達する場合を指す）」との言葉で称されるように激烈な天候が増えているは間違いない。

　このような激烈な天候により，近年多くの災害が起こっている。過去5年間で10人以上の死者・行方不明者を出したものは以下の通りである。

・2013年10月　台風第26号に伴う記録的大雨により東京都伊豆大島で土石流が発生し，死者・行方不明者が39人となった（伊豆大島土砂災害）。

・2014年8月　前線による大雨（平成26年8月豪雨）による大規模な土石流により，広島市で77人の死者を出した。また，この大雨により兵庫県丹波市でも同様な土砂災害が起こった。

・2015年9月　台風第18号（平成27年9月関東・東北豪雨）に伴う大雨により14人の死者を出した。

・2016年8月　台風第10号に伴う大雨により，岩手県岩泉町を中心に河川氾濫などの甚大な被害が出て，27人の死者・行方不明者が出た。

・2017年7月　梅雨前線及び台風第3号の影響による大雨（平成29年7月九州北部豪雨）により，九州北部福岡県朝倉市を中心に大分県にまたがり，河川氾濫や土砂崩れによって26人の死者・行方不明者を出した。

　このように毎年のように起こる台風や豪雨災害であるが，その激烈さの原因はまだ明らかになっていない。地球温暖化（これには人的な影響を含むというニュアンスがある）が原因であるとか，「自然のゆらぎ」すなわち「これまでの地

球の営みそのもの」といった考えなどがある。どちらにしても，激烈な天候そのものが災害をもたらしているが，どうも激烈さだけが原因とは思えない。そもそも土砂崩れの起こりやすい地質・地形や河川の氾濫原そのものの上に居を構えるといった判断や生活を快適するために雨水を吸い込む土の表面をアスファルトやコンクリートで塞ぐといった行為が激烈な天候を激烈な災害に結びつけている要因（の１つ）になっていると考えられる。

　災害とならなければ，雨水は人類や生物にとって重要な淡水資源であることを否定する人はいないだろう。私たちの体の７割は水でできており，体内の水は代謝のために使われながら，常に入れ替わっている。また，植物をはじめとして私たちの食物となるもののすべては水があってこそ存在している。このような地球上の生物に必須の水，特に浄化された淡水を供給してくれるのは降雨という気象現象である。また，地表の水分が太陽光によって暖められ水蒸気となってより寒冷な上層に移り，そこで水滴や氷晶を経て雨になる過程は，地球表面の熱を宇宙空間に逃がす作用でもある。この降雨までの過程は地球を安定した温度の天体に保ってきた大きな要因になっている。

4　地球の営みと共に生きる

　すでに本文中で述べたことも含めて，私たちが地球の営みの負の側面である自然災害を減らすためにはどうしたらよいかをまとめてみたい。

　阪神・淡路大震災では犠牲者の半数以上が古い木造家屋の倒壊や家具などの転倒による窒息死や圧死によって尊い命を失っている。このことから得られる，地震に対する教訓は，耐震基準を満たした強固な建物を作り，そこで生活することであり，今すぐにでもできる家具等の固定をしておくことである。

　津波に対しては，東日本大震災の最大の死因（溺死が約９割）からもわかるように，素早く津波から逃れることである。石碑が伝えている過去の津波の教訓＝高所避難に加えて，この大震災から私たちは，東北で伝承されている「津波てんでんこ」の心構え（津波の際には，家族を信じて，各自ばらばらに高所に逃げろ，自分の命は自分で守れという教え）を肝に銘じて守らなければならない。

第Ⅰ部　減災復興政策の基礎

　私たちが生活している場所の地下には，種々の災害に結びつくような地質や地形の環境や状況がある。これらに関心を持ち，今一度点検してみる必要がある。一般的には永く人が住んできた場所は災害から縁遠いことが多いが，今後も災害が起こらないとは言い切れない。また，これまで人が住み着かず，新たに開発された土地については，「なぜ今まで人が住まなかったのか」という観点での精査が必要である。別の言い方をすれば，「自分の住む場所と地域の歴史や地理を学び，参考にせよ」となるかもしれない。

　他でも書いたこと（森永，2015）であるが，最後に筆者が最も大切だと思っていることを述べ，結びとしたい。

　私たちは地球（自然）の営みと共に生きている。その営みのもたらす恩恵を享受できるからこそ，災害があっても今の生活の場を手放さないでいる。地球の営みそのもの（恩恵と自然災害）を正しく理解し，恩恵に感謝しつつ，負の側面である災害に対処していくべきである。地球の営みを止めることはできない，でも正しい理解によって災害を小さくすること（減災）が可能になるのである。さらに，地球の営みが理解できれば，災害に遭遇しそうな時や実際に起こった際に，より心穏やかにいられると思う。是非，まずは地球の営みを理解することから始めて欲しい。

引用参考文献

牛山素行，2017，「日本の風水害人的被害の経年変化に関する基礎的研究」『土木学会論文集 B1（水工学）』73（4）。

平野昌繁，1988，「1995年兵庫県南部地震による断層ブロックの変位解析」『地理学評論』71（A-1）。

森永速男，2015，「自然（地球）の営み――恩恵と災害」『粉体技術』7（9）。

（森永速男）

第2章	減災の心理学と防災教育

——津波・豪雨なぜ逃げおくれるのか——

1 災害心理学からみた避難行動

台風や洪水，津波などの災害時に，避難勧告や避難指示が出された場合でも，これに従う人びとは驚くほど少ない（広瀬，2004）。これには，危機事態での3つの心の働き——正常性バイアス，同調性バイアス，利他行動——が，深く関わっている。

1 正常性バイアス（Normalcy bias）

正常性バイアスとは，ある範囲までの異常は，異常だと感じずに，正常の範囲内のものとして処理する心のメカニズムである（広瀬，2004）。これは，外界のささいな変化に過剰に反応し疲弊することを防ぐ機能をもっている一方，身に迫る危険を過小評価して，適切な避難行動を妨げてしまう。すなわち，身に危険が迫っていても「自分はだいじょうぶ」「ありえない」と根拠のない思い込みや偏見（バイアス）により，平時と変わらない精神状態を保とうとする心理である。正常化の偏見とも訳されている。

2 多数派同調性バイアス（Majority Synching bias）

多数派同調性バイアスは，まわりの行動や言動に合わそうとする心理である。「周りも避難しないから大丈夫」と思い込む心理である。一方，「同調性」は，周りの人の避難行動をみて，適切な避難行動につながる心理ともなる。

3 利他行動（Altruistic behavior）

利他行動とは自己の損失を顧みずに他者の利益を図るような行動である。危

第Ⅰ部　減災復興政策の基礎

機に直面したとき自分の命のことは考えず他者を助けようとする心理であり，愛他行動ともいう。この心理は多くの人の命を救う一方，自分を犠牲にしてしまうリスクを抱えている。Marsh et. al., (2014) は腎臓ドナー経験者（利他的な人）と一般の人（統制群）とを磁気共鳴画像や表情認知課題を用いて研究した。その結果，ドナー経験群は感情を司る扁桃体の体積が統制群に比べ統計的に有意に大きく，腎臓ドナー群の方が恐怖や不安の表情をより細かく正確に読み取っていた。

　また，あまりにも悲惨な非現実的な出来事に遭遇すると頭の中が真っ白になって動くことができなくなることがあり，「凍りつき症候群」と呼ばれている。命を脅かす出来事の体験はトラウマ（心的外傷）と呼ばれており，トラウマの記憶は，凍りついた記憶とも呼ばれている。マヒ（記憶の蓋が凍りついて開かない）と再体験（フラッシュバックなど）の相反する特徴をもっている。凍りついて心をマヒさせることによって，心への打撃を少なくする防衛機制でもある。

　危機事態での人の心理を知り，また自分が同調しやすい方か人の感情の機微に敏感な方かなどを日頃から自己分析し自分の特性を知ることで，危機に適切に対処でき，救助活動での救援者の自己犠牲を防ぐ力になるかもしれない。

2　東日本大震災での避難行動

　東日本大震災の死者1万5894名・行方不明者2546名のうち，地震による家屋倒壊や土砂崩れなどの死者は90名で，それ以外のほとんどが津波による水死であった（警察庁，2017）。地震発生から最大津波到達までの時間は岩手・宮城・福島の沿岸部では32分から65分と報告されている。その間の避難行動に関する調査報告を3つあげ，危機事態の心理を考察する。

1 中央防災会議「東北地方太平洋沖地震を教訓とした地震・津波対策に関する専門調査会第7回（2011年8月16日）

　内閣府・消防庁・気象庁は共同調査を2011年7月に岩手・宮城・福島の被災者870名に実施した。調査員が仮設住宅や避難所を訪問し，面接方式で避難行

動に関する45問の質問と年齢・性別等のプロフィール12項目を尋ねた。その結果，揺れがおさまった直後にすぐに避難した者（直後避難）が57%，なんらかの行動を終えて避難した者（用事後避難）が31%，なんらかの行動をしている最中に津波が迫ってきて避難した者（切迫避難）が11%であった。津波に巻き込まれたり，ぬれたりした者の割合は，直後避難者が5%，用事後避難者が7%に対し，切迫避難者は49%であった。

　直後避難者と用事後避難者（計763名）に，避難しようと思ったきっかけを尋ねたところ（複数回答），「大きな揺れから津波が来ると思ったから」48%，「家族または近所の人が避難しようといったから」20%，「津波警報を見聞きしたから」16%，「近所の人が避難していたから」15%，「消防の人が避難を呼びかけていたから」8%，「以前津波を体験し津波が来ると思ったから」8%などであった。

　用事後避難者と切迫避難者（計361名）に，すぐに避難しなかった理由を尋ねたところ（複数回答），「自宅に戻ったから」22%，「家族を探しに行ったり迎えにいったりしたから」21%，「家族の安否を確認していたから」13%，「過去の地震でも津波が来なかったから」11%，「様子をみてからでも大丈夫だと思ったから」9%，「津波のことは考えつかなかったから」9%，「仕事があったから」9%などであった。

　すぐに避難しなかった理由として，家族の安否の確認，家族を探しに迎えにという行動は，利他行動であり，様子をみてからでも大丈夫と思ったは，正常性バイアスと考えられる。

［2］大槌町東日本大震災検証報告書（2014年3月）

　大槌町は町長をはじめ40名の職員（全職員の約3割）が犠牲になった。被害状況を外で調査していた現地調査員の「津波だ！」の絶叫で，庁舎内の梯子を上り屋上に避難生還した者と，庁舎2階会議に留まるなど屋上に避難せず（避難できず）に犠牲になった者にわかれた。大槌町東日本大震災検証委員会（2014）は，地震直後から津波襲来までの役場職員の行動や意識を明らかにするために，2012年1～2月に実施した町役場職員へのアンケート結果と，2013

第Ⅰ部　減災復興政策の基礎

年9〜12月に実施した職員16名のヒアリング調査の結果を分析し，対応策をとりまとめた。

・揺れによる老朽庁舎の倒壊を心配していたが，実際の揺れによって目立った被害がなく，これによって本部移行の意識がもてなくなった。

・2日前（3月9日11時45分）の地震で津波は来なかった。

・2010年のチリ地震津波も津波が来なかった。

・気象庁からの大津波警報「3m」の発表を聞いて，大槌湾の防潮堤（6.4m）を想起した。

・県の津波シミュレーションでは「じわじわと」水嵩が増える3D映像の印象が強かった。

・防災無線が停電で使えず，情報収集・伝達機能が全く果たせなかった。

・高台避難を主張した者もいたが上司が取り上げることはなかった。

　この報告を読むと生還した人，犠牲になった人の心理を推測することが憚られる。正常性バイアスや同調性バイアスといった心理の専門用語で，ここにいた人の心理を考察することは，尊厳を傷つけるように思える。

[　3　] 船越小学校・山田町記録誌と筆者によるインタビュー調査より

　筆者は2011年4月はじめに岩手県教育委員会から「いわて子どものサポートチーム」のスーパーバイザーを依頼され，8年計画のいわて子どものサポートプログラムの立案に関わるとともに，沿岸部に配置された全国から1年契約で活動する定住型スクールカウンセラー（複数校を巡回するため巡回型スクールカウンセラーと呼ばれている）のスーパーバイズに月に3日ほど6年後の今も通っている。津波で破壊された船越小学校を2011年5月にはじめて訪問し，以来折々に訪問を続けている。東日本大震災の教訓を南海トラフ巨大地震が想定されている地域の住民に，どのようにお役に立てるか考え，まずは，インタビュー調査をはじめることにした。2017年8月31日に佐々木道雄校長（現奥州市小学校）に久しぶりにお会いし，当時の記憶を再現していただいた。そのとき，山田町の記録誌『3.11残し，語り，伝える岩手県山田町東日本大震災の記録』（2017年5月発行）の船越小学校の記事のコピーを頂いた。9月1日，当時校務

第2章　減災の心理学と防災教育

員の田代修三さんにお会いした。当時のことを語るには，その場所で話した方がいいと田代さんは言われ，新設された船越小学校の旧グラウンドから防潮堤があった場所を臨みながら，インタビューに応じてくれた。

岩手県山田町立船越小学校は標高13mの位置にあった。昭和の津波でも津波の被害を免れ，避難場所に指定されていた。地震発生時に校内にいた児童は，すでに帰宅していた1年生や欠席者を除く159人と教職員12名であった。地震がおさまった後，同小の避難マニュアルに従い，5分後には校庭の北側に児童を集めた。余震があるたびに，泣き出す児童を教職員がなだめたりしていた。迎えに来た保護者に23人を引き渡し，136人が残った。避難した校庭北側からは海が見えない。校務員の田代さんは津波の襲来を予想していたが，せいぜい2mくらいだと思っていた。それでも海が気になって，校庭から約200m離れた8mの防潮堤にかけあがり，海を5分おきぐらいに見に行った。4回目に防潮堤の上から見たときからの語りを次ぎに記載する。

田代さん「大槌の吉里吉里の海の方が膨らんだんです。湾の海面が3mくらいあがったんです。それで頭が変になるくらい心臓の鼓動がドッカドッカと激しくなり頭が真っ白になった。吉里吉里の方から津波が入ってきてこっちに来るっていうのは，父親や昭和の津波経験者からお話を聞いていた。それで『とんでもない津波』が来るって。時間がないと思って必死で全速力で道雄校長先生の所に行って，校長先生の目を見て，『ここはだめだから，笑われてもいいから，山にあがりましょう』と。笑われてもいいというのは，大きな決意なんです。船越小学校は避難場所，昭和8［1933］年のときも助かっているんです。仮に，2～3mの津波で終わっていれば，村八分になってますよ。10回嘘つけば（空振りをすれば）村に居れなくなりますよ。311までは（空振りに対しての地域の人の意識はそうだった）。（しかし）311以降は理解ができてきていますよ。……大きい地震があれば潮がひいて津波が来るといいますけど，そうでない場合もあるということを強くいいたいです。」

佐々木道雄校長も2回ほど海を見に行った。しかし，海は変化がなく，潮が引いてないから大丈夫だと思っていた。潮が引かないで津波が来るということは知識としては知っていたが，当時はそれは思いつかなかった。3時20分ころ，

35

田代さんの進言で，校長は「ストンと落ちた。そうだなと思った。言い方は穏やかだったんですが，言葉に力があった。『笑われてもいいから逃げた方がいい』っていわれたことで，自分が考える余裕ができた。すぐに避難を指示，職員からの反対もなく，子どもたちも粛々と山の方へ行った」

　津波は2階建ての校舎の2階床上まで到達，体育館や校舎1階は壁がぶち破られた。掛け時計の針は午後3時27分を指して止まっていた。もし避難が5分遅かったら，148人の命が危なかった。

　田代さんは，避難していた校庭から200m離れた8mの防潮堤の上から海を見て，津波の襲来を必死で予測しようとした。4回目に，大槌の吉里吉里あたりの海面が盛り上がり，それを見て，祖父や昭和の津波を経験してきた人からの語り継ぎ（こうやって船越湾に津波が襲ってくる）が脳裏に浮かび，とんでもない津波の襲来を確信した。そして「笑われてもいいから」と校長に山に上がることを進言した。その山の麓に案内してもらったが，道はなかった。山を登ることで児童たちは擦り傷や切り傷をするかもしれない。もし，津波が2〜3mだったら，自分の進言は空振りになって，村に居れなくなると思ったと語った。「笑われてもいいから」はそういった覚悟がこもった言葉だと話してくれた。筆者は「空振りになったとき，『よい訓練になった』と受けとめ，お互いをねぎらう地域づくりが必要ですね」と言うと「その通りです」と力を込めて田代さんは言った。また，校長が田代さんの進言で即座に避難を決意し，全職員・児童も粛々と避難したことも全員の命を救った。田代さんの進言と校長の決断は情報が遮断された状況で「皆がここに居るから大丈夫」という児童職員の同調性バイアスを打ち砕いた。

　引き潮をみて濱口梧陵が稲わらに火をつけて住民を助けたとされる「稲むらの火」は防災教育の教材として長く語り継がれている。船越小学校のこの物語も，紙芝居などにして後世に語り継ぐ必要があると思った。

3　研究と防災教育の実践

　科学的証拠に基づいた防災教育を進めるために研究は不可欠である。防災教

第2章　減災の心理学と防災教育

育の実践に繋がる調査研究を紹介するとともに，劇や歌といった表現媒体による伝承を考える。

1　気仙沼での調査研究

　2003年5月26日午後6時24分，宮城県沖M7.0，震度4～6弱が発生した。12分後に「津波の被害のおそれなし」と気象庁が発表したが，その間，全域で避難した者はわずか1.7％であった。そこで，片田・児玉・桑沢・越村（2005）は，12分間の意識と行動を明らかにするために気仙沼の住民3105名への調査を実施した。その結果，「避難した」8.1％，「避難の意向なし」41％，「津波が襲来すると思った」64％，「身に危険が及ぶと思った」29％であった。「津波の襲来を想起しつつも自らには危険は及ばないと意識する傾向『正常化の偏見』を払拭することが津波防災教育の主要な目標の1つとなる」（97頁）と考察した。この論文を読んで，片田敏孝教授が釜石で防災教育を展開してきた信念を読み取った。避難3原則「①想定にとらわれない，②状況下において最善をつくす，③率先避難者になる」（片田，2012）は，正常性バイアスや多数派同調性バイアスといった専門用語を，子どもや地域の住民がわかりやすい言葉に変え創作したのではと推測している。

2　津波防災劇を通した防災教育

　岩手県大船渡市綾里は，明治の津波で遡上高38.2mの国内最高を記録，人口の半数の1269名の犠牲者を出した。2006年度に綾里小学校に着任した熊谷勵校長は，津波注意報や警報が発令されても避難する住民はほとんどいないことを知り，祖父の体験をもとに「津波の恐ろしさ」「命の大切さ」「悲しみや生活困窮」「復興」をキーワードに，津波防災劇「暴れ狂った海」を創作した。そして，6年生が秋の学習発表会で地域住民ら約400人に披露した。劇を方言で演じることで，祖父母とのコミュニケーションを図り，後世に伝える態度を養うとともに，地域防災意識を高揚させた（熊谷，2011）。綾里小の白浜地区は明治三陸大津波（1896〔明治29〕年）で175名，昭和三陸大津波（1933〔昭和8〕年）で66人が死亡行方不明であったが，東日本大震災では犠牲者は0人であっ

37

第Ⅰ部　減災復興政策の基礎

た。東日本大震災の後，地域の人から「津波劇を思い出して高台に上がった」と多くの感謝の声が届いた。

３　歌や言葉による伝承

　インドネシア・アチェ州のシムル島は人口７万8000人のうち津波の死者はわずか７人だった。地震が来たら山に逃げろというスモン（津波を意味する現地語）という歌によって津波の脅威が語り継がれていたためであった（高藤，2011）。

　東北には「津波てんでんこ」という言葉がある。矢守（2012）は「津波てんでんこ」に４つの意味が込められていると述べている。第一は「凄まじいスピードと破壊力の塊である津波から逃げて助かるためには，親や子や兄弟でも，人のことはかまわずに，てんでばらばらに逃げよ」という自助原則（自分の命は自分で守る）の強調である。第二は他者避難の促進（我がためのみにあらず）であり，第三は相互信頼の事前醸成である。自分も「てんでんこ」すれば家族も「てんでんこ」しているという絶対の確信がもてることが重要で，そのためには事前の話し合いと訓練が不可欠である。特に，幼児や高齢者・身体が不自由な方を共助するために，地域で智恵を出し合い，事前に徹底した訓練が必要である。第四は，生存者の自責感の低減という意味を含んでいると指摘している。災害遺族はストレス障害のリスクが高まる。その大きな要因は自責感であるため，自責感の軽減は特に重要である。

４　南海トラフ巨大地震津波から命を守るために

　南海トラフ巨大地震の津波による予想死者数は，早期避難の有無によって大きく異なる。例えば，大阪では避難なしで13万人，早期避難すれば8000人と推定している（大阪府防災会議，2014）。南海トラフ巨大地震は，海溝が陸に近いため，２分から５分で津波が到達する地域もある。また地震による被害も甚大なことが予想されている。早期避難を実現するために，どのような調査研究が必要であろうか。どのような語り継ぎや教材を残したらいいのだろうか。

避難行動にとって"情報"は極めて重要である。専門調査会（2011）の調査でも，避難のきっかけの1つが「津波警報を見聞きしたから（16%）」であった。津波情報に関するルールを気象庁は2013年3月に改正した。従来の「○m」といった定量的表現からM8を超える恐れがある地震では，"津波"，"高い津波"，"巨大な津波"と定性的表現に変えた。これは，大槌町の検証報告でも，「3mと聞いて6.4mの防潮堤だから大丈夫と思った」とあり，この情報の提示が多くの人の避難行動を妨げたと考えられているからである。及川・片田（2016）はこの定性的表現を住民はどう受けとめるかについて調査した。津波被害のあった東北6県を除く（調査によりつらい体験を想起する可能性があるため），1000名からインターネット調査で回答を得た。結果は，定性的表現は定量的表現に比べ高い被害軽減効果が期待されることがわかったのに，定量的な表現に肯定的回答は55.3%，定性的表現に肯定的回答は20.7%，どちらともいえないは24%であり，定性的表現は不評なことがわかった。また二分法的思考尺度を併せて行い，その得点が高いほど，定性的表現に否定的であることを見いだした。この結果を「安全なのか危険なのか曖昧で不確実な状況に対して，その状況判断を自ら主体的に思考しようとすることは余りにも心理的負荷が大きすぎるので，その主体的判断行為を放棄したいという心理傾向」が介在していると考察した。そして，防災に関わる者のリスク・コミュニケーションの要点として「技術の前提条件や限界に対する理解を促すことで住民の主体性を伸ばすことにある」と結論した。

このような住民の心理を調査項目に取り入れた研究（片田他，2005；及川・片田，2016）は，防災教育の実践を展開する上で貴重な資料となる。なお，及川・片田の研究では，東北6県を対象から除外しているが，筆者の感触では，6年後の今，津波被災地の多くの人が自分たちの体験を伝えたいという心境になっている。この点に関して「復興の心のケアと防災教育」の章でトラウマと防災教育の関連について述べたい。

どのような研究が，大規模災害が想定されている地域の人びとの避難行動を促進するだろうか。1つは，警報が空振りのときの受けとめ方に関する研究ではないだろうか。空振りを「よい訓練になった」と受けとめるか，「無駄なこ

とをした」と受けとめるかによって，何が異なるのであろうか。おそらく，避難訓練も警報による避難での空振りも，健康づくりや生きる力に寄与ないし関連しているというデータがあれば，避難訓練や空振りの意味がより肯定的なものになるのではないだろうか。もう1つは，危機での人の心理状態に関する研究である。危機事態での感情や感覚は，実際体験しないことにはわからない。避難行動に関する調査研究はあっても，危機事態での感情や感覚を明らかにしようとした研究は少ない。例えば，危機事態での「適切な落ち着いた避難行動の心理」と「凍りつきや正常性バイアスによる見せかけの平静」の違いは明かにされていない。船越小学校の元校長が「笑われてもいいから……と言ってくれたことで，自分が考える余裕ができた」と語った。正常性バイアスの状態にあるときは主体的な活動が乏しくなるのではないだろうか。避難行動のきっかけなどの定量的研究だけでなく，事例研究としての質的調査研究が求められているかもしれない。

そして，南海トラフ巨大地震で早期避難を達成するためには，歌や言葉や紙芝居や記録映像といった伝承の工夫から学際的調査研究の推進，想定地域の市町村自治体による心を動かす防災教育と防災の取組み，マスメディアや情報発信の有効活用といった総力をあげた取組みが求められる。

引用参考文献

及川康・片田敏孝，2016，「定性的表現による津波情報の効果に関する検証」『土木学会論文集 F5（土木技術者実践）』72（2），38-47頁。

大阪府防災会議，2014，大阪府域の被害想定について　第5回南海トラフ巨大地震災害対策等検討部会　資料1（http://www.pref.osaka.lg.jp/kikikanri/bukai/index.html　2017年9月20日アクセス）。

大槌町東日本大震災検証委員会，2014，大槌町東日本大震災検証報告書（http://www.town.otsuchi.iwate.jp/gyosei/docs/2017090100037/files/kensyo.pdf　2017年9月20日アクセス）。

片田敏孝・児玉真・桑沢敬行・越村俊一，2005，「住民の避難行動にみる津波防災の現状と課題——2003年宮城県沖地震の気仙沼住民意識調査より」『土木学会論文集』789，93-104頁。

片田敏孝，2012，『子どもたちに「生き抜く力」を——釜石の事例に学ぶ津波防災教育』フレーベル館。

警察庁，2017，被害状況と警察措置（https://www.npa.go.jp/news/other/earthquake2011/pdf/higaijokyo.pdf　2017年12月21日アクセス）。

熊谷勵，2011，「津波防災劇を通した防災教育に取り組んで」『まなびと』（小学社会通信），2011年秋号，教育出版，8 - 9頁。

高藤洋子，2011，「口承文藝が防災教育に果たす役割の実証的研究——インドネシア・ニアス島における事例調査を通じて」『アゴラ（天理大学地域文化研究センター紀要)』（8），37-55頁。

中央防災会議「東北地方太平洋沖地震を教訓とした地震・津波対策に関する専門調査会」第7回2011年8月16日平成23年東日本大震災における避難行動等に関する面接調査（住民）分析結果（http://www.bousai.go.jp/kaigirep/chousakai/tohokukyokun/7/pdf/1.pdf　2017年9月20日アクセス）。

広瀬弘忠，2004，『人はなぜ逃げ遅れるのか——災害の心理学』集英社

矢守克也，2012，「津波てんでんこの4つの意味」『自然災害科学』31（1），35-46頁。

山田町，2017，「3.11残し，語り，伝える岩手県山田町東日本大震災の記録」96-101頁（http://www.town.yamada.iwate.jp/30_sinsaikiroku/29kirokusi2.html　2017年9月20日アクセス）。

Marsh, A. A., Stoycos, S. A., Brethel-Haurwitz, K. M., Robinson, P., VanMeter, J. W., Cardinale, E. M., 2014, "Neural and cognitive characteristics of extraordinary altruists." *Proceedings of the National Academy of Sciences of the United States of America*, 111 (42): pp. 15036-15041.

（冨永良喜）

第3章	災害対応の組織マネジメント

1 災害対応の特徴と難しさ

大規模な自然災害への対応業務には，日常業務とは異なる特殊性や対応の難しさがある。まず第一に，災害は，シナリオや準備時間のある防災訓練とは違って「不意に」，「突然」発生するため，事前の準備が十分にできない。第二に，災害対応は日常と異なる業務内容となるため，不慣れな点がある。自治体であれば，生涯学習課が避難所運営を，税務課が被害調査を担当するように，業務の進め方や必要な知識が普段とは異なり，作業や意思決定に時間がかかる。第三に，災害対応業務は膨大な量になり，人員や執務スペース等の対応資源が不足することがある。不眠不休で災害対応に取り組んだ結果，従事者が体調を崩し，働くことができなくなる場合もある。外部からの支援受入は有効であるが，事前に受入方法について準備しておかなければ，外部支援を有効に活用できず，かえって混乱を招く場合もある。

また，災害対応業務を行う環境が劣悪である問題も大きい。被災により施設や設備，ライフラインが被災し，不便な執務環境での業務を強いられることがある。東日本大震災では，津波や地震の揺れによって内陸部の自治体でも庁舎が使えなくなり，震度6弱以上を観測した8県において，福島第一原発事故による影響による移転を除いても，28の市町村で本庁舎を移転（一部移転を含む）しており，そのうち22市町村は地震の揺れによるものであった（**表3-1**）。2016年4月の熊本地震でも，熊本県益城町，宇土市，大津町，八代市では本庁舎が被災し，他の施設に災害対策本部を移すことを余儀なくされた。また同年10月の鳥取県中部地震では，倉吉市が一時的に庁舎機能を県の施設に移転しているように，このような事態は珍しくない。建物が大丈夫な場合でも，地震の

第3章　災害対応の組織マネジメント

表3-1　東日本大震災で庁舎を移転した市町村数

震度6弱以上を観測した都道府県	地震・津波被災により本庁舎を移転した市町村数		
	合　計	移　転	一部移転
岩手県：全市町村数 34	4（3）	2（2）	2（1）
宮城県：全市町村数 35	5（3）	3（2）	2（1）
福島県：全市町村数 59	6（0）	3（0）	3（0）
茨城県：全市町村数 44	8（0）	3（0）	5（0）
栃木県：全市町村数 27	3（0）	1（0）	2（0）
群馬県：全市町村数 35	0（0）	0（0）	0（0）
埼玉県：全市町村数 64	1（0）	1（0）	0（0）
千葉県：全市町村数 54	1（0）	0（0）	1（0）
合　計　　　　　237	28（6）	13（4）	15（2）

（注）（　）内の数字は本庁舎が津波による被災を受けた市町村の数で内数。
　　　なお，福島第一原発事故の影響による移転は含んでいない。
（出所）東北地方太平洋沖地震を教訓とした地震・津波対策に関する専門調査会報告。

　揺れで天井が落ちてきたり，スプリンクラーの被災で漏水したり，ロッカー・机が倒壊したりして部屋や無線機器が使えず，外のテントで執務をしたり，1階・地下に置いていた非常用発電器が浸水し電気が使えなくなったケースがある。非常用携帯トイレ，食糧，休憩場所等が準備されていない場合も多く，不安・過労・空腹・眠気・体調不良で限界となった状態では，本来の能力を十分に発揮することはできない。

　何より難しいのは，このような被災時の状況が，平時にはなかなかイメージできないことである。筆者はこれまで多くの被災自治体の検証調査を行い，職員の方に聞き取り調査を行ってきた。そこで耳にしたのは，「災害時でも，庁舎や設備，機器は使えるだろうと思ったが，停電や水漏れで全く使えなかった」「災害対応は防災部局の仕事だと思っていたが，実際は自分たちの部署も死ぬほど忙しくなった」「誰かの指示どおり動けばよいと思っていたが，誰も指示は出してくれず，自分たちで考え，判断しなければならなかった」「これまでのマニュアルや訓練が，全く役立たなかった」など，被災前の意識や準備の不十分さを反省し，事前準備の重要性を指摘する意見であった。

43

第Ⅰ部　減災復興政策の基礎

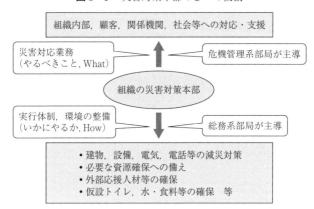

図3-1　災害対策本部の2つの役割

2　災害対策本部の2つの役割(「何を」と「いかに」)

　被災後，多くの組織では，災害対応の拠点として災害対策本部が設置される。この災害対策本部を機能させるためには，「何をやるか」と「いかにやるか」の2つが明確でなければならない。これら2つは車の両輪のようなものであり，両者を一体として考えていく必要がある。(**図3-1**)

　前者の「なにをやるべきか」については，組織の被害軽減や復旧，顧客対応等の災害対応業務を優先順位の高いものから順番に推進することである。災害対応業務の内容や優先順位は組織により異なるが，基本的なものとして，**表3-2**があげられる。

　もう1つの「いかにやるか」については，災害対応業務に必要な資源を確保し，業務が遂行できるよう組織を機能させることである。必要な資源を確保するとともに，災害対策本部の組織体制を整えなければならない。これらは業務継続マネジメントとも呼ばれ，国では，自治体が業務継続計画の中で最低限定めるべき重要な6要素を公表している。(**表3-3**)これらは，災害時に業務を継続するために必須のものであり，自治体だけでなく民間企業やNPO等も対象としたアメリカの基準(FEMA, 2011)とも共通点が多いので，参考にして欲しい。

第 3 章　災害対応の組織マネジメント

表 3-2　災害直後に実施すべき代表的な業務例

1 : 内部の体制を整える（体制確立，本部設置）
　・限られた情報を元に，災害対応体制のスイッチを入れる。
2 : 被害の全体像を把握する（情報収集）
　・対策に必要な被害・要請情報を収集する。
3 : 被害の拡大を止める（二次被害防止）
　・避難誘導，消火活動，危険物の管理等を行う。
4 : 必要な資源の確保（資源確保）
　・内部，及び外部からの応援により，必要な資源を確保する。
5 : 関係機関への連絡，調整（情報共有）
　・顧客やステイクホルダー等に連絡し，対応方針について共有する。
6 : 優先度の高い災害対応業務に取り組む
　・限られた資源を効果的に使うため，メリハリを付けて対応する。

表 3-3　業務継続計画の中核となる重要 6 要素

1 : 首長不在時の明確な代替準備及び職員の参集体制
2 : 本庁舎が使用できなくなった場合の代替庁舎の特定
3 : 電気，水，食料等の確保
4 : 災害時にもつながりやすい多様な通信手段の確保
5 : 重要な行政データのバックアップ
6 : 非常時優先業務の整理

（出所）　内閣府，2015。

3　災害対策本部における情報のマネジメント

　災害対策本部は，一般に「本部長」（リーダーシップ），「事務局」（作戦立案），複数の「対応班」（実活動）の 3 種類の組織から構成され，各部局の責任者を集めた「対策本部会議」（情報共有）が定期的に開催される。災害対策本部の重要な機能として，被災や資源確保，対応業務等に関する情報のマネジメントがあり，以下の 3 点が重要となる。

①情報の流れと組織構成との整合性

　災害対策本部の事務局と各対応班の間のやり取りは，情報伝達・意思決定のゲームのようなものである。それぞれの班が，必要な情報を内部や外部の他組織から入手し，その情報を元に自らの班が担当する業務の意思決定を行い，その結果を他組織に伝達していく。（図 3-2）災害後に混乱しないためには，災

45

図3-2 災害対策本部の各班での情報フローとアクションの関係

害前の訓練や計画策定段階で，情報の入手先や伝達先，情報の種類のリスト等を作成し，さらに受け取った情報を元に，誰が，どのようなアクション（整理，決断，分類，伝達，など）をするのか整理しておくことが重要である。

②情報共有と状況認識の統一

被害や応急対応，復旧の状況や課題について，各部局や組織がもっている情報を共有する場が災害対策本部会議であるが，各部局から本部会議前に情報を集めて資料にまとめて配布し，会議後には簡単な速記録を作成し，関係者に配布することが望ましい。

本部会議でよくみられるのが，被害や対応状況を数値だけで報告するケースである。しかし本当に知りたいのは，民間企業なら資産や売上に対する被害額の比率であり，自治体ならば人口に対する避難者等の比率や，前日に比べての改善状況である。目的に応じて，それぞれの数値のもつ意味がわかるよう，比率や比較，地図などを用いて，「その数値の意味するメッセージ」を明確に共有することが望ましい。このように被災地の状況・課題を組織全体で共有することは「状況認識の統一」と呼ばれる。

③進行管理

本部会議の最後には，「現在のわが組織の優先課題は○○であり，そのため，××までに，△△に取り組みましょう」ということが決定され，共有されることになる。しかし，その後に対策が取られたのかどうか，進行管理がされていない場合も多い。進行管理用の一覧表（**表3-4**）を作成し，対策の進行状況や終了したかどうか，本部長や幹部職員が一目で分かるようにしておくことが望ましい。

第3章　災害対応の組織マネジメント

表3-4　進行管理表の例

No.	課題・業務	担　当	期　限	実施状況	課　題
1	○○地区における被害概要の把握	○○課	○月○日	終　了	
2	各支店の復旧見込みの評価	○○課	○月○日	残り××地区	技術者の不足
3	重要顧客への被害状況, 復旧見込みの連絡	○○課	○月○日	○社, 被災により連絡つかず。	復旧予定時期の質問が多い。

4　災害対応のリーダーシップ

　リーダーシップとは，例えば，「他者の活動や努力を通じて業務を遂行する過程。他者に影響を及ぼして，何を，どうすべきかを理解させ同意させる過程であり，個人や集団の努力を円滑化することで共通の目的を達成する過程」（永田他，2014）と定義されているように，組織が一体となり災害対応を進めていく上で重要な要因である。

　災害時に特に重要なトップの役割として，次の3つがあげられる。1つ目は「素早い意思決定」である。防災計画やマニュアルがあったとしても，災害時では多くの想定外の事態が発生し，その都度，意思決定が求められる。特に平時のルールの枠外となる決断を下すことができるのは，リーダーだけである。その意思決定が遅れると，現場の対応もずるずると遅れ，全体の志気が下がっていく。

　2つ目は「組織内のマネジメント」である。災害対応の責任がトップにあることを明らかにし，めざすべき目標を決定・共有し，組織が一体となった体制をつくる。さらに資金や目標復旧時間等の制約条件を現場に明確に示すとともに，積極的に現場への権限委譲を進め，可能な限り現場の裁量で柔軟に対応できる仕組みをつくっていく。

　3つ目は「外部組織との調整」である。災害時には，自らの資源，人員だけでは不足するため，他部局や取引先，協定先等からの支援を受けなければなら

ない。この際，現場レベルで動くのではなく，やはりトップ自らが動き，ハイレベルでの要請・調整をすることで，より早く，より多くの支援を得ることが可能となる。自らの権限が及ばない他組織を動かすためには，普段からの信頼関係の構築が大切である。

　また，災害対応におけるリーダーシップは，２つのタイプに大別できる。１つは，自らが陣頭指揮をとって全体の状況を把握し，幹部に直接指示を出していく「陣頭指揮型」タイプである。もう１つは，幹部に災害対応の大部分を委ね，自らは大所高所の視点が求められる外部調整やメッセージ発信を中心に担う「権限委任型」タイプである。これらはどちらがよいというものではなく，トップの考え方やそれを支える幹部の能力，両者の関係などに応じて決まってくる。ただし，災害時にはトップ自身が被災する可能性があり，夜間・休日の災害であれば，すぐに出勤できるかどうかもわからない。トップ一人で全て対応することは難しいため，必要な場合には権限委任型で対応できるよう，平時から危機対応に精通した幹部を養成しておくことが望ましい。

5　計画と訓練

　組織が，共通の目標に向かって一体となり，長期的・継続的に，調整され円滑かつ効果的に対策を実施していくためには，めざすべきゴールや役割分担，実施方法，スケジュール等が記された計画が必要となる。さらに，平時と異なる業務に取り組む災害対応では，実務的な手順や方法，資機材の使い方等についてのマニュアルが策定される場合が多いが，つくられた計画やマニュアルが本棚に放置され，活用されていない例もみられる。計画やマニュアルは，利用者が理解し，実際の対応に役立てられることが大切であり，危機時の使いやすさや次の担当者への引き継ぎ，改訂のしやすさを考えると，シンプルな構成，わかりやすい表現にしておくことが望ましい。

　マニュアルの形式として，大きく２つある。１つは，各班（あるいは各メンバー）が実施すべき業務内容を，時系列に沿ったリストとして列挙する「TODO リストタイプ」である。当面，その班や自分が実施すべきことがすぐ

第3章　災害対応の組織マネジメント

表3-5　良いマニュアルの条件

- ・誰が，どの部分を読めばよいのか，わかりやすい題名・構成・見出し（目次）・デザイン・索引であること。
- ・何のために（目的），誰が・誰と，いつ（何をトリガーとして），どんな方法で（何を使って・どの場所で），何を実施するか，明確であること。
- ・マニュアルの目的に応じて，業務の全体像から個別の作業手順まで，もれなく記載されていること。（多少の重複はあっても良いが，改定時に整合に注意すること）
- ・わかりやすく，誤解のない用語で記述されていること。
- ・薄ければ薄いほどよい。（でも，薄くすることが目的ではない）
- ・机上の空論ではなく，できること，できないこと（今後，取り組まなければいけない対策）を明確にしていること。
- ・本編・資料編の分離や図表の活用など，実際の利用する人の意見を聞き，関係者による訓練・演習等で検証が行われていること。
- ・協定や連絡先一覧等が，定期的に見直され，更新がなされていること。

にわかるが，業務の全体像や他組織の動きについてはわかりにくい。もう1つは，各業務の手順や関係者間の情報の流れをフロー図で表現した「フロー図タイプ」である。業務の全体像や情報・業務の流れ，各部局の関係はわかりやすいが，「目先のやるべきこと」については一見では判別しにくい。これらの二つのタイプを，目的や対象者に応じて使い分けていくことになるが，いずれの場合でも，良いマニュアルの条件は**表3-5**のとおりである。

　私見ではあるが，良いマニュアル，コンピュータープログラム，契約書には，論理の流れがスムーズで筋が通っていること，目的に応じて本編（メイン）と資料編（サブ）が明確に分離されていること，必要な情報の抜け漏れ・重複がないこと，用語・用法が統一されていること，など共通点が多い。専門家がマニュアルをつくると，どうしても複雑でわかりにくいものになりがちなので，ITや法務など防災以外の部署の人が，災害対応を基本から学びながらマニュアルを作ると，わかりやすいものができるのではないかと思っている。

　また策定した計画やマニュアルは，定期的に中身を見直し，改訂していかなければ，情報が古くなり，使えないものになってしまう。改訂の担当部局，担当者，審議する会議等を定め，年間の定例の研修や訓練を行いながら，その結果のフィードバックや新しい災害教訓，事業環境の変化等を踏まえて，毎年の改訂をルーチン化していく（**図3-3**）。

49

第Ⅰ部　減災復興政策の基礎

図3-3　計画・マニュアルのPDCAサイクル

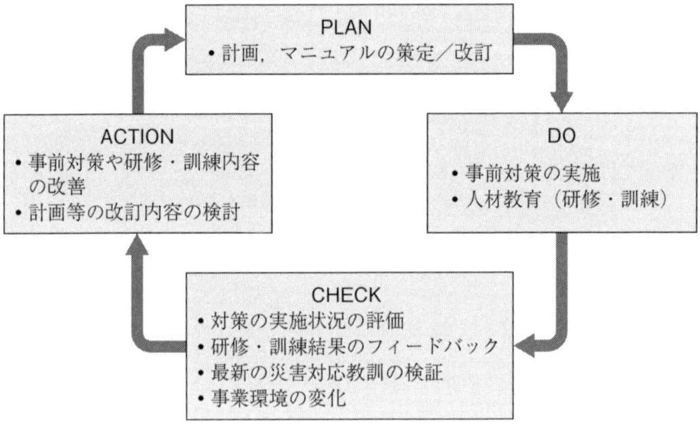

```
                        PLAN
                ・計画，マニュアルの策定／改訂

   ACTION                                    DO
・事前対策や研修・訓練内容                ・事前対策の実施
 の改善                                 ・人材教育（研修・訓練）
・計画等の改訂内容の検討

                        CHECK
                ・対策の実施状況の評価
                ・研修・訓練結果のフィードバック
                ・最新の災害対応教訓の検証
                ・事業環境の変化
```

　災害はいつ発生するか予測できない。立派な計画やマニュアルをつくること以上に，「備えを継続すること」は難しく，愚直で粘り強い努力が必要である。

[付記]　本章の一部は，自治体向けに執筆した参考文献紅谷『日経グローカル』No. 290-300，302-312の一部を，より一般的な内容に加筆，修正したものである。

引用参考文献

Federal Emergency Management Agency, 2011, "Continuity Guidance Circular 1."
内閣府（防災），2015，「市町村のための業務継続計画作成ガイド」2015年5月。
永田高志他，2014，「緊急時総合調整システム基本ガイドブック」東京法規出版。
紅谷昇平「自治体BCP基礎講座　第1講〜第6講」『日経グローカル』No. 290〜300，2016年4月〜9月。
紅谷昇平「自治体防災の最前線　第1講〜第6講」『日経グローカル』No.302〜312，2016年10月〜2017年3月。
紅谷昇平，2017，「自治体における震災対応体制の実態と課題」えひめ地域政策研究センター調査研究情報誌『ECPR』，Vol. 38，公益財団法人えひめ地域政策研究センター，51-57頁，2017.3。

（紅谷昇平）

第4章	減災復興とガバナンス
	——多様な担い手が協働し災害に強い社会を創る——

1 ガバナンスとは

　今日，行政学を中心に「ガバメントからガバナンスへ」が強調されるように，社会を構成する多様な主体が協働し，よりよい社会をつくることが求められている。防災でも，政府，自治体のみならず，ボランティア，NPO，企業，コミュニティ等が協働し，災害に強い社会をつくる必要がある。ガバナンスを直訳すると「統治」となるが，協働して治めるという意味では，「協治」[1]とした方が理解しやすい。協治は，政府，自治体による「公助」のみならず，企業，NPO，コミュニティ，市民等が自ら対応する「自助」，それぞれが互いに助け合う「共助」を活用することで実現する。

　『平成26年版防災白書』は大規模広域災害と自助・共助の重要性を取り上げ，阪神・淡路大震災，東日本大震災等の教訓を踏まえた，「公助の限界」と自助・共助による「ソフトパワー」の重要性について言及している。

　防災の世界でガバナンスが認識されるようになったのは，1995年の阪神・淡路大震災からと考えられる。自治体は災害発生直後の緊急対策はもとより，その後の復旧，復興事業にも取り組まねばならない。その範囲も狭義の防災を越え，住まい，産業・雇用，医療・健康・福祉，さらには，人事，財政，計画といった管理部門にまで及ぶ。一方，行政とは別に，ボランティアやNPO/NGO等による支援がある。震災の年に全国から138万人ものボランティアが被災地に駆けつけ「ボランティア元年」と称された。この現象は一過性で終わることなく，以後も災害が起こるとボランティアが応援に駆けつける，ボランティア・センターを設け被災者を支援するのが，文化として定着しつつある。また，コミュニティを中心にした市民による地域防災力が注目されている。2013

第 I 部　減災復興政策の基礎

年の災害対策基本法改正では，ボランティアとの連携（第５条の３），住民の責務（第７条第３項），地区防災計画（第42条第３項，第42条の２）等が新たに規定された。

　企業の役割も重要である。東日本大震災では，従来の寄付にとどまらない，企業本来の持ち味を生かした支援が展開されている。事業者の責務についても，同法第７条第２項で新たに規定された。

　学校関係では，例えば，兵庫県教育委員会の場合「震災・学校支援チームEARTH（Emergency And Rescue Team by school staff in Hyogo）」を作り，普段は防災教育に取り組むが，災害時には学校応急対策，教育活動の早期再開，児童生徒の心のケア，学校における避難所運営等の面で被災地を支援する。学校を中心にした防災教育が各地に拡がっている。

　このように，何でも行政に頼るのではなく，自力であるいは共に助け合いながら災害から復興する，将来の災害に備え減災に取り組む動きが，認識されるようになった。そこでは，それぞれの主体が有する資源を共有し，相乗効果を発揮できるよう，ガバナンスを推進することが求められる。本章では，過去の災害からの教訓をもとに，協働の仕組みに関する先進事例や課題にも触れながら，減災復興を推進するためのよりよいガバナンスのあり方を考える。

2　社会を構成する主な主体

(1)　3つのセクター

　曽我（2013, 311-317頁）は，社会を構成する主体を，大きく政府部門，民間部門，サードセクターに分類する。これを参考に防災の世界での主体について考える。

①政府部門

　政府部門には国，自治体のほか，国営・公営企業，政府関連法人等が含まれる。みんなのためにという意味で「公的（public）」な存在であり，公益を追求するのが主なミッションである。そのために市民や企業に対して正当な強制力を有する。

第4章　減災復興とガバナンス

②民間部門

私たち個人や企業を指す言葉で，まずは自分のことを考えるという意味で「私的（private）」な存在と受け取られる。政府部門と異なり，個人や企業それぞれの関係は対等で強制できない，自由が基盤とされる。民間部門を公的なことには関わらない，文字通りの私的な行動を行う主体として紹介されている。

③サードセクター

本来民間部門であるが，利潤を追求するのでなく，公的な目標を追求する。市民社会（civil society）とも呼ばれる。地域共同体の自治組織，宗教団体，NPO/NGO，ボランティアなどを指す。

②　3つのセクターと公益

阪神・淡路大震災で台頭したボランティア，NPO/NGO はサードセクターに属する。ここでは，医師，弁護士，建築士等も専門性を生かし貢献する。さらに，東日本大震災では企業による支援が活発になった。民間部門とサードセクターとを区別するのが難しくなっている。どちらかに属すというよりは，「共助」で一括りし公益に資すると考えた方がわかりやすい。また，個人やコミュニティによる活動も「自助」として，ひいては公益につながると考えられる。

一方，政府や自治体がいう公益や公平，公正とは何かが災害の度に問われてきた。例えば，災害で失った個人の住宅は私有財産なので自力再建が基本であり，国は補償する責務がないとするが，住まいにも公益があると論議を引き起こしてきた。公平，公正の観点から仮設住宅や災害公営住宅の入居を抽選で行った結果，コミュニティが分断され，引きこもりや孤独死につながったこともある。「自助」「共助」「公助」の拡大と共に，公益とは何かを改めて考える必要がある。

3　過去の大災害とガバナンス

ここでは，過去の大災害においてガバナンスにどのような特色が見られるのか，「阪神・淡路大震災」「新潟県中越地震」「東日本大震災」を例に考える。

第Ⅰ部　減災復興政策の基礎

1 　阪神・淡路大震災

　阪神・淡路大震災がもたらした意義を大きく4つあげる。1点目は，この震災を機に社会全体で災害に対する緊張感が変わったということである。1959年の伊勢湾台風（死者・行方不明者数：5098人）以来，日本は巨大災害から遠のいていた。治水を中心にハードでは水害をある程度克服した，加えて，関西には地震は来ないといった過信があったともいえる。その結果，巨大災害に対する備えの不十分さを露呈したものとなった。世界的にも稀な都市直下型の災害として，その恐ろしさを世に知らしめた。その後も地震が続発し，東日本大震災の発生により，将来の巨大災害がより現実的なものとして捉えられるようになった。

　2点目は，災害への備え，応急対応，復旧，復興等に対する基本的な姿勢や方策等が形成されたことである。行政では災害対応のための計画・マニュアル作りや，危機管理部局といった体制が整備され，NPO/NGO，市民を問わず，被災地への支援が行われるようになった。減災という考え方も広まった。

　3点目は，孤独な高齢者や希薄なコミュニティの問題等，社会が潜在的に抱えていた課題が一気に表面化したことである。課題は災害対応の領域に止まらず，社会のあらゆる部門で噴出し，長期化，複雑化した。元に戻す復旧を超えた創造的復興が求められた。

　4点目は，サードセクターが台頭したことである。避難所や仮設住宅での支援に止まらず，その後の福祉，保健，生業，まちづくり，さらには，他の被災地への支援，社会への提言と活動が拡がっていった。行政が鳥瞰的に物事を捉えるのに対し，一人ひとりの被災者に向き合い，寄り添う，手を差し伸べるきめ細やかな支援が注目された。コミュニティの力も再認識された。

　この頃から「自助」「共助」「公助」といった表現が使われるようになった。阪神・淡路大震災を機にガバナンスが意識されるようになったといえる。

2 　新潟県中越地震

　2004年の新潟県中越地震は過疎高齢化が進む中山間地を襲った。これを機に集落が一層衰退することが懸念された。そうした中，行政と民間中間支援組織

54

とが連携し，地域に根づいていた互助の力を引き出すことで，復興を推進した。例えば，地域復興支援員というアシスタントを集落に配置し，中間支援組織の指導の下，被災者主導による地域再生を行った。行政と被災者をつなぐ役割も担った。そこに外部の有識者やNPO等が加わり，専門性やネットワーク力を付加していった（詳しくは第4節で説明）。多様な主体が協働した事例として，今後の災害復興のモデルになると考えられる。

３ 東日本大震災

被害が広範囲にわたり，各地で状況や対策が異なるため，一概に論じるのは難しい。しかし，大まかには，以下の特色があげられる。

1点目は，多額の予算を投じ復興に特化した組織を設置するなど，これまで以上に国主導による大規模な対策を講じたことである。10年間の時限組織として首相を長とする復興庁を設立した。被災地にも復興局や支所等を置き，国の取組みを一元化する役割を担っている。財源面では，10年間にわたる事業費を約32兆円と見積もり，歳出削減，政府保有株の売却，復興増税等により財源を確保した。その上で，阪神・淡路大震災で認められなかった復興特区を設ける[2]，税制上，金融上，規制・手続き等の特例を設ける，1つの事業計画で以って地方自治体に財源を交付する復興交付金を作るなどの措置を講じた[3]。

2点目は，被災者の私有財産や営利行為に対し，より踏み込んだ支援を行ったことである。住宅再建については，国から復興基金の財源を交付し，自治体の裁量で住宅本体への再建に使える補助金ができた。事業者に対する支援も手厚くなった。「中小企業等グループ施設等復旧整備補助事業」では，事業者がグループを組み再建に取り組むことで地域の産業復興につながるとして，再建費用の4分の3（国1/2，県1/4）を補助した。

3点目は，企業による支援が活発になったことである。6次産業化や新産業創出のため被災事業者を支援するケースや，自治体に社員を派遣し産業や観光の再生に一役買うなどの支援が行われている。クラウドファンドを使って被災事業者を支援する仕組みも登場した。例えば，㈱ミュージックセキュリティーズ社が創設した「セキュリテ被災地応援ファンド」では，市民は支援したい被

災事業者をホームページで選び出資（＋寄付）する。この結果，28社に対し11億円近い資金が調達された（青田，2017，177-187頁）。

4点目は，自治体間支援が顕著になったことである。職員が被災し対応できない，しかし，災害後の業務が拡大する中で，知事会，市長会，町村会等を通して職員を派遣したり，姉妹都市の枠組み等を活用したりしている。ユニークなのは，関西広域連合が取り組む「カウンターパート方式」で，それぞれが担当する被災県を決め支援を継続させている。

5点目は，原子力発電所事故に伴う対策である。国は，2012年3月に「避難指示解除準備区域」「居住制限区域」「帰還困難区域」を設定し，その区域内の住民を強制的に避難させた。しかし，低線量被爆を憂慮する区域外の住民も自主的に避難し（以下「自主避難者」），ピーク時には全国で避難者数16万4865人に達した（2012年5月，福島県調べ）。これに対し，福島県だけでなく全国の自治体で避難者を支援している。「原発避難者特例法」（2011年8月施行）が制定され，避難先の市町村でも避難元と同様の行政サービスを受けることができる。また，民間レベルでも，全国で800を超える支援団体ができ，中間支援組織「東日本大震災支援全国ネットワーク（JCN）」が設立された。2019年3月に「避難指示解除準備区域」「居住制限区域」のほとんどが解除され帰還できることになったが，[4] 反面，自主避難者や避難先にとどまる人々への支援が先細りになることが懸念される。帰還困難区域の対策もこれからで，[5] 再建が円滑に進むかは不明である。

東日本大震災の復興は今後も続き，国の影響力が大きいが，これまで以上に，自治体，企業，NPO/NGO，ボランティア等多様な主体が，支援に携わっている。さらに，今後30年の間に南海トラフ地震や首都直下型地震といった巨大災害が70％もの高い確率で発生すると想定される中で（『平成26年度防災白書』），これら主体の役割を注視する必要がある。

4　ガバナンスを推進する方策（復興基金と中間支援組織）

ガバナンスを「協治」と捉える上では，協働により相乗効果を生み出すため

第4章　減災復興とガバナンス

の仕掛けが必要となる。本節では，財源を基に支援事業を行う「復興基金」と，支援する組織，人材としての「中間支援組織」に着目する。

1　復興基金が生まれた背景

災害後，「ハード」を中心に再建が進む一方で，「被災者」の再建が遅々として進まないことが多い。前者では道路，堤防，高台移転地などの整備が公益に資するとして公助の対象となり，巨額な予算がつぎ込まれる。一方，後者は個人の私有財産やプライバシー等私的領域に属するものとされ，基本的には自助が原則で，共助の手が差し伸べられるものの，公助の対象になりにくい。

しかし，実際には，被災者の住宅再建や生活再建ができないと，結局まちそのものが衰退するように，公益のあり方を考え直す必要がある。注目すべきはどちらともいえそうなグレーゾーンを埋める方策であり，ここにガバナンスを考える所以がある。一歩踏み込んだ公助を行うこと，自助や共助を後押しすることが求められる。また，災害はその都度新たな課題が発生するため，既存の制度や法ではカバーできないことがある。制度の空白を埋める支援が必要である。それらを背景に復興基金が生まれた。

2　自治体が使いやすい財源

表4-1はこれまでの主な復興基金の概要を示す。設置主体は自治体である。恒久的な制度ではないため，その度設置や財源を検討する。主となる財源は地方交付税交付金で，その性格上，地方の裁量が効きやすいからと考えられる。[6]利子運用に必要な原資を確保するため地方債を発行しその償還の大半を地方交付税で補填する場合と，地方交付税を財源にした基金を取り崩す場合とがある。他に，義援金，震災復興宝くじの収益金，外国や企業等の寄付金等を組み込んだり，産業再生のため国の中小企業近代化資金貸付金を活用したこともあった。制度化されていないことを逆手に取れば，財源に縛りがないので様々な可能性を追求しやすい。[7]

執行面では民間財団型と行政直轄型に分かれる。前者は財団法人を設立し民間の資金として支援事業を行う。被災自治体の首長等が理事に就任し，財団法

57

表4-1　主な復興基金の概要

名　称		設置期間	設置主体	基金規模（主な財源）	事業数	事業費総額
①雲仙岳災害対策基金		1991.9～2002.8	長崎県	1090億円（地方交付税補填＋義援金）	73	275億円
②島原市義援金基金		1991.12～2005.5	島原市	44億円（義援金）	56	約76億円
③奥尻町北海道南西沖地震災害復興基金		1994.1～1998.3	奥尻町	133億円（義援金）	73	約140億円
④阪神・淡路大震災復興基金		1995.7～継続中	兵庫県・神戸市	9000億円（地方交付税補填＋宝くじ収益金）	118	3550億円
⑤中越大震災復興基金		2005.3～継続中	新潟県	3050億円（地方交付税補填＋宝くじ収益金）	139	600億円
⑥能登半島地震復興基金		2007.8～2017.3	石川県	500億円（地方交付税補填）	23	34億円
⑦能登半島地震被災中小企業復興支援基金		2007.7～2017.3	石川県	300億円（中小企業近代化資金貸付＋石川県）	16	非公表
⑧中越沖地震復興基金		2007.10～継続中	新潟県	1200億円（地方交付税）	91	90億円
⑨中越沖地震被災中小企業復興支援基金		2007.10～継続中	新潟県	400億円（中小企業近代化資金貸付金＋新潟県）		30億円
⑩東日本大震災復興基金（※）	第一次	2011.10～継続中	被災県・市町村	1960億円（特別交付税＋寄付金等）	継続中	1960億円＋寄付金等
	第二次	2013.3～継続中		1047億円（特別交付税＋寄付金等）		1047億円（特別交付税＋寄付金等）
⑫熊本地震復興基金		2016.12～継続中	熊本県	523.2億円（特別交付税）	継続中	523.2億円

（注）　東日本大震災復興基金の場合設置主体が多数あるため，まとめて記述した。
（出所）　青田（2016）に追加。

人の理事会で支援事業を決定する。後者は復興基金を自治体の予算に組込むもので，通常の予算と同様に庁内の査定を経て議会の承認を経た上で執行する。いずれの場合も，地方自治体の裁量の度合いが大きい。地域の実情に応じた施策を反映できるか，ローカル・ガバナンスが問われる。

第4章　減災復興とガバナンス

③ 復興基金を使った支援の特色

　自治体業務に関係するほぼすべての分野で支援事業が行われる。例えば，住宅再建では後述の被災者による自力再建支援の他，仮設住宅や公営住宅でのふれあいスペースの整備等に使われた。生活再建ではコミュニティ施設の整備等に使われている。地域復興支援として伝統行事の再開や私鉄の復旧にも使っている。商工業・観光業再建では国の補助金の対象から漏れたものへの支援，農林水産業再建は6次産業化支援，教育・文化再建は私立学校助成金への上乗せ等様々なところで活用されてきた（青田，2016，103-106頁）。顕著なものとして，住宅再建に対する支援と，中間支援組織と組み合わせた支援を取り上げる。

　①住宅再建に対する支援

　住宅再建に対し公的支援には限界があるとする国の見解の中で，復興基金は事実上の支援として大きな役割を果たしてきた。

　1990年に長崎県で発生した雲仙普賢岳噴火災害では，頻発する火砕流や土石流を懸念し，災害対策基本法に基づき警戒区域を設定したため居住や営業ができなくなった。法律に基づく措置である以上，被災者や事業者のみならず被災地の自治体も損失に対し国からの補償があるものと期待したが，実現されなかった。都市部を襲った阪神・淡路大震災では，全半壊家屋併せて約25万棟，火災による被害も全焼が7000棟を超えるなど甚大な被害をもたらし，住宅再建が大きな課題となった。

　しかし，国の見解は，「天災の場合，国に違法，過失がないことから，被災者に賠償なり補償をする責任がない。私有財産制の下では，個人の財産が自由且つ排他的に処分し得るかわりに，個人の財産は個人の責任の下に維持することが原則である。」とされた（八木，2007，31-48頁）。

　そうしたことを背景に，長崎では「雲仙岳災害対策基金」等が，阪神・淡路では「阪神・淡路大震災復興基金」が設置された[8]。前者は財源の一部に義援金が組み込まれたことから住宅再建本体への補助金が配られたが，後者は地方交付税交付金が主な財源であったため，住宅本体への支援は認められず，主に融資に伴う利子補給といった間接的な支援にとどまった。

第Ⅰ部　減災復興政策の基礎

　しかし，現実にはそれで住宅を再建するのは困難で，1998年に被災者生活再建支援法（以下「支援法」）が成立し，2回改正された後，2007年に住宅本体の再建にも使えるようになった（上限300万円）。自治体では，2001年に鳥取県が鳥取県西部地震において，住宅本体を再建した場合最大で300万円支給したのを皮切りに，全国各地で支援法への上乗せ，横出し等が実施された。

　これに歩調を合わせるかのように，2005年の中越大震災復興基金では，地元の木材や瓦を用いたり，大雪対策に見合った住宅仕様にしたりする場合，限定付ながら住宅本体に補助金が支給された。そして，2011年の東日本大震災復興基金では，住宅本体の再建そのものへの補助金が作られた。さらに，2013年に財源を追加交付するにあたって，国は使途を津波被災地域の住宅再建に限定した。国の復興交付金による支援事業は災害危険区域からの移転等に伴う利子補給に限られるが，復興基金を用いて，それ以外の「現地で再建する場合」「被災した場所が災害危険区域外である場合」「災害危険区域を指定される前に移転した場合」「補修・改修する場合」「融資を受けなかった場合」等にも対応できるようになった。その他，自宅をバリアフリーにする場合，宅地の復旧や嵩上げを行う場合，耐震改修を行う場合，浄化槽を整備する場合等にも補助金が出る（青田，2014，17-45頁）。さらに，岩手県と県内の被災市町村では，支援法と同様の要件で100～200万円の補助金の上乗せを行った。その後の熊本地震では，宅地への被害が支援法の対象に入らないことから，復興基金で被災宅地復旧支援事業を実施している。

　阪神・淡路大震災の際の住宅再建支援と比較すると，隔世の感を禁じ得ない。そこには，住宅再建に対する公的支援のあり方が事実上変化したことが読み取れる。支援法を含め国は財源面で自治体を支えており，自治体の裁量で住宅再建を支援する方策が定着しつつある。自治体の独自性を現わす方策として復興基金の役割が注目される。

②復興基金と中間支援組織の組み合わせ

　阪神・淡路大震災以後災害があると，自然発生的にボランティアが集まるようになった。さらに，NPO/NGO のように支援活動自体を目的とする組織ができ，そうした多様な主体をつなぐ中間支援組織も現れた。支援を受けて被災

当事者が主体的に再建に取り組むケースも増えている。

　行政も自助・共助を支援し連携を深めている。ここでは，2004年の新潟県中越地震後の，復興基金と中間支援組織を組み合わせた復興方策を考察する。

　中越の被災地では，2005年5月に民間の任意団体「中越復興市民会議（以下「市民会議」）が設立した。「ひとりひとりの小さな声を復興の大きな流れへ」を合言葉に，実践家や研究者等外部支援者の協力を得ながら，「おこす事業（例：集落の花植え）」「よりそう事業（例：集落のミーティングへの参加）」「つたえる事業（例：アーカイブの作成）」「つなぐ事業（例：防災とボランティアのつどい）」「考える事業（例：被災地交流会の開催）」を実施した。

　市民会議の活動を新潟県が注目するようになった。県では被災地の実情を把握するため「集落再生支援チーム」をつくり，市民会議と一緒に集落を訪問し被災者の声を直接聴いた。それを持ち帰り，復興基金事業に反映させていった。

　中間支援組織と連携し現場を知ることで，従来の発想にないユニークな支援事業が生まれた。いくつかを紹介する。被災した棚田は規模が小さく災害救助法の対象にならなかったが，他に方策を講じるよりも，被災農家が自ら修復した方が手っ取り早いということで，40万円の小規模補助金を用意した。そのお陰で，種まきから収穫までの1年をふいにせずに済んだし，やりがいにもつながった。また，神社，鎮守，祠等が被災したが，集落の行事を司る心の拠り所であり，それがなくなると被災者が村を離れるとの声があがった。そこで，宗教施設ではなく皆が集うコミュニティ施設と見なし支援した。地元の主婦等が地元の山菜を使い郷土料理をふるまう農家レストランの開設にも支援した。

　市民会議の活動が拡がるにつれ，集落の再建をアシストする多くのスタッフが必要になった。そこで，各集落を担当する地域復興支援員（以下「支援員」）を新たに配置し，活動費だけでなく管理費や人件費も復興基金で賄った。50名余りの支援員が採用されたが，そのキャリアは元公務員，企業経験者，NPO，主婦，学生等様々であったため，市民会議のスタッフの指導を受けながら活動を進めた。その際，市民会議のスタッフの活動費，管理費，人件費も復興基金で出せるよう，産官学等で設立した社団法人「中越防災安全推進機構復興デザインセンター（以下「デザインセンター」）の職員に位置づけた。民間組織の場

図4-1 中間支援組織と復興基金をみ合わせたローカル・ガバナンス

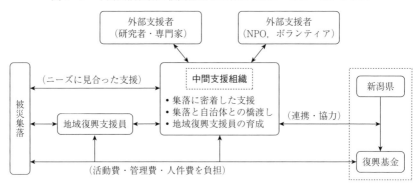

(出所) 筆者作成。

合，財源面で持続が厳しくなることが多いが，こうした工夫により復興基金で支えられ活動に専念することができた（青田，2010，31-40頁）。

　支援員は，「地域の復興のためのネットワークづくり」「イベント等の企画や実施支援」「住民と行政の連絡調整」「被災者の見守り」等を行った。集落再生のため先進地を視察する機会を設けたり，都市との交流イベントを開催したりしながら，被災者が主体的に将来の復興像を描くよう促した。一方，県と中間支援組織が中心となって「地域復興交流会議」を開催し，被災者が行政，専門家，支援者等とともに取り組むべき課題を検討する場を設けた。被災者は他の集落とも交わることで刺激を受け，互いに励まし合いながら，復興を進めることができた。これを「インプット」の場とすれば，後に設けた「復興デザイン策定発表会」では，被災者自らが復興への取組みを基に，関係者の前でその進捗状況や集落の将来像を発表し「アウトプット」することができた。ともすれば受け身になりがちな集落を，コミュニティ再生の主体へと変革させた意義は大きい。

　図4-1は，新潟県と中間支援組織が連携し，復興基金を活用した被災者支援の姿を表している。官民連携による支援の下，「組織と人材」が強化された。そこに，復興基金という「財源」を用いて被災者のエンパワメントにつながる「事業」を展開した。支援に必要な「ヒト・モノ・カネ」が揃ったローカル・ガバナンスの先進事例と捉えることができる。[14]

③官民連携を促進する中間支援の役割

　中間支援組織を設置するのは民間セクターとは限らない。もう１つの事例として，愛知県が設立した官設民営の「愛知県被災者支援センター」（以下「センター」）を取り上げる（青田，2015）。福島をはじめとした東日本大震災の被災地から避難した被災者を支援するもので，県から委託を受けた県内の４つのNPO，コープ，県社会福祉協議会等が中心となって運営する。震災後７年が経過した現在も活動が持続できる要因を考察する。

　愛知では以前から市民活動が盛んで，阪神・淡路大震災でのボランティア活動を踏まえ，1998年に愛知県と市民団体との間で「ボランティアの受入体制の整備とネットワーク化の推進に関する協定書」を交わした。それをもとに，2000年の東海豪雨水害では，県庁舎内にボランティア支援本部を立ち上げ，NPOの代表が本部長となった。県内６カ所に地域ボランティア支援本部を設け，社会福祉協議会や県ボランティアコーディネーター養成講座修了者等が加わり，支援活動にあたった。

　2002年に当時の東海地震防災対策強化区域が見直され，愛知県の58市町が指定されると防災強化の機運が一層高まった。県では，NPOとの協働を推進するため，「あいち協働ルールブック2004〜NPOと行政との協働促進に向けて」を策定した。「対等の関係」「透明性の確保」等協働にかかるルールを定め，特に行政側には「NPOに対する適切な理解と配慮」を，NPO側には「公の資金を使う自覚と責任」等を求めた。NPOへの委託に伴う間接経費を15％とすることも定められた。

　これらの過程をとおして，官民の顔の見える関係，役割分担などが醸成されていった。2011年の東日本大震災の直後，県は「愛知県被災地域支援対策本部」を，市民団体等は「あいち・なごや東日本大震災ボランティア支援連絡会」を立ち上げ，両者で情報交換を行った。６月に県は「愛知県受入被災者支援要領」を定め，受入被災者に対し，住宅確保，生活物資，健康福祉，教育，就労などの支援を行うにあたって，市町村，県民，企業，NPO，ボランティア団体等との連携・協力のもとで取り組むとした。センターの設置も決定された。

　センターは県庁舎内に専用スペースを設け，県が活動費，管理費等の経費を

第Ⅰ部　減災復興政策の基礎

賄う。委託された4つのNPO（「①レスキューストックヤード」「②愛知ネット」「③ボラみみより情報局」「④岡崎まち育てセンターリタ」）と「⑤コープあいち」「⑥愛知県社会福祉協議会」が，具体的な支援活動を行う。①，②は災害支援，③は市民活動の情報インターフェイス，②，④は公的施設の管理運営，⑤は消費者活動，⑥は福祉活動の面で長けている。それぞれが地域に密着し独自の専門性やネットワーク網を有している。

　これらの経験やノウハウを生かして，民間ならではの支援活動を展開している。**表4-2**に2011～2014年度の主な活動を例示する。そこでは，避難者にもボランティアとして参加してもらい，ニュースレターの作業を手伝ってもらったり，避難者訪問にも同行してもらったりする。これにより，当事者の本音や主体性を引き出すことができた。また，避難者交流会を開催し，子連れでも参加しやすいよう託児所を設けたり，避難当事者の会づくりを支援したりした。さらに，避難生活が長期化し様々な問題を解決するため，弁護士や医療関係者等からなる専門家支援チームを作った。企業の協力を得てコンサートやスポーツ観戦にも招待している。

　民間が支援の前面に出る一方，県は場所や予算の確保，市役所との調整といった後方支援に徹する。県の支援センターという「看板」があるので，県民や企業等から協力を得やすい，避難者も納得しやすいといった利点があげられる。

　センターの財源は国の「社会的包摂・『絆』再生事業（地域コミュニティ復興支援事業）」を活用している。復興基金ではないが，民間にノウハウがあり，官が予算，場所等を整備すれば，官民協働の相乗効果が高まる，ローカル・ガバナンスが進むことを示している。

5　改めて自治体の防災力を問う

　ローカル・ガバナンスの先進事例が生まれる一方，東日本大震災以後，自治体の防災力が改めて問われている。基礎自治体で防災部門のキャパシティに限りがあるところほど，対策に苦慮している。特に，災害経験がないところほど混乱に陥りやすい。地震に限らず集中豪雨等の水害が多発しており，全国どこ

第4章 減災復興とガバナンス

表4-2 愛知県被災者支援センターの主な活動

事業名	趣旨・内容等	2011年度	2012年度	2013年度	2014年度
定期便	被災地の情報，新聞等の切り抜き（月2回）	19回	22回	23回	22回
臨時便	緊急性の高いもの等	8回	6回	4回	4回
機関紙「あおぞら」	紙面で提供したい交流等の情報	19回（月2）	12回（月1）	12回（月1）	11回（月1）
生活物資提供	おむつ，掃除機，カーテン，ストーブ等	1780点	1067点	ランドセルのみ	ランドセルのみ
米の全戸配布	飛島村，JA，コープあいち提供，安否確認を兼ねる	1回	2回	2回	2回
招待イベント案内	企業等による招待（演奏会，スポーツ，舞台等）	37回	64回	63回	38回
交流会	避難者同士，避難者と支援者が交流するのを支援	28回	57回	46回	58回
大交流会	センター主催，年1回避難者が一同に会する	2/25（139人）	2/2-3（264人）	2/1-2（334人）	1/31-2/1（267人）
相談会	専門家による相談，支援制度説明等	16回	5回	3回	3回
元気母子回復事業	母子・父子家庭に特化した交流会	—	—	2回	—
見守り活動	(2011/2012) 50歳以上単身者対象 (2013/2014) 全世帯対象	35世帯		24世帯	253世帯
		役場，社協職員同行		専門家，避難者同行	
パネル展示	市町村，市民向けイベントで展示	4回	6回	4回	3回
マスコミ取材	マスコミを活用した市民への周知	カウントせず	24回	18回	10回
市町村訪問	避難者受入市町村との連携	県下54市町村中46市町村			43/54市町村
研修会・公開フォーラム	市町村，社協，NPO，ボランティアを対象に，支援テーマ毎に実施				
パーソナルサポート支援チーム	社協，弁護士，司法書士，臨床心理士等との協議，勉強会	月2回	月2回	月2回	月2回

（出所）　愛知県被災者支援センター事業実績をもとに筆者作成。

第Ⅰ部　減災復興政策の基礎

でも起こり得る問題と考えられる。

　本節では，そうした事例の1つとして，2015年9月に茨城県で発生した鬼怒川水害にかかる常総市の対応を取り上げる。市内を南北に流れる一級河川の鬼怒川・八間堀川が決壊し約40k㎡が浸水した。死者2人，重傷者3人の他に，救助者が4258人に達し，全壊家屋53軒，大規模半壊1581軒，半壊3491軒，床上浸水150軒，床下浸水3066軒の被害を招いた。その際の市の対応に問題があるとされた。「常総市水害対策検証委員会報告書」（2016），「人と防災未来センター現地支援報告書」（2016）および著者が同市役所，茨城県庁，NPO等から聴取した内容を下に分析した。

　同市では，災害対策本部の場所を定めておらず，市長室隣の庁議室（本庁舎3階西側）に設置したが，手狭で関係機関（茨城県，警察，消防，自衛隊，国交省等）が別の建物に陣取ったため，十分な意思疎通ができなかった。市町村合併の影響で広域消防が2つあり両者の連携もスムーズにいかなかった。災害対策本部員の役割分担が曖昧で，情報の収集や分析が進まないまま課題が山積し，全体像はもとより当面の目標すら提示できなくなった。見かねた職員や関係者等が状況を説明しようと災害対策本部に駆け込むものの，却って混乱に陥ってしまった（＝災害対策本部の機能不全）。

　また，災害対策本部の場所と本部事務局の統括班である市民安全課（当時，本庁舎2階東側）とが離れてしまった。課長は本部を離れられず，指示者不在となった同課では職員が双方を往復するものの，指示漏れや取り違え等が生じ，一部地域に対する避難指示の通報が抜け落ちるなどした。市民やマスコミからの問い合わせが殺到するが，他課からの応援もままならない状況の下で，統括班としての役割を十分に果たすことができなかった（＝事務局の機能停止）。

　避難所では，水害時に使えない場所があるにもかかわらず，利用不可を明示していなかったため避難しようと市民が駆けつけた。別の避難所では職員が鍵を開けるのに時間を要してしまった。当初市内10カ所の避難所を想定していたが，アクセスが便利な他市に避難する住民もあり，全体で39カ所にまで拡大した。避難所では食料が不足し衛生面でも問題が生じた。地域防災計画では福祉部が避難所担当であったが，マニュアルを整備していなかったため具体的な手

順がわからず，量的にも対応できなくなった。他部（課）に応援を求めたが，受けた方もどう対処してよいかわからず，避難所での対応がそれぞれ異なった。混乱が深まる中で，在宅避難者が置き去りにされてしまった（＝避難所ノウハウの欠如）。

基礎自治体のそうした状況にもかかわらず，茨城県が十分に補完機能を果たすことができなかった。現地に災害対策本部を設けたものの市役所との連携がうまくいかなかった。現地対策本部からの情報が，県庁の対策本部を飛ばして直接各部局に届けられ，指示系統が混乱したこともあった。災害対策基本法や災害救助法の運用面でも課題が残った。常総市内に県のボランティアセンターを設置したが，市のボラセンも別途設置されるなど，役割分担が十分でなかった（＝広域自治体の補完機能不十分）。

大水害を前に，市も県も混乱したと考えられる。これを機に，常総市では災害対策本部の場所を新たに確保しスペースも拡大する，市長公室内に市長直轄の危機管理課を設置し自衛隊出身者を採用する，マニュアルやタイムライン等を整備する等の措置を取った。公助による限界を認識し，市民への防災教育や訓練の実施，防災士資格取得の奨励，自主防災組織の強化等に努めている。県でも，危機管理に関する庁内組織の強化や市町村の防災強化に乗り出した。

しかし，同様なことは22年前に阪神・淡路大震災の自治体が経験し，教訓を伝えてきたところでもある⁽¹⁶⁾。伝えること自体に対する課題もあるが，平常時から緊急時バージョンに切り替えしにくい行政の体質にも要因があると考えられる。所掌事務に専念する，指示系統に従い独断を潔しとしない，自己完結が基本で安易に支援を求めない，といった普段の縦割構造に忠実であるあまり，想定外の際，迅速，柔軟に動くのに躊躇してしまう。そのため，「①横断的案件，私的領域に関わる案件，外部の協力が必要な案件等が発生する」→「②これらに通常の体制で対応しようとする」→「③外部から応援が来るがコーディネートできない」→「④混乱の中でなし崩し的に支援を受入れざるを得なくなる」→「⑤体制が落ち着くと平常時バージョン戻る」→「⑥復旧，復興から取り残された被災者に対応できなくなる」に陥ってしまう。被災を機に，指示系統や体制を見直す，広域応援体制や受援力を強化する，自助や共助の力を評価する，

第Ⅰ部　減災復興政策の基礎

といったことが，災害の度に繰り返されている。

　被災を経験しない限り緊急時モードを理解しにくいとすれば，全国的にはむしろ「未災地」の方が多く軽視できない問題である。そのためには，管理部門を含め全庁的に防災リテラシー（＝防災を理解する能力）を高める必要がある。「できること」と「できないこと」とを識別し，体制を見直す，自助や共助の力を活用する，さらには，外部からの応援も含め使える資源を総合的にコーディネートすれば，ガバナンスの力をより発揮できると考えられる。

6　将来の巨大災害等に備えたローカル・ガバナンスのあり方

　過去の災害からの教訓を踏まえ，ガバナンスへの理解がある程度深まった一方，未災地を中心に従来の行政の手法しか望めないところがある。そうした状況下で，南海トラフ地震や首都直下型地震といった巨大地震災害や，異常気象に伴う大規模水害等を迎えようとしている。

　例えば，南海トラフ地震対策として，政府は2014年度から10年間の減災目標を掲げ，死者数（最大時約32万3000人）を概ね80％削減，全壊家屋数（最大時約250万棟）を概ね50％削減するとした。その方策として，避難や建物耐震化等の地震対策，防波堤や避難ルート等の津波避難対策，ボランティアとの連携，都市や郡部の地域性を踏まえた対策等を示している（内閣府，2014）。

　ここでは，災害に強い社会を構築する上でのガバナンスを実現するため，以下の点に言及したい。1点目は，応急，復旧，復興への取組みを社会全体で共有できるよう防災リテラシーを向上させ，コーディネート力を高めることである。災害による事象や課題等のリスクを正しく認識し，普段のやり方に捉われない体制や方策等を用意する必要がある。ただし，災害は想定した通りには起こらないので，その都度応用力を発揮できるよう，研修や訓練等により内容をバージョンアップすることが求められる。その上で，自己完結できない可能性を認識し，受援力を強化する必要がある。

　2点目は，官民連携を強化することである。**図4−2**は，官民それぞれのアプローチと両者の役割分担を示す。行政は全体を鳥瞰的に捉え，公平，公正に

68

第4章　減災復興とガバナンス

図4-2　「官」「民」それぞれのアプローチと「官民連携」

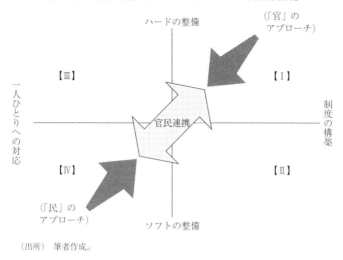

（出所）　筆者作成。

取り組む，より多くの人に合った最大公約数的なサービスから支援をスタートさせる。万人を対象にしたルールや制度を作る，誰もが利用するハードを整備するところから優先せざるを得ない。これに対し，民間は眼の前にいる個人を助けたり，自分の得意な分野に支援を特化することができる。ソフトを中心に，行政が関与しにくい被災者のプライバシーの部分に立ち入ることもある。

行政による支援をトップダウンとすれば，ボランティアやNPOによるのはボトムアップとの見方ができる。両者とも支援を拡大させるにつれ，座標軸の真ん中で重なり合うことから，官民連携や中間支援が生まれる。これは減災や復興を推進する上でのローカル・ガバナンスでもある。政府による統治ではない，しかし，自治体だけでもない，NPO，企業，コミュニティ，被災者等減災や復興を担う多様な主体が参画した協治を意味する。

復興基金を例に考える。図4-2で，復興基金の領域は【Ⅱ】【Ⅲ】【Ⅳ】にあたる。【Ⅰ】は純粋な公的支援の範囲で対象から省くべき領域である。【Ⅰ】に近いほど公助の補完機能が高まり，【Ⅳ】にあるほど自助・共助の支援に重点を置くことになる。支援事業の立ち位置によって，復興基金の性格がガバメント延長型なのか，ガバナンス推進型なのかがみえてくる。

69

第Ⅰ部　減災復興政策の基礎

図4-3　協治のガバナンスと政府・自治体の責務

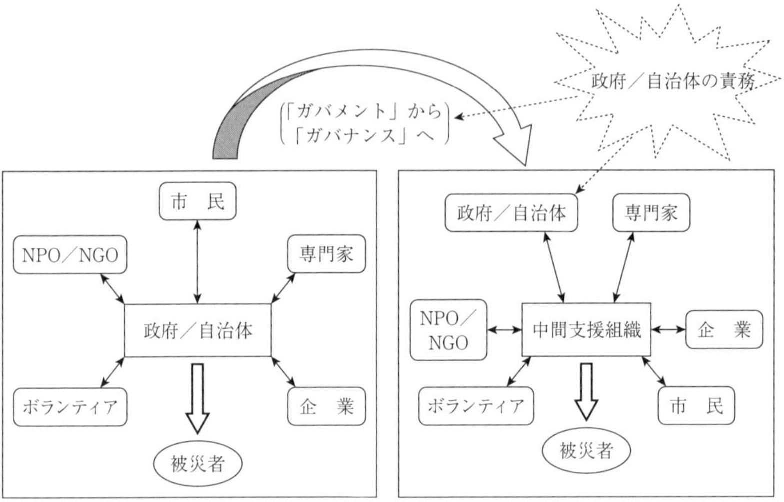

政府／自治体の責務

「ガバメント」から
「ガバナンス」へ

市　民

NPO／NGO　　　専門家

政府／自治体

ボランティア　　　企　業

被災者

政府／自治体　　　専門家

NPO／
NGO　　　中間支援組織　　　企　業

ボランティア　　　市　民

被災者

（出所）　筆者作成。

　阪神・淡路や中越等の復興基金では，設置主体である自治体が，通常の公的支援とは一線を画するため，復興基金を運用する財団法人を新たに設立した。民間組織の財源に変えることで単年度に縛られない事業，途中で変更が予想される事業，縦割りでは対応しにくい横断的事業，やる気のある所に優先する事業等に配分しやすくなった。一方，東日本や熊本では行政直轄型により運用している。低利子ではほとんど運用益が出ないといった背景もあるが，従来の補助金でも対応できそうなハード施設への整備や，行政事務経費への充当が一部みられる。行政予算による運用を一概に否定するものではないが，行政ペースで進みやすい状況下にあることから，十分な配慮が必要である。例えば，一層の情報開示に努める[17]，支援事業の企画立案に中間支援組織を参画させる等の工夫が求められる。

　「官」と「民」がローカル・ガバナンスを進める車の両輪であるのはいうまでもない。しかし，両者が有する資源は必ずしも対等ではない。公的部門は民間部門から，権限（規制を含む），金銭資源（税，料金，公債等），人的資源（行政職員），情報（広報，行政指導等）を調達し，公共サービスを提供する（曽我，

2013, 318-320頁)。すなわち,「官」には人,金,情報,権限等が自動的に集まるシステムになっていることから,それらの資源を自助・共助のために分配する責務がある。中間支援を例にとれば,「官」は自ら支援活動を行うアクターの一員であると同時に,ガバナンスの仕組みを造る責務がある(**図4-3**参照)。公助による直接手法が効果的でない場合は,より有効な自助・共助を後押しし,国民の生命,身体及び財産を守ることが求められる。

　本章では,減災復興ガバナンスの意味や,それが注目されるようになった背景,ガバナンスを推進する方策や課題等について考察した。ガバナンスの実現は依然途半ばで,今後の災害を考えれば,課題の方がはるかに多い。災害に強い社会を築くため,減災や創造的復興等災害からの教訓を再認識し,地方分権と民間主導を担保する協治のガバナンスを牽引する必要がある。

注

(1) 「協治」という表現は,過去にも「災害リスクガバナンスに基づく防災研究の新たな課題」(長坂等,2007)や「墨田区協治(ガバナンス)推進条例」等で用いられている。

(2) 被災地ではエンタープライズゾーン構想を国に提案したが,1国2制度につながるとして認めなかった。

(3) 国の補助率が80％と高く,残りの自治体負担分も,特別交付税等で補塡するなど,極力自治体負担分を軽減している。

(4) 避難指示区域(避難指示区域を解除していない大熊町,双葉町を除く)の避難者数,帰還者数は次のとおり

	田村市	南相馬市	川俣町	広野町	楢葉町
住民登録人口 (　)は日現在	41,662 (H23.3.11)	71,561 (H23.3.11)	15,877 (H23.3.11)	5,490 (H23.3.11)	8,011 (H23.3.11)
避難者数 (　)は日現在	358 (H29.11.30)	6,756 (H29.12.31)	825 (H29.12.1)	855 (H29.12.13)	5,037 (H29.12.1)
帰還者数 (　)は日現在	3,338 (H29.11.30)	46,909 1) (H29.12.31)	278 (H29.12.1)	4,041 1) (H29.11.20)	2,105 (H29.12.1)
	富岡町	川内村	浪江町	葛尾村	飯館村
住民登録人口 (　)は日現在	15,960 (H23.3.11)	3,038 (H23.3.11)	21,434 (H23.3.11)	1,567 (H23.3.11)	6,509 (H23.3.11)
避難者数 (　)は日現在	13,283 2) (H29.12.1)	516 (H29.12.1)	20,681 (H29.11.30)	1,180 (H29.12.1)	5,326 (H29.12.1)
帰還者数 (　)は日現在	376 (H29.12.1)	2,197 (H29.12.1)	440 (H29.11.30)	209 (H29.12.1)	505 (H29.12.1)

(注)　1)居住者数であり,帰還者以外の数が含まれている
　　　　2)住民登録者数を表す
(出所)　福島県ホームページ「避難指示区域の状況」等をもとに筆者作成。

第Ⅰ部　減災復興政策の基礎

(5)　5年を目途に，線量の低下状況も踏まえて避難指示を解除し，居住を可能とすることをめざす「復興拠点」を整備していく。

(6)　地方交付税を活用する場合は，地方交付税法の附則に記載される。

(7)　東日本大震災では，宮城県のように，クウェート政府からの寄付金や，ヤマト福祉財団からの助成金を組み込んだものもある。今後は，例えばふるさと納税（市民による寄付）を財源にすることが考えられるかもしれない。

(8)　雲仙普賢岳の噴火災害では集まった義援金を原資に，島原市，深江町（当時）でも独自に復興基金を作った。阪神・淡路では被災者の数が多かったので義援金を復興基金にまわすことができなかった。

(9)　それまでは，住宅本体への支給が認められなかった（例：「物品の購入や修理費」「移転費」）。加えて，年齢制限や所得要件がつけられていた。

(10)　同じ適用範囲で支援額を増やすのを「上乗せ」，適用範囲の幅を拡げたり緩和したりするのを「横出し」という。

(11)　市町村によって支援額や適用範囲に違いがある。

(12)　支援法は都道府県が相互扶助の観点から拠出した基金で，2分の1を国が補助するが，法律で定められていることや，東日本大震災では都道府県の財源不足から5分の4を国が拠出したことなどから，実質的には国の差配によるところが大きい。

(13)　他方，支援額等が自治体で異なる点については，さらなる考察が必要である。

(14)　新潟県では，被災者，行政，中間支援組織による三極構造と呼んでいる。

(15)　公設民営と呼ばれることが多いが，公的役割を担うのは「官」の専権事項ではないので，本章では，「官設民営」という表現を用いる。

(16)　貝原（1995，270-287頁）では，「阪神・淡路大震災からの教訓」として，「Ⅰ発生に備えて─防災体制─」として10項目，「Ⅱ速やかな救助，救援─緊急対策─」として10項目，「Ⅲ災害時の組織対応体制」として7項目を挙げている。

(17)　中越大震災・復興基金の場合，専用のホームページを設け，支援事業の概要はもとより，事業計画書，予算書，決算・事業報告書等を載せている（https://www.chuetsu-fukkoukikin.jp/　2017年10月5日アクセス）。

引用参考文献

青田良介，2017，「第7章　東日本大震災被災中小企業の復興とソーシャル・イノベーション──宮城県南三陸町の事例から」『現代中小企業のソーシャル・イノベーション』同友館。

青田良介，2016，「岩手県・宮城県における東日本大震災復興基金の活用に関する考察」『関西学院大学災害復興制度研究所紀要』Vol. 8。

青田良介，2015，「愛知県における東日本大震災広域避難者支援の背景にある官民協働に

関する考察」『日本都市計画学会都市計画論文集』Vol. 30 No. 3。

青田良介，2014，「東日本大震災被災地（宮城県・岩手県）における住宅再建支援と復興基金の役割に関する考察」『関西学院大学災害復興制度研究所紀要』Vol. 6。

青田良介，2011，「被災者支援にかかる災害復興基金と義援金の役割に関する考察」『関西学院大学災害復興制度研究所紀要』Vol. 3。

青田良介，2011，「被災者の住宅・生活再建に対する公的支援に関する考察——被災者の私有財産と公的支援との関係の変遷」『地域安全学会論文集』No. 13。

青田良介・室崎益輝・北後明彦，2010，「災害復興基金と中間支援組織が連動した上での地域主導による復興推進のあり方に関する考察」『地域安全学会論文集』No. 12。

貝原俊民，1995，『大震災100日の記録——兵庫県知事の手記』ぎょうせい。

曽我謙吾，2013，『行政学』有斐閣。

常総市水害対策検証委員会，2016，「平成27年常総市鬼怒川水害対応に関する検証報告書——わがこととして災害に備えるために」。

内閣府，2014，「南海トラフ地震防災対策推進基本計画」。

新潟県中越大震災復興検証調査会，2015，「新潟県中越大震災復興検証報告書」。

阪神・淡路大震災記念人と防災未来センター，2016，「平成27年9月関東・東北豪雨に係る常総市洪水水害における災害対応の現地支援に関する報告書」『DRI調査研究レポート　2015- 2』Vol. 34。

八木寿明，2007，「被災者の生活再建をめぐる議論と立法の役割」『レファレンス』2007年11月号，国立国会図書館調査及び立法考査局。

（青田良介）

第Ⅱ部

減災と防災まちづくり

第5章 災害時の共助

1 災害時の共助について

　災害時の人と人との相互支援を表す言葉に「共助」がある。共助は，「自助（自らの努力）」「公助（行政からの支援）」という言葉と共に，防災対策において　よく用いられる言葉である。災害時には，命を守るために，支援する側／支援される側が特定の関係を構築する。共助は，そのような関係性に着目している。

　本章では，共助という言葉がどのような文脈で用いられており，どのような関係性を意味しているのかを，歴史的な文脈をも含め再検討する。具体的には，第一に，行政による災害時の支援（公助）の限界と，それを補完する仕組みとしての共助，第二に，他者から助けてもらう・助け合うための共助，第三に，地域の義務としての共助，第四に，自己犠牲に基づく共助，という4つの意味において共助が用いられていることを明らかにする。

　共助の意味は，時代の移り変わりとともに変化しており，それは災害対応に携わる人の関係もまた変化していることを示している。しかしながら，背景にある地域社会の本質は変わらず，そのことは，これから先に起こり得る災害に備えるためには，どのような共助が求められるのかに対する方向性をも示すものである。

2 「公助」を補完する「共助」

　1995年1月17日朝5時46分。阪神・淡路地域の早朝の街を巨大な地震が襲った。阪神・淡路大震災である。早朝の地震であったことから，地震発生時には自宅内に多数の人がおり，多くの人が倒壊した建物の中に閉じ込められた。日

77

本火災学会（日本火災学会，1996）が，「阪神・淡路大震災における生き埋めや閉じ込められた際の救助主体等」に関する調査を実施したところ，「自力で脱出」が34.9%，「家族」が31.9%，「友人・隣人」が28.1%，「通行人」が2.6%，「救助隊」が1.7%，「その他」が0.9%という数字が示された。2014（平成26）年の『防災白書』では，この調査結果などを踏まえ，地震に伴う交通網の麻痺，救助人員の不足，断水などにより，行政機能が麻痺，行政が即座に救助活動を行うことが困難であることを前提として，自助・共助の強化を図る必要性を示している（内閣府，2014）。

　阪神・淡路大震災後に，地震発生からの1000時間（約40日間）被災者が，どこにいたのかを調査した林らの研究（林，2003）では，どの時間の時点でも「自宅にいた」という回答が最も多く，これに対して避難所などにいた人が2割程度だったことが示されている。災害時には，「自助7割」「互助2割」「公助1割」が実態であり，行政がなんとかしてくれるのではなく，自助能力を拡充させることの重要性が指摘されている。

　このような災害時には，「行政が十分に支援できない」ことを補完する意味で「共助」の重要性を指摘する事例は，2011年3月11日の東日本大震災においてもみられる。東日本大震災で被災した岩手県大槌町では，町長をはじめとする幹部職員が，津波により犠牲になった。本来被災者を支援すべき行政自体が大きな被害を受けたことにより，被災者支援が困難になった。『防災白書』では「このように，行政が被災してしまい，被災者支援をすることができなかったため，自助・共助による活動に注目が集まった」（内閣府，2014）としている。

　これらの事例は，いずれも災害時の行政による支援の限界を示すとともに，その対応策として共助の重要性を示している。その背後には，災害時には行政が被災者支援を行わなければならない，つまり支援者としての「行政」と，支援を受ける人としての「被災者」，という支援をする人／される人の関係がみられる。

3　助けてもらう・助け合うための共助

　共助の第二の意味としてあげられるのが，いざというときに他者から「助けてもらう」ための共助である。防災白書（内閣府，2014）は，東日本大震災における共助の具体的な事例として，以下の4つの事例を挙げている。

　①共助によって倒壊した自宅から救出された事例

　②共助によって助け合って避難を行った事例

　③共助によって助け合って避難所の運営を行った事例

　④共助によって隣近所の住民が助け合って在宅避難を行った事例

　このうち，事例①②は，「共助によって命が守られた」つまり，他者からの支援により，自らの命が救われたという事例となっている。例えば，事例①は，自宅2階に避難しているところを津波が襲い，自宅内に閉じ込められたまま流され，流れ着いた先で多数の人により救助された。また，事例②は近所の人の呼びかけがあったおかげで避難が出来た事例である。

　一方，事例③④は，避難生活において，地域の人が協力しあうことにより，避難所運営を行う，在宅避難を乗り切る，という内容である。

　ここで示される共助は，災害時に他者により「助けてもらう」こと，「互いに助け合うこと」の重要性を示している。助けてもらうための共助は，災害時の避難などにおいて支援が求められる災害時要援護者への支援策においても強調されている。

　「災害時要援護者の避難支援ガイドライン」（内閣府，2006）の，冒頭「はじめに」においては，「要援護者の避難支援は，自助・地域（近隣）の共助を基本とし，市町村は，要援護者の避難支援対策と対応した避難準備情報，を発令するとともに，要援護者及び避難者支援までの迅速・確実な情報伝達が不可欠である」している。その一方で，誰が支援をするのか，という点から共助をみると，関係機関（消防団員，警察の救援機関を含む），自主防災組織，近隣組織，福祉サービス提供者，障害者団体当の福祉関係者，患者搬送事業者，地元企業等との連携を図ることが記載されている。ここで示されている支援者は，行政

第Ⅱ部　減災と防災まちづくり

あるいは行政とのつながりが強い機関である。ここでも助ける人としての行政・助けられる人としての市民という構図がみられる。

4　義務的共助

以上に述べた共助の概念とは対照的なのが，明治時代に日本で活躍した作家ラフカディオ・ハーン（Lafcadio Hearn，邦名は小泉八雲）による「共助」である。ハーンは，明治三陸地震津波（1896年）後に，過去に日本を襲った安政南海地震（1854年）を題材とした物語「A Living God」（邦訳「生神様」）を執筆した（Hearn, 1897）。「A Living God」は3部構成となっており，1部には日本における神道・神社などの宗教観が，2部には日本の集落の慣習が，3部にはそれを踏まえた安政東海地震津波における津波避難の物語が書かれている。このうち，3部の内容を改編した物語が「稲むらの火」であり，地震防災の教材として日本で初めて教科書に掲載されたことでよく知られている（阪本，2016）。

「稲むらの火」は，地震後に津波が来ることを予見した主人公の「五兵衛」という老人が，住民の避難を促すために，高台にあった収穫したばかりの稲わらに火を放ち，それを見た村人たちが火を消そうと高台に集まったところを津波が襲い，五兵衛のおかげで村人たちが命を取りとめた，という内容となっている。

物語のハイライトともいえる，五兵衛が，住民を避難させるために，高台に積まれていた稲束に火を放つ場面の描写は以下のとおりである。

> 「よし。」と叫んで家にかけ込んだ五兵衛は，大きな松明を持って飛び出して来た。そこには，取入れるばかりになってゐるたくさんの稲束が積んである。「もったいないが，これで村中の命が救へるのだ。」と，五兵衛はいきなり其の稲むらの一つに火を移した。（文部省，1938，54頁）

ここで，稲束に火を放つ行動により，「村中の命が救える」と五兵衛が考える背景には，火が上がるのを見た村人は，必ず火を消しにやってくるはずである，という五兵衛の村人の行動に対する信頼がある。現代社会においては，地

域住民の注意を喚起するために稲束に火をつけたとしても，おそらく，それを見た人は，携帯電話で消防署（119番）に電話し，消防の出動を待つのではなかろうか。このような五兵衛の行動が成立するのは，当時，日本の村落では，火事が発生した時には，村人が必ず消火しなければならないという慣習があったためである。このことを，ハーンは以下のように記している（Hearn, 1897）。

The obligation of mutual help in time of calamity or danger was the most imperative all communal obligation. In case of fire, especially, everybody was required to give immediate aid to the best of his or her ability. Even children were not exempted to from duty.（Hearn, 1897, pp. 14-15）
（災害や緊急時の共助は，すべての地域の義務の中でも最も厳しいものであった。特に火事のときは全員が即座にできる限りの支援を行うことが求められた。子どもでさえこの義務の例外ではなかった。〔訳：筆者〕）

　ここでいう災害時や緊急時の共助とは，すべてのものに優先させて取り組まなければならない「義務」である。その義務は，大人だけでなく子どももまた「遵守しなければならないもの」である。義務を怠るということは「許せない」ことでさえあった。
　同様の記述は『神国日本』（ハーン，1976）にもみられる。日本の村落は組を単位に構成されており，各組にはその規約をまとめた組帳があった。そこには，道徳上の規約に加えて義務としての規約も記載されており，その1つに「出火の際は，各自皆手桶にいっぱいの水を携へ，直ちにその現場へ行き，役人の指揮の下で消火につとむべし……出場せざるものは罰せられるべし」という項目があげられている（ハーン，1976）。
　ハーンが述べている共助は，「自分ができるときに相手を助ける」という意味ではなく，「集落で暮らす以上，必ずそれをしなければならない」，という責任を伴う義務である。それを守らない人は，集落から追放される可能性すらあった。つまり，災害時にはすべての住民が災害対応を優先させなければならないという「義務的共助」を中核とする災害対応体制が，当時の日本には根づい

第Ⅱ部　減災と防災まちづくり

ていた。組帳などに明文化されている／いないにかからず，災害対応は，何よりも優先して行わなければならない義務として認識されていた。

5　自己犠牲に基づく共助

　ハーンの「A Living God」が示しているもう 1 つの共助が「自己犠牲に基づく共助」である。前節で述べたように，「稲むらの火」の物語では，五兵衛が高台に置いてあった稲束に火を放つが，火を放った稲束について以下のように記している。

Hurried with it to the fields, where hundreds of rice-stocks, representing most of his invested capital, stood waiting for transportation.（Hearn, 1897, pp21）
（畑に急いで行った。そこには，彼のほぼ全財産である，出荷を待つばかりの数百の稲束があった。〔訳：筆者〕）

　五兵衛が火を放った稲束は，彼の全財産に相当するものであった。稲束を失うことに五兵衛は「もったいない」と躊躇するが，「これで村中の命が救へるのだ」と行動に移す。つまり，貴重な稲束を燃やすことにより，五兵衛は，すべての村人の命を救うことを試みたわけである。火を放った直後に，火を見た20人ほどの若者が高台にかけ上がってきて火を消そうとするが，五兵衛は「うっちゃっておけ。大変だ。村中の人に来てもらうんだ」と声をかける。そして，その後住民が避難してくるのを高台で待つ。「五兵衛は，後から後からかけあがって来る老幼男女を一人々々々数へた」と，村人全員が確実に避難しているか，五兵衛が丁寧に確認する様子が描かれている。

　「稲むらの火」の教材研究を行った武内好将は，物語の核心が，五兵衛が自分の稲束を燃やしてまで400人の命を救ったというところにあると指摘している（國語教育學會，1937）。武内は，物語の構成を大きく①五兵衛の犠牲（もったいないが村人の犠牲にはかへられない），②津波の襲来（沖に黒い一筋の線が見えた），③村人の感謝（村人は無言のまま五兵衛の前にひざまずいてしまった）に

区分し，主題の把握・筋の理解を促した上で，それらの展開としての表現を重視している。

また，その行動が「老いた」五兵衛だからこそ取れたことを指摘している。ハーンは，明治以前の日本の農村集落は，法律というよりは慣習により規定されており，それは「年の功」というように社会規範に基づくものであったことを示している。そのため，「A Living God」の主人公も，影響力が高い，長年にわたり村長を務め，村人から尊敬されている人物となっている（Hearn, 1897）。

五兵衛の行動にみられる共助は，自己を犠牲にしてまでもすべての村人の命を守ろうとするものであり，そこには，年長者のリーダーシップに対する信頼と，年長者には従わなければならないという社会規範がある。

6 共助の概念の変化をめぐる考察

以上に述べたように，共助が示す関係性は多様であり，それは時代の推移と共に変化を遂げている。現在用いられている共助を「現代的共助」とすると，それは，災害時に行政，あるいは，他者から「助けてもらう」という意味を含むものである。そこには，支援者としての行政と，支援される側としての市民という二軸の関係があり，支援は行政から市民への一方向として捉えられている。しかしながら，行政職員の数は限られており，圧倒的多数の市民が被災するような大規模災害では，行政から市民への一方向の支援は成立しない。そこで，行政の支援を補完するものとして共助が重要であることが強調されている。

これに対して，ハーンが示す日本の地域社会で使われてきた共助の概念を「伝統的共助」とすると，それは，災害時には，自らを犠牲にしてまでも他者を助けなければならない，という義務に基づく行動規範であり，集落に住む人一人ひとりがそのことを当時から認識しているものである。災害時，自らの命や財産も危うい状況において，他者を助けるという行動をとることは決して容易ではない。時には，犠牲を伴うこともある。そのような覚悟を伴う命を守るための行動規範として，共助は位置づけられていた。「稲むらの火」が，地

第Ⅱ部　減災と防災まちづくり

震・津波という自然現象をテーマとしているにもかかわらず，国語・修身の教材として長年にわたり活用されてきたのは，この話が，災害時のように命の危機に直面したときに「いかに生きるのか」を示していることによる。

　それでは，いつごろから共助の概念は，災害時に支援をする人としての行政，支援される人としての被災者という関係に変化してきたのであろうか。その1つの理由として，1961年に制定された災害対策基本法に基づき災害対応体制が構築されてきたことがあげられる。災害対策基本法は，災害から国土・国民を守るために，行政が何をしなければならないのかを定めている。例えば，避難対応においては，行政の責任として以下の点が示されている。「災害応急対策責任者は，災害が発生した時は，法令または防災計画の定める所により，遅滞なく，避難所を供与するとともに，当該避難所にかかる必要な安全性及び良好な居住性の確保，当該避難所における食糧，医療，医薬品その他の生活関連物資の配布及び保健医療サービスの提供その他避難所に滞在する被災者の生活環境に必要な措置を講ずるよう努めなければならない。」（第86条の6）。しかし，その一方で，災害時に市民が何をしなければならないのか，という点を示してはいない。1961年にこの法律が制定されてから約50年間，行政はこの法律に基づき災害対応を進めてきた。その結果，国土・国民を守る存在としての行政と，行政により守られる存在としての被災者という概念が定着したのではなかろうか。それにより，災害が発生すると，行政に災害対応を求める，あるいは行政の対応の不十分さを批判するという事例すらみられるようになっている。

　しかしながら，支援者としての行政／支援される側いう二軸の関係が限界を示した事例が，阪神・淡路大震災，東日本大震災であった。支援される側として市民を位置付けきたことへの妥当性を問いかけるとともに，行政と市民の二軸の関係，それも行政からの市民への一方向の支援のあり方の見直しを迫るものである。

7　共助に根ざした防災対策

　それでは，今後，どのような共助が求められるのであろうか。第一に，多く

の市民が自らを「助けられる」存在として位置づけている認識からの転換を図る必要がある。伝統的共助として示した，自己犠牲に基づく共助，義務としての共助は，過去のものではなく，依然として地方の集落では健在である。例えば，2014年の長野県北部地震で大きな被害を受けた白馬村では，地区内で住民が災害時にどのように行動するのかという体制が事前に定められていた（内閣府，2017）。災害発生後に，それぞれが自らの役割に基づき行動し，それにより被害がくい止められた。その背景には，地域の祭りなどの行事，清掃活動などを，常日頃から地域ぐるみで検討しているという仕組みもあった。一人ひとりが地域の災害対応における役割をもち，責任をもってそれに取り組むことは，助ける側としての市民を増やすことにつながる。

　第二に，共助を主体とする災害対応体制を，それぞれの地域で構築していくことである。大規模災害では，行政も支援が難しいということを市民が認識し，自分たちの力で災害に対応するための体制を考える必要がある。災害による被害の受けやすさや社会構成は，地域により異なる。そのため，それぞれの地域の特徴にあった体制を住民自らが考えなければならない。この点，2014年に国が導入した地区防災計画計画は，居住地区単位で住民が主体となり防災計画を策定するものである。そのような仕組みを活かして，共助を主体とした防災体制を構築していくことが重要である。様々な住民を横に結ぶネットワーク，例えば，町内会・子ども会・老人会などは，都市部であっても根づいている。そのようなネットワークに防災に関するネットワークも自然に加わる，そのような地域をたくさん作り出していくことが，これからの防災には求められる。

引用参考文献

國語教育學會編，1937，『小學國語読本綜合研究巻十』岩波書店。

林春男，2003，『いのちを守る地震防災学』岩波書店。

内閣府，2006，『災害時要援護者の避難支援ガイドライン』。

内閣府，2014，『平成26年防災白書』。

内閣府「長野県北部地震における白馬村堀内地区における地域住民が中心となった救助・避難活動について～日常からの共助の取り組み」（http://www.bousai.go.jp/kohou/kouhoubousai/h26/78/news_01.html　2017年4月3日）。

日本火災学会，1998，『1995年兵庫県南部地震における火災に関する調査報告書』。

第Ⅱ部　減災と防災まちづくり

ラフカディオ・ハーン／柏倉俊三翻訳，1976，『神国日本――解明への試論，東洋文庫』。

文部省，1938，『稲むらの火　尋常科用小學國語読本巻十』52-59頁。

Hearn, Lafcadio, 1897, *A Living God: Gleanings in Budda Fields-Studies of Hand and Soul in the Far East*, Kegan Paur, Trench, Truber & Company Limited, London, pp. 1-28.

（阪本真由美）

第6章	地域社会みんなで創る，共有する，使う，地域情報としての災害情報

——情報，情報技術，情報システムを上手く活用するために——

1　災害関連情報と情報システム，メディア

1 災害関連情報

　災害が発生したとき，私たちは，災害関連情報を収集し，それぞれの目的で利活用したい。情報技術やデバイスを利用することを想定した場合，「普段（平常時）からやっていることでなければ災害発生時はやれない。」「普段（平常時）からやっていることであっても災害発生時にできないこともある。」と思っていた方がよい。災害発生によって新しい現実が生まれ，平常時とは異なる未経験の新しい課題に対して，今まで使ったことがない道具を使いこなすことは困難であり，住民，災害対応実務者においても同様である。ゆえに，住民，自治体職員等，立場や役割が異なっても，地域社会の参画者として，それぞれの地域で直面しているハザード（私たちがとめることができない自然側の外力），発生する被害や影響を想像し，事前に具体的な対策を実施しておくことはいうまでもない。

　まず，災害関連情報について述べる。災害関連情報は，災害に係わる様々な情報であり，災害発生前からの被害抑止，被害軽減対策を実施するための情報，災害発生直前のハザードに関する予報や警報等の情報，実際に発生したハザードに関する情報，ハザードにより発生した被害や社会的影響に関する情報，避難行動に代表される対応を支援する情報，災害発生後の中長期的な応急復旧，復旧に関する情報，復興・生活再建プロセスにおける生活情報等，広義には災害に関連する一切の情報ということができる。物理的な防災・減災対策を中心とした被害抑止対策を実施したとしても，大規模なハザードが発生すると，被害は出てしまう。特に，ハザードに関する情報，行動・対応に関する情報は，

第Ⅱ部　減災と防災まちづくり

発生する被害を最小限度にとどめるためにすべての国民にとって必要な情報となる。

②　災害関連情報を伝達するメディア

　情報は必要な人に伝達され，上手に活用されてはじめて意味のあるものとなる。情報の伝達方法も，プル型とプッシュ型とがある。プル型は，利用者の能動的なアクションにより情報提供される仕組みであり，必要な情報がどこにあるのかを知っておく必要がある。プッシュ型は，利用者の能動的なアクションに関わらず，何らかのトリガー（きっかけ）で情報提供される仕組みである。例えば，スマートフォンのアプリケーションをダウンロードし，居住地域を設定した場合や，位置情報設定をオンにした場合等に自動的に情報提供される仕組みである。いずれにしても，必要なときに，必要な情報を，所在する場所（空間）にリアルタイムに近い形で提供するための取組みが必要であり，通信ネットワーク基盤，情報技術を利活用することが必要不可欠な時代となっている。災害関連情報は，アナログ処理または情報システムを介し，それぞれのメディアの特性を考慮した形式で被災地の住民や全国の国民に伝達される。**表 6-1**に，主な災害関連情報と伝達する情報システム，メディアを整理した。

　地震発生の情報は，気象庁が，地震計の観測値を収集し，震源や規模，予測される揺れの強さ（震度）を自動計算し，緊急地震速報を発表する。緊急地震速報を発表してから強い揺れが到達するまでの時間は，数秒から長くても数十秒程度と極めて短く，震源に近いところでは速報が間に合わない場合もある。緊急地震速報は，テレビ，ラジオ，スマートフォンのアプリ等のメディアを通して私たちに伝達される。大雨に関する国民への情報提供は，気象業務法3章に定められ，第13条，第14条に規定されている。気象業務法3章において気象庁は，政令の定めるところにより，気象，地象（地震にあっては，地震動に限る。第16条を除き，以下この章において同じ），津波，高潮，波浪および洪水についての一般の利用に適合する予報および警報をしなければならないとされている。また，第13条，第14条の規定により，気象，地象，津波，高潮，波浪および洪水の警報をしたときは，政令の定めるところにより，直ちにその警報事項を警

88

第6章　地域社会みんなで創る，共有する，使う，地域情報としての災害情報

表6-1　災害関連情報と情報システム，メディア

災害関連情報	情報システム，メディア
ハザード情報	テレビ（映像），テレビ（データ放送），ラジオ，デジタルラジオ，インターネットホームページ，防災行政無線（同報系），カーナビゲーション，携帯電話（E-mail），スマートフォン・ネイティブアプリ，スマートフォン・Web アプリ，J アラート（全国瞬時警報システム），L アラート（災害情報共有システム）」等
避難に関する情報	テレビ（映像），テレビ（データ放送），ラジオ，デジタルラジオ，インターネットホームページ，防災行政無線（同報系），カーナビゲーション，携帯電話（E-mail），スマートフォン・ネイティブアプリ，スマートフォン・Web アプリ，L アラート（災害情報共有システム）等
生活再建プロセス（生活情報）	テレビ（映像），ケーブルテレビ，ラジオ・コミュニティ FM，デジタルラジオ，インターネットホームページ，携帯電話（E-mail），L アラート（災害情報共有システム）新聞，地域雑誌等

(注)　筆者作成。

察庁，国土交通省，海上保安庁，都道府県，東日本電信電話株式会社，西日本電信電話株式会社または日本放送協会の機関に通知しなければならないとされている。つまり，気象庁からの気象警報（暴風警報，暴風雪警報，大雨警報，大雪警報）や洪水警報等は，法令で定められている各関連機関に伝達され，テレビやラジオ，インターネット上のポータルサイト等のメディアを通して私たちに伝達されることとなる。警報が発令された地域では，警報発令後，各自治体の判断で，防災行政無線（同報系）等のメディアを介して避難勧告，避難指示等が住民に伝達されることになる。総務省では，マスメディアを中心としたメディアに被災自治体の被災状況，対応状況を伝達する仕組みとして，L アラート（災害情報共有システム）を構築している（**図6-1**）。

　L アラートは，安心・安全に関わる公的情報など，住民が必要とする情報が迅速かつ正確に住民に伝えられることを目的とした情報基盤と位置づけられており，地方自治体，ライフライン関連事業者など公的な情報を発信する「情報発信者」と，放送事業者，新聞社，通信事業者などその情報を住民に伝える「情報伝達者」とが，この情報基盤を共通に利用することによって，効率的な情報伝達が実現できるとされている。全国の情報発信者が発信した情報を，地域を越えて全国の情報伝達者に一斉に配信でき，住民はテレビ，ラジオ，携帯電話，スマートフォン，インターネットポータルサイト等の様々なメディアを

89

第Ⅱ部　減災と防災まちづくり

図6-1　Lアラート（災害情報共有システム）の概要

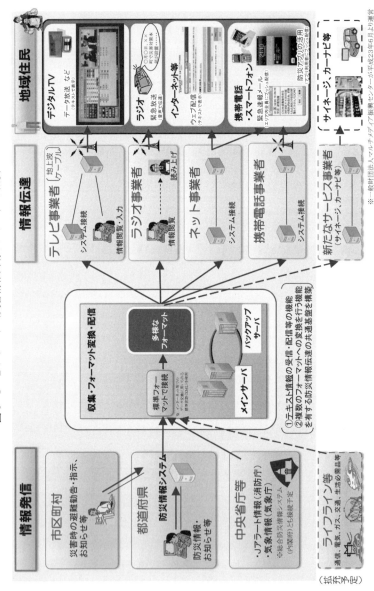

(出所)　総務省HP「Lアラート（災害情報共有システム）」の普及促進。

第 6 章　地域社会みんなで創る，共有する，使う，地域情報としての災害情報

図 6 - 2　Ｊアラートが発信する情報

Ｊアラートで配信する25情報のうち，11情報については，原則として，市町村防災行政無線（同報系）等を自動起動させる設定にされている。

【区分の凡例】　◎：同報無線等を自動起動するもの。○：市町村の設定により同報無線等を自動起動。
△：同報無線等を自動起動させないもの

	情報の種別	区分		情報の種別	区分
1	弾道ミサイル情報	◎	14	震度速報	○
2	航空攻撃情報	◎	15	津波注意報	○
3	ゲリラ・特殊部隊攻撃情報	◎	16	噴火警報（火口周辺）	○
4	大規模テロ情報	◎	17	気象等の警報	○
5	その他の国民保護情報	◎	18	土砂災害警戒情報	○
6	緊急地震速報	◎	19	竜巻注意情報	○
7	大津波警報	◎	20	記録的短時間大雨情報	△
8	津波警報	◎	21	指定河川洪水予報	△
9	噴火警報（居住地域）	◎	22	東海地震に関連する調査情報	△
10	噴火速報	◎	23	震源・震度に関する情報	△
11	気象等の特別警報	◎	24	噴火予報	△
12	東海地震予知情報	◎	25	気象等の注意報	△
13	東海地震注意情報	○			

（出所）　総務省消防庁 HP「国民保護」より作成。

通じて情報を入手することが可能となる。また，総務省消防庁では，津波警報，緊急地震速報，弾道ミサイル情報等といった対処に時間的余裕のない事態に関する緊急情報を，消防庁から人工衛星を用いて送信し，市区町村の同報系防災行政無線を自動的に起動させることにより，住民に瞬時に伝達するシステムであるＪアラート（全国瞬時警報システム）を構築している。

　Ｊアラートは，テロ事案の発生等に対する国家的な対策の必要性が議論され，2004年 6 月14日に国民保護法をはじめとする有事法制関連法が国会で可決された後，2007年から運用している。図 6 - 2 のように，国民保護法において想定されている武力攻撃事態（着上陸侵攻，航空機による攻撃，弾道ミサイル攻撃，ゲリラ・特殊部隊による攻撃），緊急対処事態（原子力事業所等の破壊，石油コンビナートの爆破等，炭疽菌やサリンの大量散布等，航空機による自爆テロ等）に係わ

91

第Ⅱ部　減災と防災まちづくり

る情報の他，自然災害に係わる警報等の情報発信も行い，緊急性の高い情報は，人の手を介さず市区町村の同報系防災行政無線から自動的に情報発信される。

　ハザードに関する情報は，おもに，国の機関を中心に私たちに情報伝達されるが，近年，産業界においても様々な災害関連情報提供サービスが行われている。

　気象情報提供では，民間気象会社の株式会社ハレックスは，ビッグデータを活用の最新気象情報システムを開発している。「いつでも・どこでも・だれにでも」をコンセプトとした気象情報サービス「HalexDream !」では，気象庁から最短5分間隔で提供される気象データをほぼリアルタイムで独自の解析・予測処理を行い，これまで都道府県内の予報区単位で提供されていた天気予報をより詳細な1 kmメッシュ単位のジャストポイントの気象情報を作成し，提供している。

　気象庁では，狭い範囲に数時間にわたり強く降り，100 mmから数百 mmの雨量をもたらす雨を集中豪雨と呼び，積乱雲が同じ場所で次々と発生・発達を繰り返すことにより起き，重大な土砂災害や家屋浸水等の災害を引き起こすとしている。また，急に強く降り，数十分の短時間に狭い範囲に数十 mm程度の雨量をもたらす雨を局地的大雨と呼び，単独の積乱雲が発達することによって起き，大雨や洪水の注意報・警報が発表される気象状態でなくても，急な強い雨のため河川や水路等が短時間に増水する等，急激な状況変化により重大な事故を引き起こすことがあるとしている。

　近年では，単位時間あたりの降雨量が多く，降雨の範囲が狭域であり，大雨の降雨時間が非常に短い豪雨が都市部，山間部問わず全国各地で発生している。予知，予測が困難な局地的大雨に関して，株式会社ウェザーニューズでは，「ゲリラ雷雨メール」という情報提供サービスを行っている。「ゲリラ雷雨メール」は，民間のリポーターからのリポートを分析し，登録した地点の周辺で，ゲリラ雷雨が発生する可能性がある場合に，メールで登録者に情報伝達するサービスである。スマホアプリ「ウェザーニューズタッチ」では，「ゲリラ雷雨Ch.」において，ゲリラ雷雨防衛隊から報告等から"ゲリラ雷雨"発生の危険性を予測し，32 kmメッシュのエリアごとに地図で表示している。位置情報

第6章 地域社会みんなで創る,共有する,使う,地域情報としての災害情報

図6-3 被災状況マップ

(注) 画面Ⓐのラインの左側が被災前の航空写真。右側が被災後。Ⓐのラインをスライドさせることで被災前後の様子を比較できる。
(出所) 狭域防災情報サービス協議会(MMDIN)「被災状況マップ」。

産業に係わる産業界が中心となって構成,活動している狭域防災情報サービス協議会(MMDIN)では,災害発生直後の失見当期(何が起こっているのか,全体像がわからない災害発生直後)を対象とし,被災の全体像を把握,推測するためのクラウドGISを基盤とした被災状況マップ(スワイプ機能を搭載し,被災前後の画像を比較できる地図)を公開している。これまでに,2015年9月関東・東北豪雨,2016年熊本地震,2016年糸魚川市大規模火災,2017年7月九州北部豪雨等の災害発生から約3日程度で,国土地理院が撮影した被災後空中写真,民間企業が保有する家屋形状,暴露建物数や暴露人口等の推定値等を公開し,災害発生前の被災地の状況と比較することができる。図6-3には,2017年7月九州北部豪雨発生後の被災状況マップをしめす。

このように,私たちは国家機関や地方自治体,産業界から伝達される災害関連情報を様々なメディアから収集できるが,これらの情報をどこから,どのように収集できるのかを知っておくことが必要である。また,いつ,どこで,災害に遭遇するかはわからない。個々の生活のパターンから,自分に適したメディアと情報収集方法を普段から確認しておくことも重要である。

93

第Ⅱ部　減災と防災まちづくり

2　災害情報メディアミクス

1　移動体端末と災害関連情報

　前節で述べたように，私たちは災害関連情報を収集できる選択肢を多く所持しているように思えるが，仕事場や自宅等いつも同じ場所にいるわけではない。私たちは多くの時間を移動に費やしている。移動する人を対象とした情報伝達メディアに関しては，近年，GPS端末の普及によりカーナビゲーションや携帯電話が身近な存在となっている。特に，スマートフォンでは，自分の位置情報を中心として様々な情報を検索できるアプリケーションが平常時から利用されている。

　車で移動中の人を考えてみると，カーナビゲーションからの災害関連情報収集が効率的な手段である。本田技研工業株式会社では，世界で初めて台風・豪雨情報をインターナビ交通情報で提供開始し，日本気象協会から提供される様々な防災・気象情報と，全国のインターナビユーザから収集，蓄積した情報を解析した結果から生成したインターナビ交通情報をもとに，地震・津波・路面凍結など，様々な災害関連情報を提供している。自車の近くやルート上にある防災関連情報を車で移動しながら収集できるという通信と常時接続型のカーナビゲーション端末の普及により実現したサービスである。**図6-4**のように，カーナビゲーション端末ではGPSが内蔵されており，走行履歴，車両制御，AV機器設定情報等を自動取得したカープローブ情報が生成される。

2　災害情報メディアミクス

　カープローブ情報は，交通渋滞情報やVICS交通情報と組み合わせ，精度の高い経路誘導情報の作成を行い，より早く目的地に到達する省燃費ルート（CO_2の低減，エコ運転が可能なルート）を利用者に提供することができる。また，**図6-5**は，2011年に発生した東日本大震災発生後，本田技研工業株式会社とITS　Japanから提供されたカープローブ情報から作成した通行実績情報を時系列でしめしている。東日本大震災は，広域エリアで被害が発生し，国や自治

第6章　地域社会みんなで創る，共有する，使う，地域情報としての災害情報

図6-4　走行履歴情報

積算距離	経　度	緯　度	日　　時	速　度			
15022	139.4033	35.9438	2011-01-21 15：12：06	0			
15024	139.4045	35.9437	2011-01-21 15：12：07	1			
15030	139.4057	35.9429	2011-01-21 15：12：18	5			
:							
:							
:							
:							

経路の可視化

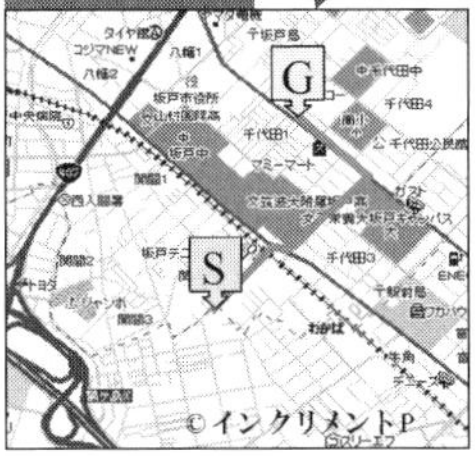

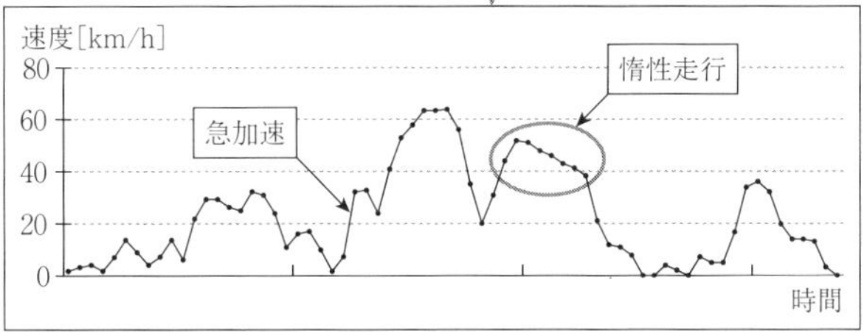

走行座標・速度から走行経路，道路状況，運転行動が把握可能

（出所）　須藤他，2012，219-229頁。

体が迅速に道路の被害の全体像がつかみきれない中，自動車の通行した実績を行政界にとらわれず把握できる情報となった。また，津波発生時の自動車での避難中の被災について，カープローブ情報は，被災地内の渋滞の連鎖・超渋滞現象「グリッドロック」の発生可能性の解析にも利用された。

　徒歩で移動中の人は，スマートフォンにダウンロードしたアプリから災害関連情報を収集することが効果的である。災害関連情報を提供しているポータルサイトのアプリは，居住地や自分がよく移動する範囲を想定し，情報提供を受けるエリアを事前に設定しておく仕組みとなっている場合が多い。つまり，自分が今所在する場所に関する情報ではないこともあるということを理解しておかなければならない。また，すべての世代がスマートフォンを上手に利用できる世代ではないことも考えなければならない。特に，私たちの命にかかわる災害関連情報は，すべての国民に必要な時に伝達されるべきである。しかし，情報システムやメディアに関連する施設等のハザード発生による被害や障害が発

第Ⅱ部　減災と防災まちづくり

図6-5　東日本大震災発生後に公開された通行実績情報

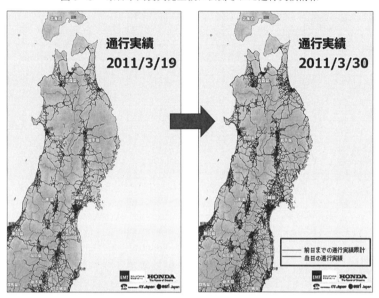

（出所）須藤他，2012，30-41頁。

生するかもしれない。ハザードや伝達する情報の内容によってすべてのメディアが効果的に利用できるわけではない。先に述べた移動中の人など私たちの生活スタイルで収集できる環境，メディアが限られてくる。世代によって適したメディアが異なる等を考慮しなければならない。つまり，同じ内容の情報（コンテンツ）を異なるメディアで収集することができる仕組み，単一メディアに依存しない仕組みを構築することが求められる。さらに，災害関連情報に関しては，情報と情報提供者（情報源）の信頼性，情報提供の迅速性を考慮することが必要であり，これらを含めた複数メディアから災害関連情報を収集できる仕組みを「災害情報メディアミクス」と呼ぶことにする。

　その場所で活動する人たちに，信頼できる情報提供者からの災害関連情報を，複数メディアから，ほぼ同時に伝達できる仕組みを構築することが求められている。災害情報メディアミクスは，最新の情報技術を利用した技術開発だけではなく，地域社会の参画者である情報発信側（主に行政），受信側（主に住民）

第6章　地域社会みんなで創る，共有する，使う，地域情報としての災害情報

がそれぞれの役割を担い，地域防災力向上を目指すための仕組みである。

　災害情報メディアミクス実現のために必要な要素は以下と考える。

・研究機関，民間企業：災害情報を伝達する最新の技術の開発と定着

・行政機関：災害関連情報を伝達する方法等の業務改善

・住民：防災・減災に関するリテラシーの向上

　同じ内容の情報（コンテンツ）を異なるメディアで収集することを可能とするメディアミクスという概念において，産業界を中心としたデジタルラジオ放送（マルチメディア放送）の仕組みが注目される。

　マルチメディア放送は，2011年7月のアナログテレビが終了後，1チャンネルから12チャンネルのVHF帯のうち1チャンネルから3チャンネルのVHF帯「V-LOW（ブイ・ロー）」と呼び，地域密着型の「地方ブロック向けマルチメディア放送」が開始された。マルチメディア放送は，放送波を使用し，デジタル方式により音声や映像，データなどのコンテンツを配信する新しい放送の形態であり，例えば，災害関連情報を，個別端末等必要な人だけに発信できるとされている。ラジオ（アナログ方法）は，運転者が運転中に情報収集できるメディアであった。カーナビゲーションが発展，普及し，通信が常時接続型のカーナビゲーションにおいては，先に述べたようにカーナビゲーションに搭載されたGPSから取得した位置情報等（カープローブ情報）を利用し，位置情報に基づく災害関連情報が提供されるサービスが定着している。自動車の運転者は，マルチメディア放送を通して，カーナビゲーションとラジオの2つのメディアが融合した形で情報提供サービスを受けており，災害が発生し，たとえ通信が遮断され，カーナビゲーションから災害関連情報を収集できなかったとしても，ラジオ放送から音声で情報収集することができ，代替の手段（リダンダンシー）をあらかじめ確保していることになる。

　テレビ放送局においても，**図6-6**のように，災害発生後，被災自治体からの広報発表資料や取材情報等を必要な形に加工し，テレビやインターネットホームページで発信している。この点では，1つの放送局においてメディアミクスを実現しているといえるが，情報の加工，発信まで時間を要することになる。

図 6-6 テレビ放送局の災害情報伝達の例

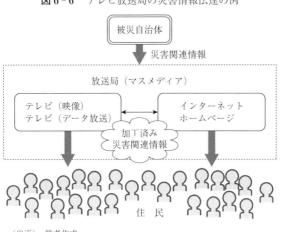

(出所) 筆者作成。

　自治体の防災行政無線（同報系）やインターネットホームページから住民に伝達される避難勧告や避難指示といった対応に関する情報においては，自治体が利用するメディアとほぼ同時に，テレビ放送から情報伝達することができれば，大雨により防災行政無線（同報系）の音声が届かないこと，インターネットに不慣れな住民がいることに対して強力な代替メディアとなる。特に，テレビは，これまで世代を問わず私たちが慣れ親しんでいるメディアである。

　図 6-7 は，データ放送を利用した災害関連情報の提供サービスの例をしめす。県の運用する情報システムからの災害関連情報を複数の放送事業者と連携し，テレビのデータ放送から住民に伝達できる仕組みである。災害情報メディアミクスの先進事例ということができる。平常時は都道府県や市町村からのお知らせやイベント情報を伝達している。

　図 6-8 に，災害情報メディアミクス実現のための行政機関と放送事業者との連携の仕組みをしめす。先に述べた国の組織が運用しているＬアラートも放送事業者と災害関連情報を共有，発信する仕組みではあるが，被災自治体からの被害状況等の入力が必要であり，被災地の住民に情報が届くまでのタイムラグが生じ，被災自治体の防災行政無線（同報系）とほぼ同時に被災地地域の住民に災害関連情報を伝達するのは困難であると考えられる。しかし，被災地

第6章　地域社会みんなで創る，共有する，使う，地域情報としての災害情報

図6-7　データ放送を利用した災害関連情報の提供サービスの例

（出所）　災害情報に関する住民向け提供の現状（岐阜県）。

図6-8　行政機関と放送事業者との連携の仕組み

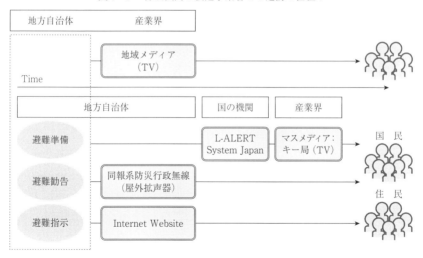

（出所）　筆者作成。

99

第Ⅱ部 減災と防災まちづくり

の状況を全国の放送局から国民に伝達する仕組み，復興プロセスの被災地の情報を共有する仕組みとして重要な情報システムである。

先進事例で紹介したように，地方自治体が地域メディアと情報システム面で連携することで，地域住民にはテレビを通して災害関連情報を迅速に伝達することができる。さらに先進的な事例は，近年のクラウドコンピューティング（以下「クラウド」）の発展，普及によって実現した G-motty TV である。**図6-9**のように，G-motty TV は，地方自治体が発信する避難等の対応に係わる災害関連情報を住民（個人）にピンポイントで伝達する仕組みである。**図6-10**のように，住民の暮らしている自宅等の情報に（登録した住所情報）に基づき，個人の名前（登録した名前）に避難に関する情報を迅速に伝達することができる。

G-motty TV の特徴的な点は，地理空間情報プラットフォーム（G-motty）と地域メディア（データ放送）がインターネットを介して連携していることにある。G-motty は，北九州市と周辺自治体が主体となり，地方自治体が提供する公共情報，住民からの登録情報，地域企業等からの情報を地域情報とし，行政界に依存せず情報共有し，様々なメディアを通して情報発信するために構築したクラウド GIS を基盤とする地理空間情報プラットフォームである。また，収集，作成されたデータは，自治体が運営するプライベートクラウドの環境（クラウドサーバ）に蓄積され，最新の様々な機能，サービスは民間企業が提供しているパブリッククラウドの環境を利用するという2つのクラウド環境の特徴を組み合わせたハイブリッドクラウドを構築している。

クラウドの形態である，サーバの CPU 能力やストレージなどのハードウエアをインターネット経由で提供するサービスである HaaS（Hardware as a Service）を自治体が担い，アプリケーションやソフトウエアの機能をインターネット上で提供するサービスである SaaS（Software as a Service）を民間企業が担い，2つの役割を融合させ，地理空間情報プラットフォーム（G-motty）を通して，地域社会の参画者へ様々な情報，サービスを提供している。

先に述べた，住民（個人）の暮らしている自宅等にピンポイントに災害関連情報を提供できるのは，登録された住所情報から自動的に居住地点データを作

第6章　地域社会みんなで創る，共有する，使う，地域情報としての災害情報

図6-9　G-motty TV の仕組み

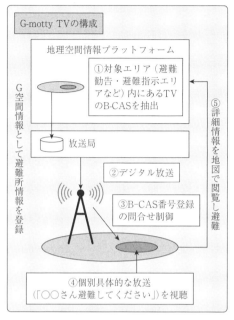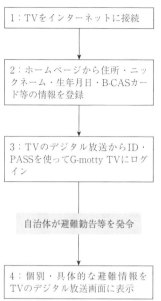

（出所）筆者作成。

図6-10　住民（個人）に災害関連情報を伝達する仕組み

（出所）筆者作成。

成（ジオコーディング）し，自治体が作成する避難に関する情報の対象エリアとで空間的な解析（空間的な包含関係）を実行し，個別に名前，避難に関する情報を放送局の情報システムに渡し，住民のテレビのデータ放送に表示される仕組が確立しているからである。

　この仕組みを実現するためには，行政が主体となって運営している G-motty と地域企業である地域メディアとの情報システム面での連携，自治体（危機管理部局）の避難に関する情報提供方法の改善，住民の登録（住民の防災意識の向上）により実現する災害情報メディアミクスと言える。G-motty TV は，社会実装のための実証実験は完了しており，運用開始が期待される。

［3］ 災害関連情報を共有できる新しいメディア

　次に，災害発生前の住民の防災・減災に関するリテラシーの向上のための新しいメディアについて紹介する。そのメディアは，スマートフォン端末，タブレット型 PC を対象としたロゲイニング Web アプリケーションである。スマートフォンで多くの人がアプリを利用しているが，アプリには，ネイティブアプリと Web アプリが存在する。

　多くの人は，App store や Google Play などからダウンロードできるものをスマートフォンアプリと呼んでいる。ダウンロード型のスマートフォンアプリをネイティブアプリと呼び，ダウンロードの必要がなく，Web ブラウザとインターネット環境があれば利用できるアプリを Web アプリと呼ぶ。現在，スマートフォンアプリでは，ネイティブアプリが主流となっている。Web アプリは，スマートフォン端末にダウンロードやインストールする必要がなく，インターネット上のホームページにアクセスする方法と同じやり方で，専用のサイトにアクセスすればその場所にアプリが存在し，利用できる形となる。

　ロゲイニング（rogaining）とは，地図，コンパスを使って，山野に多数設置されたチェックポイントをできるだけ多く制限時間内にまわり，得られた点数を競う野外スポーツである。オリエンテーリングと似ているが，チェックポイントが多数設置されていること，チェックポイントをまわる順番が決められてないこと等の違いがある。G-motty では，先に述べた地理空間情報プラット

第6章 地域社会みんなで創る，共有する，使う，地域情報としての災害情報

図6-11 能登半島地震災害伝承のためのロゲイニングwebアプリ
（出所）筆者作成。

103

第Ⅱ部　減災と防災まちづくり

フォームに共有されている情報を親子で楽しみながら知るメディアとしてロゲイニング Web アプリケーションを開発している。近年，社会現象ともなった「Pokémon GO」に代表されるもので，位置情報を利用し，地図上に配置されているポイントに付与された情報を実際にその地へ足を運ぶことによって収集するゲーム感覚の要素を取り入れている。2017年 3 月25，能登半島地震10年を迎えた輪島市のメモリアルイベントにおいて震災発生時に発生した被害や出来事の情報と当時の写真をポイントに埋め込んだロゲイニングゲームを実施している。図 6 - 11の中心の点が，スマートフォン端末の GPS から取得された参加者の現在位置であり，星印が事前に登録した被災当時の写真等を埋め込んだ位置情報である。参加者が，その場所へ近づくと，「近くにアイテムがあります。」という知らせがポップアップし，写真とともにテキストによる補足説明が表示される仕組みである。当時の住宅や道路の被害，がれきの集積場等の写真と説明の情報を位置情報に基づき収集することができる。「当時の状況を実感できた。写真と今の風景を見比べ，住民の復興への努力があったからこそ，今の生活があることを知った。」等直接的に被災を経験していない住民や子供達からの反響があった。この Web アプリケーションは，災害関連情報だけでなく，普段は観光情報等の地域情報を埋め込み，住民や対象者に任意のテーマに基づく情報を伝達することができる。また，参加者の位置情報も共有することができることから，鬼ごっこアプリとして利用されている。

3　地域社会の参画者で作る，使う地域情報

1　シビックテックによる積極的地域参画

前節までは，災害関連情報を伝達するメディアを中心とした仕組み，取組み等について紹介した。ここでは，メディアを介して共有，伝達される情報（コンテンツ）についての考え方，実践的な取組みを述べる。

先にも述べたように，クラウドやスマートフォン端末で利用する様々なアプリが私たちの生活の中で定着している。このような背景の中，シビックテック（Civic Tech）という概念が登場した。厳密な定義は存在しないようだが，シビ

第6章 地域社会みんなで創る，共有する，使う，地域情報としての災害情報

ックテックは，Civic（市民の），Tech（技術）を組み合わせた言葉であり，行政機関に依存するのではなく，住民自らがICTをうまく活用して地域社会の課題解決等に貢献することを指す。クラウドを背景として，Web 2.0の発展型として米国O'Reilly Media社のCEOティム・オライリーが提唱した概念をGovernment2.0（ガバメント2.0）と呼び，国や自治体が所持するデータ基盤を流通させ，スマートフォン等のモバイルデバイスを利用し，率先的な住民参画により地域課題解決に貢献する取組みである。Code for Americaなどシビックテックの団体が設立され，日本においても2013年にCode for Japanが設立された。

　日本全国で，オープンデータ（主に公共データを対象とし，2次利用が可能な利用ルールで公開されたデータ）の推進，アイデアソン（地域課題解決等のための様々なアイデアを出し合う主にワークショップ形式で行われるイベント），ハッカソン（短期間でスマートフォンアプリ等を開発し，その成果を競うイベント）など地域貢献，地域創生のための行政と協働した取組みが実施されており，最新のICT活用といった技術的な意味だけではなく，行政と住民の役割分担，信頼関係を築く取組みといえる。

［2］ 平常時と災害時がシームレスに連携した地域情報共有プラットフォーム

　ここで，前節に簡単に触れた北九州市と周辺自治体が主体となって運用している仕組みG-mottyの詳細を紹介する。これまで本章で紹介した災害関連情報を伝達するメディアや情報システムは主に，災害時を想定した情報システムであり，平常時は，実証実験や訓練を実施し，災害に備えることになる。大規模災害が発生すると，被災自治体では，地震発生直後から応急対応，応急復旧，復旧，復興と様々な災害対応業務を効率的に遂行し，被災住民に質の高いサービスを提供することが求められる。**図6‐12**に，災害時と平常時がシームレスに連携した情報システムの概要をしめす。また，**表6‐2**に災害対応業務と平常業務の関連性の例を示す。

　り災証明受付・発給業務は，被災者台帳構築のために専門的な技術や経験が必要となるが，業務フロー面からみると住民への窓口業務であり，業務内容や

105

第Ⅱ部　減災と防災まちづくり

図6-12　平常時と災害時がシームレスに連携した情報システム

(出所)　筆者作成。

表6-2　災害対応業務と平常業務の関連性の例

災害対応業務	平常業務
り災証明受付・発給業務	住民への窓口業務
被害認定調査業務	構造物等の定期点検，調査業務
税の減免調査業務	家屋調査業務，土地・家屋評価業務
構造物の応急復旧，復旧進捗管理業務	台帳管理業務
意思決定支援	部局横断型のプロジェクトにおける情報集約，とりまとめ業務災害対応業務平常業務

(出所)　筆者作成。

進め方は，事前に検討することができる。り災証明受付・発給業務の前段階の家屋の被害調査は，屋外で実施する構造物の調査業務であり，調査内容，調査計画，収集した情報のデータベース化等は事前に検討することができる。固定資産税の減免調査は，家屋調査業務および土地・家屋評価業務であり，構造物の応急復旧，復旧進捗管理は，施設管理の台帳管理業務である。

このように，平常業務を効率的に遂行する延長線上に多くの災害対応業務が位置づけられる。

G-mottyは，平常時と災害時がシームレスに連携した情報システムとして構築された。図6-13に，G-mottyの全体像をしめす。自治体は，平常業務の効率化・高度化を目的とし，部局横断的な取り組みとして地理空間情報およびGISを活用し，位置情報付きのデータベースを作成，更新している。更新されている業務台帳の中で公開すべき情報を必要に応じて加工し，行政情報として

第6章 地域社会みんなで創る，共有する，使う，地域情報としての災害情報

図6-13 地理空間情報プラットフォームG-mottyの全体像

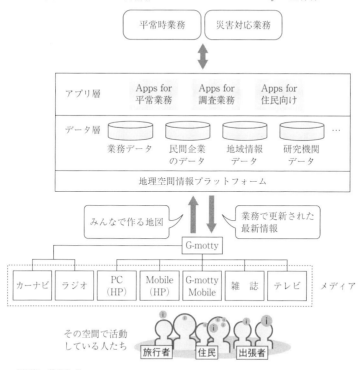

(出所) 筆者作成。

地理空間情報プラットフォームで共有している。また，G-mottyには，地域社会の参画者である住民や地域企業からの様々な地域情報が登録され，行政情報とともに共有され，様々なメディアを通して収集，活用することができる。シビックテックのように，災害発生時後の被害等の情報，その後の被災地の復旧，復興に関する現場の情報を住民が登録，共有する，必要に応じて行政が利活用することを実現するためには，平常時から使い慣れた技術や仕組みとともに，地域社会でその文化をつくらなければならない。

G-mottyは，サイレントマジョリティ（声無き多数者，少数の声高に叫ぶ反対者に対して，大多数の賛成あるいは少なくとも反対をしていない者）が，それぞれの時間の許す範囲で，地域活動に参画できる場の形成をめざして構築した仕組

第Ⅱ部　減災と防災まちづくり

みである。

　地域社会の参画者で作成，共有する情報は，以下の２つの情報としている。

・量だけではなく，質（高信頼性）を考慮すべき情報

　　３次元で表示された土砂災害警戒区域，洪水浸水想定区域等の災害関連情報やAED設置個所マップなど自治体のオーサリングが必要となる情報である。

　　特に，ハザードに係わる災害関連情報は，行政界にとらわれず，周辺自治体と共同し，色等同じ表現で公開している。また，地域企業が必要としている都市計画地図や道路台帳の情報も公開し，窓口業務の簡略化を行っている。

・量を求める情報

　　住民の関心や趣味，生活にかかわる情報等，絶対位置等の精度よりも量を求める情報である。例えば，ソフトクリームマップ等地域のグルメに関する情報や地域のお祭りマップなどである。

　それらの中でも，古地図や歴史に関する情報は人気が高く，スマートフォン端末で利用可能なネイティブアプリ（G-motty mobile）で古地図を背景に自分の街を探索することができる。その他，地域企業から提供されたテレビ番組からの情報や映画撮影現場の情報等，行政情報，住民からの登録情報，地域企業からの情報をあわせて100コンテンツ以上が共有されている。

　近年，集中豪雨や局地的豪雨が発生し，避難中の被害が発生している。指定避難所に避難すること（水平避難）が必ずしも正しい選択ではなく，ハザードの状況，時間，自宅から指定避難所までのルートを考え，家にとどまる垂直避難（自宅の最上階への避難）の方法も考えるべきである。先ずは，自分の暮らす地域の基礎的な情報をしっかり把握，理解することからはじめることが重要である。**図6-14**に示す「地形を知ろう」というアプリケーションでは，自宅から指定避難所までのルートを描写すれば，断面図の情報を収集することができ，用意に自宅周辺の地形を知ることができる。民間企業が無料で公開しているアプリケーションで，北九州市と周辺自治体では，本アプリケーションにハザード情報を重ねて公開している。

　本節で述べたように，災害関連情報も地域情報の１つだと考え，普段から使

第6章 地域社会みんなで創る,共有する,使う,地域情報としての災害情報

図6-14 アプリケーション「地形を知ろう」

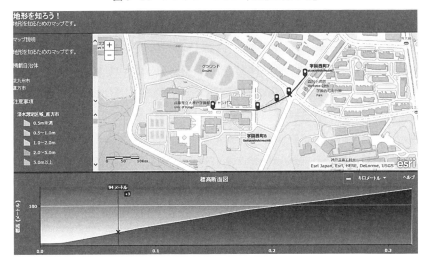

(出所) G-motty 地域情報ポータルサイト。

い慣れたツールで情報を収集し,上手に利用することが必要である。また,様々な生活スタイルの住民が,許される時間の中で地域活動に参加できる機会を作る取組みが,災害発生時に役立つと考えている。

引用参考文献

浦川豪,2013.「危機に強い自治体形成のための全庁的な GIS の活用戦略——北九州市の新しい挑戦」『GITA-JAPAN 第24回コンファレンス地理空間情報技術論文電子ジャーナル』Vol. 3。

株式会社ハレックス「HalexDream !」(http://www.halex.co.jp/service/api.html 2017年9月29日アクセス)。

株式会社 ウェザーニューズ 「ゲリラ雷雨メール」(http://weathernews.jp/door/html/guerrilla_mail.html 2017年9月29日アクセス)。

株式会社 ウェザーニューズ 「ゲリラ雷雨 Ch.」(http://weathernews.jp/door/html/guerrilla_mail.html 2017年9月29日アクセス)。

気象庁 HP「緊急地震速報とは」(http://www.data.jma.go.jp/svd/eew/data/nc/shikumi/whats-eew.html 2017年9月29日アクセス)。

気象庁 予報用語 (http://www.jma.go.jp/jma/kishou/know/yougo_hp/kousui.html 2017年9月29日アクセス)。

狭域防災情報サービス協議会（MMDIN）「被災状況マップ」（http://www.mmdin.org/agonline.html 2017年9月29日アクセス）。

倉本啓之・浦川豪，2017，「ロゲイニングを活用した災害伝承の試み」『地域安全学会梗概集』No. 44，75-76頁。

災害情報に関する住民向け提供の現状（岐阜県）（http://www.soumu.go.jp/main_sosiki/kenkyu/ansin_anzen/pdf/080229_1_si3.pdf）

塩田淳・浦川豪，2015，「ハイブリッドクラウドを基盤とした位置情報に基づく地域住民参画型の地域情報共有——北九州市G-mottyによる地域防災・減災社会への貢献」『GITA-JAPAN 第26回コンファレンス地理空間情報技術論文電子ジャーナル』Vol. 5。

須藤三十三・浦川豪・福重新一郎・濱本両太・林春男，2012，「局所的豪雨を対象とした移動体に対する災害関連情報の伝達のためのマイクロメディアの構築」『地域安全学会論文集』No. 18，219-229頁。

須藤三十三・浦川豪・福重新一郎・濱本両太・林春男，2012，「広域的な災害発生後のプローブ情報の活用——東日本大震災での事例を通じて」『情報システム学会別冊』第8巻，第1号，30-41頁。

総務省HP「Lアラート（災害情報共有システム）」の普及促進（http://www.soumu.go.jp/menu_seisaku/ictseisaku/ictriyou/02ryutsu06_03000032.html 2017年9月29日アクセス）。

総務省消防庁HP「国民保護」（http://www.fdma.go.jp/neuter/topics/fieldList2_1.html 2017年9月29日アクセス）。

田中淳・吉井博明，2008，『災害情報論入門』弘文堂。

地域情報ポータルサイト G-motty（http://www.g-motty.net/menu/）

本田自動車工業ホームページ intervavi（http://www.honda.co.jp/internavi/disaster/ 2017年9月29日アクセス）。

マルチメディア放送ホームページ マルチメディア放送とは（http://www.multimedia.co.jp/about/）

（浦川　豪）

| 第7章 | 安心・安全なまちづくりのための
シミュレーションの果たす役割 |
| | ——単一シミュレーションから統合シミュレーションへ—— |

1　シミュレーションって役立つの？

　地震，津波，台風などの自然災害がひとたび発生すると，私たちの生活や経済は甚大な被害を受けることになる。本章では，それらの中でも予測困難な地震被害を取り上げ，なぜ地震が発生するのか，過去の地震における建物被害の様子，耐震規定の変遷，建築構造物のシミュレーション，そして災害軽減のためのシミュレーションのこれからの役割・意義について紹介する。

2　地震発生のメカニズム

　なぜ地震は発生するのか？　また世界中どこでも地震は起こっているのか？。端的に表現すると，地球が「生きている」から地震は発生する。私たち人の感覚では，地面が動いていることはわからないが，地球内部の活動により，地表面は少しずつ移動している。その結果，岩盤にひずみが蓄積し，その強度が耐えきれなくなったときにエネルギーを解放する。「断層のずれ」という形により一瞬でエネルギーを解放する，それが地震である。

　地震は，実は世界中どこでも起こっているわけではない。地震国日本に住んでいると，世界中どこでも起こっているのではないかと錯覚するが，先ほど紹介したひずみが蓄積しやすい場所でのみ地震は発生しているのである。

　より詳しく学習したい方のために，キーワードを紹介しておく。地球内部構造，マントル対流，プレート運動，地殻形成である。なお，地震そのものの大きさは，マグニチュードで表現される。マグニチュードの値は次の節で紹介する震度と値がよく似ているので，その違いに注意されたい。

第Ⅱ部　減災と防災まちづくり

3　過去の地震における建物被害と耐震規定の変遷

　日本における建築物の耐震基準は，地震のたびに改定されてきた。国，研究者，建築構造技術者はその時々の最善を尽くすが，地球は「生きている」のでそれまで経験したことのないイベントを，その時々で人類に経験させてきた。
　表7-1に地震と耐震基準の変遷を20世紀までの主要な事項について記す。
　耐震設計とは，将来想定される地震動に対して，所定の安全性等を確保できるように構造物を設計する行為である。耐震設計の目的は2つあり，1つ目は建物の耐用年数中に何度か遭遇するような中小地震動に対してはほとんど被害を生じさせず建物の使用性を確保すること，2つ目は極めて稀に遭遇するような大地震動に対しては建物に多少の被害を許容するが倒壊等の重大な損傷を生じさせず人命の安全性を確保することである。このように，1981年の新耐震設計法以降，2段階のチェックがなされるようになった。このいわゆる新耐震で設計された建物は，1995年の阪神淡路大震災や2011年の東日本大震災においても概ね倒壊等を免れ，設計の妥当性が実際に果たされたことを証明している。ただし平成28年（2016年）熊本地震において，1981年から2000年の間に設計された木造住宅において，接合金物詳細が規定されていなかったこともあり一部倒壊等被害を受けた建物も見受けられた。

4　建築構造物のシミュレーション

　従来，地震防災における被害想定手法としてフラジリティ曲線（Seismic Fragility Curve；構造物の損傷規模に関する条件付き確率）による手法が用いられている。フラジリティ曲線による手法は経験則に基づき，これまでの地震における震度と被害を整理することで統計的な被害想定を行うことができる。非常に簡便でマクロな被害想定を可能としている。その反面，建物1棟1棟の被害を詳細に検討することが難しく被害のばらつきが大きいことや，これまでに経験していないような地震への対処が難しい問題がある。

第7章　安心・安全なまちづくりのためのシミュレーションの果たす役割

表7-1　地震と耐震基準の変遷

地震発生年	地震名（マグニチュード）	建物被害等トピックス	耐震基準設定改正年	耐震基準	その他
1880	横浜地震（M8.0）	地震学の基礎			
1891	濃尾地震（M8.0）	レンガ建物被害			
			1892	震災予防調査会	
1906	サンフランシスコ地震	レンガ建物の被害と壁の効果			
			1916	震度の概念（佐野利器）	
1923	関東大震災（M7.8）	地盤による被害の違い			
			1924	市街地建築物法改正水平震度0.1	
1944	東南海地震（M8.0）	河川沖積地域や人工埋立地の被害			旧耐震
1946	南海地震（M8.1）	津波被害			
1948	福井地震（M7.2）	都市直下型地震			
			1950	建築基準法水平震度0.2	
1964	新潟地震（M7.5）	地盤の液状化現象			
1968	十勝沖地震（M7.9）	RC柱のせん断破壊			
			1971	建築基準法施行令改正せん断設計の強化	
1975	大分県中部地震（M6.4）	直下型地震			
1978	宮城県沖地震（M7.4）	非構造部材の被害			
			1981	建築基準法改正新耐震設計法：大地震に対する検討の法制化	
1994	北海道南西沖地震（M7.8）	津波被害			
1995	兵庫県南部地震（M7.2）	鉄骨破断中間層破壊	1995	耐震改修促進法	新耐震
2000	鳥取県西部地震（M7.3）	液状化斜面崩壊	2000	建築基準法改正性能設計法	

（出所）　筆者作成。

113

第Ⅱ部　減災と防災まちづくり

　本節では，理化学研究所計算科学研究機構（AICS）総合防災・減災研究ユニットとの共同研究として提供されている統合地震シミュレーション（Integrated Earthquake Simulation, IES）を用いて建物1棟1棟を対象に地震応答解析および被害想定を行った結果を紹介する（富永・永野，2017，505-508頁）。これにより建物1棟毎の詳細な被害想定および経験則ベースの手法に寄らない精度の良い被害想定を行うことが可能となる。その1つとして都市モデルに対して複数回の地震動を与えたときの建物被害予測を検討する。平成7年（1995年）兵庫県南部地震後も存在する建物が今後発生すると予測されている想定南海地震（陸側ケース）により生じる木造建物の被害を予測する。

　IESは，都市デジタルデータに基づき地盤と構造物を表す都市モデルを構築し，地震動と構造物群の応答のシミュレーション結果に基づき都市の地震被害を合理的に予測することを目的に開発されている。また，構造物と地盤の損傷状態に応じた振動特性の変化が逐次反映される手法により解析されている。内閣府から得た地震の基盤波形を入力として地盤データから作成した地盤モデルにおいて地盤増幅解析を行い地表面波形を算出する。次に構造物データから構造物モデルを作成し地表面波形を入力して構造物の地震応答解析を行う。IESは構造物の柱1本1本までモデル化が可能であり，入手可能なデータに合わせてモデル化を行うことができる。ここでは，質点系モデル（建物の各床ごとに質量と剛性を設定し高さ方向に質点を並べ，各質点間をバネ接合したモデル）のモデル化が行われている。また，都市モデル作成において構造物の種別や階数，面積，築年代を個々の構造物に与えている。各階の高さや各階の耐力，木造建物の壁量，1 m^{2}あたりの重量，建物減衰は平均的な値を設定している。構造物の種別や階数，面積のデータは神戸市の固定資産概要調書とゼンリン住宅地図データベース ZMAP TOWN Ⅱより株式会社ゼンリンが作成したものを使用している。構造物の築年代のデータは行政データとゼンリン住宅地図データベース ZMAP TOWN Ⅱより AICS が作成している。しかし築年代が不明な建物も存在しており，その建物においては築年代を2000年と仮定している。

　建築基準法の壁量計算で考慮する木造建物の重量算定では，平屋建てと2階建ての2階は床面積に屋根重量を乗じて算出し，2階建ての1階は床面積に居

114

第7章 安心・安全なまちづくりのためのシミュレーションの果たす役割

図7-1 対象都市（神戸市中央区中山手通）

（出所） Google Earth に加筆，筆者作成。

室重量を乗じて算出する。

建物被害予測方法として IES による地震応答解析により算出された建物の最大層間変形角（地震時最大変位を階高で除した値）に閾値を設けて建物被害を判定する。最大層間変形角の算出は，建物の全階層の中で最大となるものを使用している。最大層間変形角の閾値は，建築構造設計基準で定められている値である1/200を用いる。

表7-2 対象都市の構造種別ごとの建物棟数

	神戸市中央区中山手通
総建物数	5,691
木造	1,848
S造	1,289
RC造	2,456
SRC造	98

（出所） 筆者作成。

今回想定する大規模地震は平成7年（1995年）兵庫県南部地震と安全側を考慮するため建物被害が大きいとされる内閣府が想定する M9.0クラスの想定南海地震（陸側ケース）とする。また，対象都市は平成7年（1995年）兵庫県南部地震の観測点である神戸市中央区中山手通付近としている。対象都市の範囲を**図7-1**に示す。南北方向に1.5km，東西方向に2.0kmの範囲を対象範囲とした。また，対象都市の構造種別毎の建物棟数を**表7-2**に示す。

図7-1の対象範囲に対して，[兵庫県南部地震]，[想定南海地震]，[兵庫県南部地震＋想定南海地震] の3ケースの地震応答解析を行った。複数回与える

第Ⅱ部　減災と防災まちづくり

図7-2　入力地震動の加速度波形例

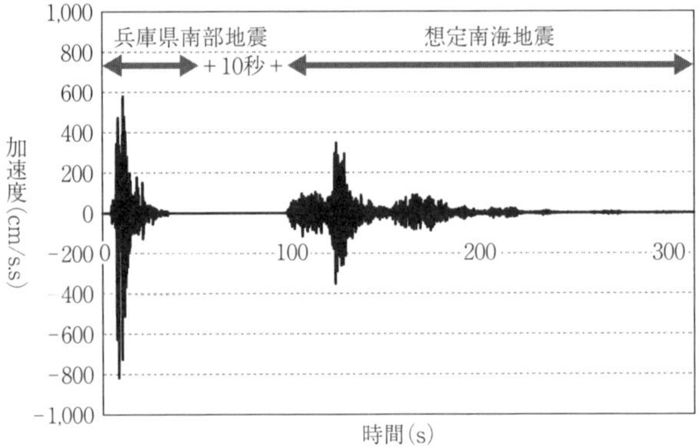

（出所）　筆者作成。

**表7-3　対象都市の木造建物の
被害棟数**

解析ケース	被害戸数／全建物数
兵庫県南部地震	271/1,843
想定南海地震	0/1,843
兵庫県南部地震＋想定南海地震	271/1,843

（出所）　筆者作成。

地震動の例として［兵庫県南部地震＋想定南海地震］の入力地震動の加速度波形を**図7-2**に示す。平成7年（1995年）兵庫県南部地震という20年前の地震の影響について想定しているが，劣化等の時間による影響は考慮しないものと仮定している。そのため，兵庫県南部地震の揺れが収まるまでの待ち時間（10秒）を与えた後に想定南海地震の揺れを与えている。

地震応答解析の結果，算出された最大層間変形角を閾値から被害判定した結果を**表7-3**に示す。

表7-3の結果から，兵庫県南部地震の影響を考慮した場合に想定南海地震の影響を受けても被害が増加しないことがわかった。ここで被害が増加しないという結果が本当に安全な結果であるのかについて考察する。

IESを用いた被害想定手法では，フラジリティ曲線を用いた手法とは違い地震応答解析を行っているため，建物の地震応答履歴を確認することが可能となっている。地震動2波を受けた木造建物の地震応答履歴を**図7-3**(a)に示す。［jma］という点線で示されているのが兵庫県南部地震時の応答で［nankai］

第7章　安心・安全なまちづくりのためのシミュレーションの果たす役割

図7-3　地震応答履歴

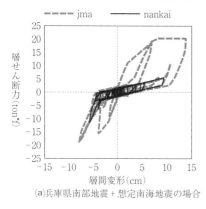
(a)兵庫県南部地震＋想定南海地震の場合

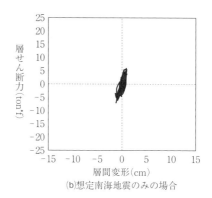
(b)想定南海地震のみの場合

という実線で示しているのが想定南海地震時の応答である。兵庫県南部地震の応答の範囲内に想定南海地震の応答が収まっており，応答が増加していないことが見られる。また，想定南海地震のみを受けた木造建物の地震応答履歴を**図7-3(b)**に示す。図7-3の木造建物は同じ木造建物（築年代2000年，階層3階，面積47.39m^2）である。それらを比較すると前震の影響で降伏点を超えるような損傷を受けてないと仮定していると応答を過小に評価してしまう可能性がある。そのため兵庫県南部地震を経験した建物は応答が大きくなる可能性が示唆される。

　IESを用いて神戸市中央区における複数回の地震動による建物被害予測を目的に，平成7年（1995年）兵庫県南部地震と想定南海地震（陸側ケース）の地震動より地震応答解析を行った。木造建物に対して2波与えたところ木造建物の被害は増加しないことがわかった。しかし，建物の損傷がないと仮定して地震応答を評価すると過小に評価してしまう可能性があることには注意が必要である。今回は限られた情報から都市モデルを構築しているため，建物の築年代が不明な建物においては初期設定の2000年となっており新耐震基準の建物モデルとなっている。そのため，将来的に理想としている耐震補強がされているような設定となっている。今後の課題としてより多くの情報を活用してリアルな都市モデルを構築することがあげられる。

第Ⅱ部　減災と防災まちづくり

図7-4　損傷シミュレータ構築のための取り組み

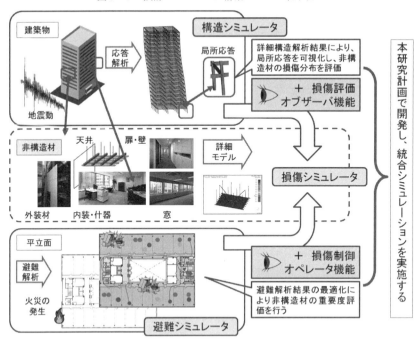

（出所）　筆者作成。

5　災害軽減のためのシミュレーションのこれからの役割・意義

　全節では，都市モデルをコンピュータ内に作成して，過去の地震や将来の想定される地震に対して，都市レベルでの被害想定を行うことを例示した。ここでは，現在筆者が取り組んでいる研究（JSPS科研費　JP16H03124）について紹介しておきたい。

　大地震の発生時に建築物の中からすべての利用者（滞在者）が負傷せずに安全に退避できるように，正確なシミュレーションに基づく避難計画が重要である。一方，人的被害や避難障害は，直接的には建物に付属する什器や内外装材（非構造材）等の損傷に起因している。ところが，非構造材の挙動はばらつきが大きく，数値モデル化した損傷シミュレーションを行っても現象を正確に予

第7章　安心・安全なまちづくりのためのシミュレーションの果たす役割

図7-5　シミュレーション学研究科が保有する計算機等

（出所）　兵庫県立大学大学院シミュレーション学研究科ＨＰ　2017年9月28日アクセス。

測できない問題がある。そこで，非構造材の損傷リスクを構造解析と避難解析による双方向視点から相補的に評価し，人的被害回避のための非構造材のキーエレメントデザイン（重要部分を特定した設計）を提案しようとしている。具体的には，構造解析による損傷評価オブザーバ，避難解析による損傷制御オペレータ機能を実装したスーパーコンピュータ・詳細モデルシミュレーションにより，厳密な評価が難しい非構造材の損傷シミュレータを構築し，建物内での人的被害リスクの定量的検証に取組んでいるところである。図7-4に損傷シミュレータ構築のための取組みを示す。

　筆者は，兵庫県立大学大学院シミュレーション学研究科に所属している。研究科が保有するシミュレーションシステムと可視化装置を図7-5に示す。本章第4節で実行したシミュレーションは同計算機で実行したものである。

第Ⅱ部　減災と防災まちづくり

6　安心で安全なまちづくりのためのシミュレーションの果たす役割

　本章では，なぜ地震が発生するのか，地震が発生するとどのような建物被害や都市レベルでの建物被害が発生するのか，またその予測はどの程度シミュレーションで実行することができるようになっているのかについて言及した。さらに単に建物の崩壊予測にとどまらず，天井や壁といったいわゆる非構造部材の損傷をシミュレーションによって予測することを反映した，避難シミュレーションの可能性についても最新の研究内容として紹介した。

　安心で安全なまちづくりのため，事前対策としてのシミュレーションは欠かせないといえよう。

引用参考文献
富永翔太・永野康行，2017，「複数回の地震動を受ける都市の建物被害予測」『平成29年度
　日本建築学会近畿支部研究報告集，57号　構造系』505-508頁。

（永野康行）

第8章	水害リスクとまちづくり

1 日本の水害対策の現状

　近年，水害リスクの高まりが懸念され，より一層の水害対策の取組みが求められている。1時間あたり降水量80㎜以上の年間発生回数は増加傾向にあり，今後もそのトレンドが続くことが予想される（**図8-1**）。このような状況下では，ハード整備を主体とした治水という考え方に基づいた水害対策では限界があることが認識されている。

　予算や時間面から河川整備事業による治水対策のみで防災効果を期待することは難しい状況にあり，総合治水の考え方の下，ソフトとハード対策の融合，多様な主体の協働による水害対策が進められようとしている。国土交通省によってハードとソフトを融合した総合治水の考え方が示され（**図8-2**），地方自治体において具体的な施策が始まっているが，まだその端緒についたばかりだ。しかしながら，総合治水の枠に留まらない，様々な制度や仕組みを駆使した社会的なシステムとして，水害リスクの軽減を図る「水害リスクマネジメント」という考え方をもって対応していかなければ，高まるリスクに対応していくのは困難である。また，社会全体で水害リスク軽減におけるそれぞれの役割を担う必要があり，総合的な水害リスク軽減の枠組みづくりに加えて，住民参加のプロセス，官民協働の仕組みといったまちづくりの手法も重要となっている。

2 まちづくりとしての水害リスクマネジメントへの転換

　近年は一級河川のみならず，中小河川や用水路などでの水害が多くみられることから，総合治水対策（前掲図8-2）の考え方をさらに発展させて，社会シ

第Ⅱ部　減災と防災まちづくり

図 8-1　1時間降水量80mm以上の年間発生回数

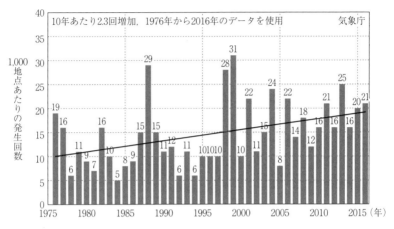

（出所）　気象庁 HP。

図 8-2　総合治水の施策体系

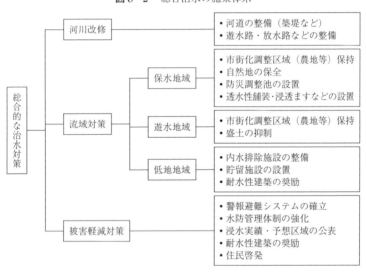

（出所）　国土交通省 HP。

第8章　水害リスクとまちづくり

ステムとも結びついた包括的な取組みが必要であろうと考える。水害対策という枠に留まらない「水害リスクマネジメント」というアプローチである。また，コミュニティ，社会全体として水害対策に取り組む「まちづくり」の中で，被害の軽減を図るような仕組みを作っていかなければ，これからも大きくなるであろう水害リスクに対応していくことは難しい。本章では，「水害リスクマネジメント」と「まちづくり」という視点から，これからの水害対策について考えていきたい。

　まちづくりとして水害リスクマネジメントを進める枠組みや制度設計を考える上で基本となる4つの概念を示す。リスクをどのように取り扱うかというリスクマネジメント，リスクへの対応を検討する過程を示すリスクマネジメントプロセス，誰がどのようにリスクマネジメントに関与しどのような役割を果たすのかというリスクガバナンス，そしてリスクやマネジメントについて関係主体がどのように情報共有し合意形成を図るのかというリスクコミュニケーションである。それぞれについて簡単に概説する。

1　リスクマネジメント戦略に基づいた施策の整理

　リスクマネジメントは，被害が起こる前に被害を軽減するような対策を講じることであり，大きく分類すると，リスクの軽減，回避，移転，保持，の4つである。これらは災害の規模や発生の可能性によって分類される（**図8-3**）。

　①リスク軽減

　リスクの軽減は，起こり得る被害を小さくするための方策であり，発生可能な被害の程度や頻度が中程度である場合に適切な手段である。建物の耐震化や，河川整備などである。

　②リスク回避

　リスク回避は，起こり得る被害を回避する方策であり，発生可能な被害の程度，頻度ともに高い場合にとるべき手段である。安全な場所への移転などである。

　③リスク移転

　リスク移転は，起こり得る被害や損失を他の物に転嫁する方策であり，発生

123

第Ⅱ部　減災と防災まちづくり

図8-3　リスクマネジメント戦略

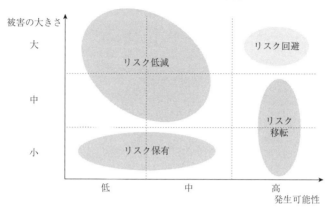

（出所）筆者作成。

可能な被害の程度と頻度が共に低い場合に適切な手段である。災害保険，建築制限などである。

④リスク保持

比較的被害が小さく発生する可能性も低い場合には，特に対策を講じることはせずにやり過ごしリスクを保持する。

リスクマネジメント戦略のマトリックスは，想定される被害の大きさと頻度を客観的に評価し，どのような対策をとればいいかを整理する上で有効である。しかし，このような考え方はあくまでも目安であり，どのような手段を選ぶかは，住民，企業，行政などの関係主体が協議し意思決定していかなればならない。

2 リスクマネジメントのプロセスの重要性

リスクへの対応策を検討する過程であるリスクマネジメントプロセスは，リスクマネジメント方針の設定，リスクの把握・同定，リスク分析，リスク評価，リスク対応策の策定という5段階で構成される（図8-4）。各段階においては，関係者との協議内容がインプットされ，また内容がチェックされる必要がある。リスクマネジメントの目的は正しいか，目的は達成されているか，関係者間の

第8章　水害リスクとまちづくり

合意はとれているか，などが確認されるプロセスの繰り返しの中で修正・更新されていくことが重要であることを示している。一度対応策を決めたことで終わりではなく，内容を見直しながら改善することが重要である。制度やシステムも作ったら終わりではなく，絶えず検証し続けるような仕組みが必要である。リスクマネジメントプロセスは，複数の関係主体の意思決定への参加と，環境の変化に

図8-4　リスクマネジメントプロセス

リスクマネジメント方針の設定

コミュニケーションおよび協議

リスク同定

リスク分析

リスク評価

リスク対応

モニタリングおよびレビュー

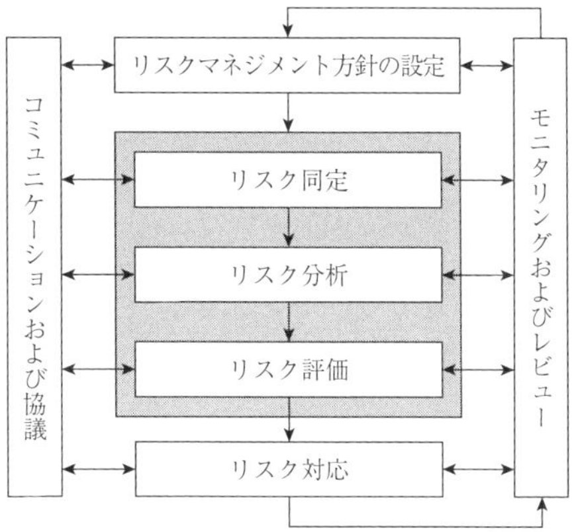

（出所）　Standard New Zealand, 2009, p. vi を基に筆者作成。

対してダイナミックに内容を更新する協議の継続を担保するための概念である。

〔3〕 多様な主体の協働による災害リスクガバナンス

　自助・共助・公助の考え方の下，住民，企業や組織，地域コミュニティ，行政それぞれが減災における役割を果たすことが求められている。多様な主体が水害リスクマネジメントに関わるためには，多様な主体が関与・参画して意思決定を行う仕組みを作ること，そしてそれぞれが果たすべき役割を明確にすることが求められる。水害リスクを軽減するという目的に向かって，多様な主体の効果的な行動をうまく舵取りしていくことがリスクガバナンスであり，社会や国家全体での舵取りとして全体をとりまとめる手段の1つが制度やシステムである（岩崎，2011，19-33頁）。そこで，水害リスクマネジメントの制度を，行政が行うハード整備などとともに，個人の対策や地域コミュニティの取組みが促進されるような仕組みづくりも含めた枠組みとして設計していく必要がある。同時に，これまでのどちらかというと行政主導から，多様な主体が参画する災害リスクガバナンスへと考え方を進め，住民，企業・組織および地域コミュニティと行政との協働的な関係性構築への模索が始まっている。

125

第Ⅱ部　減災と防災まちづくり

4　ハザード情報とリスクコミュニケーション

　リスクコミュニケーションの重要性が認識され，行政はハザードマップをホームページで公表したり各世帯に紙のハザードマップを配布したりと，ハザード情報の提供に力を入れている。

　地域住民や企業が水害リスクを認識し減災対策を実行する意思決定を行う際に，ハザード情報の取得が第一歩となる。例えば，住民や企業が河川の近くで開発行為をしようとするときに，洪水ハザードに関する情報が提供されれば，その情報を基に適切に判断を下すことができる。また，地域と行政が減災対策における協議を行う上で，災害ハザード情報はその根拠として重要な役割を果たす。このような多様な主体の協働による災害リスクガバナンスにおいて，情報の両面提示（良い面と悪い面が両方示されていること）と双方向性（一方的な情報伝達でないこと）が確保されていることが重要であり（木下，2016，27-29頁），リスクコミュニケーションを進める上で忘れてはならない。

3　様々な水害リスクマネジメントの手法

1　治水対策

　治水対策はハード整備を中心とした対策であり，河川整備に加えてダム建設や調節池の整備がある。河川整備は，河道掘削，築堤，堤防の嵩上げ，引堤などにより，流水量を増やすための対策である。治水対策は当然のことながら，水害リスク軽減において基本となる手段であるが，このような対策は費用と時間を要すると同時に，環境への負担が大きい。人口が減少する時代においては，インフラ管理のコストも将来社会の大きな負担となることも考えておく必要がある。

2　土地利用・建築規制

　水害リスク軽減のための土地利用・建築規制に関わる都市計画制度として，区域区分，開発許可，建築確認，都市計画区域の整備，開発および保全の方針と市町村の都市計画に関する基本的な方針，地区計画，災害危険区域などがあ

第8章　水害リスクとまちづくり

る。この内，災害リスク軽減を意図しているのは，区域区分と災害危険区域，
建築確認である。区域区分は，都市計画区域を対象に行うものであり，技術的
基準（都市計画法施行令第8条第1項第2号ロ）の中で，原則として市街化区域
には「溢水，湛水，津波，高潮等による災害の発生のおそれのある土地の区
域」を含まないものとするとされている。その基準である昭和45年通達「おお
むね50mm/60分程度の降雨を対象として河道が整備されない河川の氾濫区域
及50cm以上の湛水が予想される区域は，原則として市街化区域に含めない」
に沿った運用がされれば，災害リスクが高い地域の市街化を抑制することがで
きる。災害危険区域（建築基準法第39条第1項）は都市計画区域外でも適用が可
能であり，例によって，区域内の建築物の建築禁止あるいは制限を行うことが
できる（建築基準法第39条2項）。しかし，災害危険区域の水害リスクにおける
適用は多くはない。建築確認については，土砂災害防止法による土砂災害特別
警戒区域のみが該当し，居室を有する建築物の構造基準が定められている（建
築基準法施行令第80条の3）。また，都市計画区域外については，一定の要件に
該当する建築物を除き，建築確認の対象とはならない。

　土地利用計画や都市の将来像を示し，個々の都市計画の基本となる計画であ
る「都市計画区域の整備，開発及び保全の方針と市町村の都市計画に関する基
本的な方針」は，本来災害リスクを考慮した土地利用方針を示し，土地利用・
建築規制の根拠となるべきである。しかし，日本の現行の制度ではそのような
役割を果たすことはできない上，災害リスクが計画や方針に反映されることは
少ない。

③ 自然災害保険

　自然災害保険は，国による再保険が担保されている地震保険以外は，民間の
保険会社の商品である。水害保険は，住宅保険として火災保険などとパッケー
ジで販売されることが多いことから，住宅保険の一部として加入しているケー
スがほとんどである。他方，欧米では国策として，または国が再保険を引き受
けるなどして，水害保険制度の設計に主導的な役割を果たしている。そのため，
水害対策を目的とした他の制度や施策と直接的あるいは間接的に連動した総合

第Ⅱ部　減災と防災まちづくり

的な水害リスクマネジメントの仕組みを設計している。日本ではそのような取組みには至っておらず，今後の課題となっている。また，水害保険はリスクの程度にかかわらず料率は一律であることから，リスクを移転するという観点からは役割を果たしているが，水害リスクが高い土地の開発を抑制するような効果は見込めない。地震保険の方は，県別に3段階のリスクレベルで料率が設定されているが（損害保険料率算出機構，2017，7頁），水害においてはどのようにしていくのがよいかも検討課題となっている。

⎰4⎱ 洪水ハザード情報の提供

　洪水ハザード情報は，すべての水害対策の基本となる。国や地方自治体が策定し，最近はHPなどで公表されている。水害リスクを認識してこそ減災対策を講じることにつながり，ハザード情報はリスク認識を高めるためのスタート地点であるといえる。洪水ハザード情報は経済・社会活動の中でうまく活用されれば，水害リスク軽減への効果が期待できる。例えば，水害リスクが高いゾーン内の不動産を売買する場合に，リスクの程度や過去の被災履歴を買主に告知する義務が売主に課されていれば，不動産取引の機会ごとに当事者に危険が認識され，防災行動の促進や危険な土地利用の抑制に効果が期待できる。こうした仕組みは，官と民の関係で成立する土地利用・建築規制を，民と民の関係である不動産取引時のリスク情報の開示で補うものであり，規制と市場の組合せによる効果を導出する。

⎰5⎱ 地域コミュニティにおける減災への取組

　ソフト対策として非常に強力な減災対策として，地域コミュニティの災害対応力の強化があげられる。地域コミュニティで取り組む減災対策としては，地域での避難計画・訓練や防災研修などがある。住民ワークショップやまち歩き，防災マップづくりなどに取り組む地域コミュニティも増えてきている。2014年に地区防災計画制度が創設され，同計画の策定をめざす地域もあり，地域コミュニティ単位の減災への取組みが強化されてきた。さらに，地域コミュニティの活動を支援するような施策が必要であり，災害リスクマネジメントの方策の

図8-5 フランスの水害リスクマネジメントの枠組み

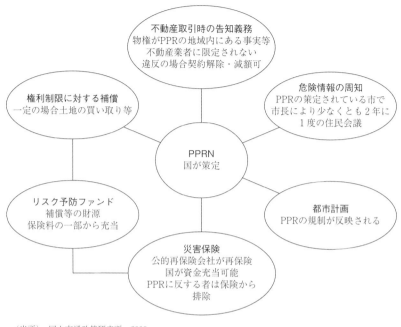

(出所) 国土交通政策研究所, 2008。

1つとして, 制度設計の中に組み込まれるべきである。

4 国内外の水害リスクマネジメントの事例

これまで示した水害リスクマネジメントの考え方や手法を活用した「水害リスクマネジメント」と「まちづくり」の3事例を紹介する。ここでは, 治水対策としてのハード整備ではなく, 制度やシステムを中心としている。

1 フランスの水害リスクマネジメント

フランスの水害リスクマネジメントは, ①土地利用・建築規制, ②水害リスク情報開示と住民会議, ③不動産取引時の水害リスク情報提供, ④自然災害保険などに関わる制度やシステムが相互に関係する仕組みである (図8-5)。以

第Ⅱ部　減災と防災まちづくり

下に，説明を加える。

①水害対策としての土地利用・建築規制（馬場・岡井，2017）

フランスでは，PPRN（予測可能な自然災害リスクの防止計画）という計画により，水害リスクが高い地域での土地利用や建築を規制している。PPRNは地方における国の代表者である地方長官（Préfet）が各自治体において策定するが，地方自治体の参加や住民の合意形成の仕組みも定められている。PPRNが対象とする自然災害は水害に限られず，地滑り・雪崩・山火事・地震・噴火・暴風雨・サイクロン等の予見可能な自然災害とされている（環境法典L562-1）。

PPRNは，①危険にさらされている地域と，②直接危険にさらされていないが，建築等により危険性が増すか新たな危険を引き起こす可能性のある地域を定めている。これらの地域では，新規建築，既存建築物の増築などが禁止されるか，減災対策として付与される条件を満たせば許可される（環境法典L562-1）。

承認されたPPRNは都市計画の規制としてPLU（基礎自治体の地区計画）に組み込まれる。PPRNの規則はPLUを介し，自治体の建築許可の判断を通して実効性を確保しており，水害リスクのあるエリアにおける建築が制限される仕組みとなっている。具体的には，PPRNの中で建築が禁止されている区域は，PLUにおいても建築が禁止される区域として定められる。PPRNの中で条件つき建築可能区域となっている場合は，PLUにおいても同様の条件のもとで建築が可能となる規則が定められる。なお，PLUが仮にPPRNと整合していない場合は，国はそのPLUを無効にすることができる。

②水害リスク情報開示と住民会議

市民は大規模な災害リスクに関する情報を得る権利を有すると法律に明記されている（環境法典L125-2）。PPRが策定されている地域において，市長は，少なくとも2年に1度は住民公開会議その他の手段により，災害の特性・予見されるリスク・災害予防措置・PPRの規定・自然災害保険等に関する情報を提供しなければならない（環境法典L125-2）。知事は，県レベルで大規模災害リスクに関する情報を記した文書（DDRM）を作成し公開する。これを参考に市長は基礎自治体レベルで同様の文書（DICRIM）を作成し，市役所において

自由な参照に供することとされている（環境法典 R125-11）。DDRM には関連
基礎自治体のリスト，県内の災害に関する知見，防災措置の説明などがリスク
ごとに記載されており，DICRIM には当該基礎自治体の災害に関する知見，
防災措置，災害の場合の救援措置などが記載されている。

　③不動産売買・賃貸に際してのハザード情報の告知義務

　PPR が認可，即時適用ないし起草されている地域で不動産の売買・賃貸を
しようとする所有者は，契約に際して，譲受人・賃借人に対して以下の情報を
提供する義務を負っている（環境法典 L125-5，R125-23/27）。

ⅰ）物件の場所，PPRN の法的状態（認可されたものかどうか等），考慮されて
　　いる災害の種類（洪水，地震，雪崩等の別）等を記した書類

ⅱ）保険金の支払いを受けた過去の災害

　　　国土整備省はこの手続きのための書式雛形を用意している。当事者はこ
　　れに必要事項を記載し，日付を入れた上でサインすることになっている。
　　この義務は当事者がプロの不動産業者であるかどうかは問わない（CE
　　L125-5）。譲渡人・賃貸人が上記の義務を怠った場合，譲受人・賃借人は
　　契約を解除するか裁判所に減額請求ができるとされており（環境法典
　　L125-5），契約の効力にまで直接影響する厳格な制度である。この制度に
　　より取引の度に防災意識が高められるだけでなく，市場機構を通じて次第
　　に利用が抑制されていく効果も期待できる。

　④自然災害保険

〈保険制度の基本的な仕組み〉

　フランスの巨大自然災害保険（以下，CatNat）は，官営保険ではない公的な
政策保険である。民間保険会社が提供する損害保険等に強制付帯されており，
財産保険等を引き受けている保険会社が法定化された補償条件によって引き受
け責任を負う。国民に加入義務はない。保険会社側には法定の一定料率での引
き受けが義務づけられているが（保険法典 L125-2），この引き受け義務が
PPR 地区内の土地利用規制を遵守しない者からの保険加入要求に対しては解
除される（保険法典 L125-6）。保険会社は，引き受けた保険を国100％出資の
株式会社である CCR（中央再保険公庫 Caisse Centrale de Réassurance）に再保

第Ⅱ部 減災と防災まちづくり

険に出すことができるが，この再保険は無制限でかつ政府保証がある。保険会社はリスク評価に基づいた料率設定は行っていないことから，防災措置の促進という観点での役割は限られている。

〈土地利用規制とのつながり〉

保険と土地利用・建築規制は制度的に結びついている。前述のとおり，規制に従わない者を保険から排除することにより PPRN の履行が間接的に確保されており，その意味で公的な役割をもつ保険となっている。ただし，引き受けをするかどうかは保険会社の裁量となっているため，PPRN に従わない者を保険から排除することを義務化することが提案されている（Inspection Général des Finances ほか，2005，24-25頁）。この点については，個別案件の法令遵守情報を保険会社に確認させることに無理があるためか，今日まで実現していない。

〈大規模自然災害リスク予防基金（バルニエ・ファンド）の活用〉

保険料収入の面から保険と土地利用規制をつなぐ制度について述べる。フランスでは，土地利用規制に対しての補償はないが，PPRN により規制のかかっている区域の資産が収用ないし任意買収される場合については補償が行われる（CE L561-1，L561-3）。人命にかかわる重大な脅威が存在し，より低予算で可能な他の対策が存在しない場合に買収が認められ，買収後はその資産の使用制限や取り壊しが行われる（MISILL, MEFI et MEDD, 2005，18-19頁）。大規模自然災害リスク予防基金（以下，ファンド）が1995年に設立され（MEDAD, 2006），これらの買収費用に用いられているが，実際に買収された建築物はごくわずかである（Fiselier & Oosterberg, 2004，49頁；OECD, 2006，26頁）。

ファンドの財源は自然災害保険の保険料として徴収される12％の上乗せ保険料のうちの12％（すなわち保険料の約1.4％）が充当されている（環境法典 L561-3 Ⅱ.）。また，このほか国庫からの拠出も可能となっている（環境法典 L561-3 Ⅱ.）。当初は収用の際の財源に充てるために創設されたが，その後の改正により使途が次第に拡大しており，PPRN 策定経費の一部，PPRN で義務とされた措置に必要な費用の補助，自治体が行う防災のための調査・工事の費用などにも使われるようになっている（MEDAD, 2006）。

第8章　水害リスクとまちづくり

図8-6　イギリスの水害リスクマネジメントの枠組み

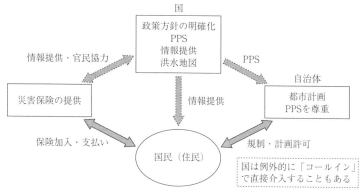

（出所）　国土交通政策研究所，2008。

2　イギリスの事例

　イギリスの水害リスクマネジメントは、①土地利用・建築規制、②水害リスク情報開示、③不動産取引時の水害リスク情報提供、④自然災害保険に関わる制度やシステムが直接的、間接的に連携する仕組みとなっている（図8-6）。以下に説明を加える。

　①土地利用・建築規制

　イギリスの水害リスクに応じた土地利用規制は通常の都市計画の体系の中で行われている。都市計画を所管するコミュニティ・地方自治省では、基礎自治体が都市計画を策定する際のガイドラインとして、基本政策文書であるNPPF（National Planning Policy Framework：国家都市計画政策枠組）（DCLG, 2012a）およびその技術的ガイダンス（DCLG, 2012b）を発出し、その中に水害リスクが高い土地での建築・開発に対するルールを示している。その中で、都市計画の対象となる区域を洪水確率等による危険度に応じて4つのゾーンに分類している（DCLG, 2012b, 3-7頁）。また、ゾーン区分と洪水リスク脆弱性分類をもとに、どのゾーンでどのような土地利用が可能かという考え方がマトリックスで示されている。リスクが低い土地（ゾーン1）では土地利用・建築規制はなく、リスクが高くなるにつれ（ゾーン2、3a）て段階的に厳しくなり、機能的氾濫源であるゾーン3bではほとんどの土地利用が回避すべきものと位置づけ

133

第Ⅱ部　減災と防災まちづくり

られている（DCLG, 2012, 8頁）。環境庁が作成する全国の洪水地図では，ゾーンの色分けと，河川と堤内地が地図上に示されている。

　基礎自治体は，NPPFやそのガイダンスに即して，土地利用計画を策定し，個別具体の計画許可を行う。その一方で自治体の裁量も認められており，計画許可の申請者に対して一定の条件を付した上で許可することもできる（ODPM, 2005, 20頁）。

　基礎自治体はNPPFを基に，内水氾濫や洪水防御施設などに関するローカルな情報を加味して独自にゾーニングを示した「戦略的洪水危険評価（SFRA）」（DCLG, 2012b, 8-9頁）を作成する。これは個別の開発案件の審査を行うにあたっての基準となる。開発事業者は，水害リスクが高いゾーンで開発申請する場合は「敷地特定洪水危険評価（FRA）」を提出し，開発が問題ないことを説明する必要がある。その際，FRAはSFRAに即していなければならない。

②水害リスク情報開示

　環境庁は全国の洪水地図をHPで公開しており，市民が居住地に関するリスクを確認して避難や減災行動に役立てられる。自分の居住地の地名か郵便番号を入力するとそこの水害危険度をチェックできる。洪水地図は3カ月に1回更新されている。例えば現実に洪水が発生した場合，そのデータを使って直近時に更新が行われることとなる（EA, 2006, 7頁）。2013年12月から環境庁のHPで4種類の洪水地図が公開されている。

ⅰ）（Flood Map for Planning [From Rivers and the Sea]）都市計画の根拠となる地図

ⅱ）（Risk of Flooding from Surface Water）降雨が下水等により排水されず，または地中に浸透しないことによって引き起こされる洪水の危険性を示す地図

ⅲ）（Risk of Flooding from Reservoirs）大規模な貯水施設（2万5000m³以上）が破壊された場合の影響を示す地図

ⅳ）（Risk of Flooding from Rivers and the Sea Map）堤防などの洪水防御施設を考慮に入れた安全度が4段階に示された地図。保険会社が利用する。

③不動産売買時の危険情報の告知義務

不動産売買の際に，売主に英国法律協会の不動産情報様式（Law Society Property Information Form，以下 TA6）の提出を求める制度が整えられた。売主は不動産業者に限定されない。TA6は，水害を含め災害に関わる専門的な知識を必要とするのではなく，取引対象の土地における災害履歴等の認識の有無に関して嘘偽りなく回答することを求めるものである。例えば，過去に水害があったかどうかは，知らなければ知らないと回答すればよく，水害があったのになかったと回答してそれが事実ではなかった場合，買主はその取引を破棄したり，補償を求めたりすることができる。比較的緩やかな制度に思われるが，TA6には，法廷弁護人を記載する欄があり，間接的に内容を法的に担保していると考えられる。

こうした取組みは，官と民の関係である土地利用規制を民と民の関係である不動産取引時のリスク情報の流通で補うものであり，規制と市場メカニズムの組み合わせによる効果を期待できるものである。

④水害保険

国の水害保険制度である Flood Re は2015年，高いリスクに直面している住宅の保険費用をカバーするために非営利のファンドとして設立され，その資金は保険料からストックされる。保険会社は，高リスクを有する住宅の保険の洪水リスク部分を Flood Re に移転する。この住宅の所有者が支払う保険料は固定資産税（council tax）の評価帯に基づいて上限が設定される。高リスク資産であっても，その所有者の資産の大きさに応じて水害保険の料率に上限を設定することで，市場原理の活用と社会制度としての保険のバランスを取ろうとするものである。Flood Re 導入以前は民間の保険会社が水害保険を提供し，水害リスクを反映した料率が設定されていたが，現在の制度では一律の料率となっている。

3 滋賀県の流域治水条例

滋賀県では2014年３月に「滋賀県流域治水の推進に関する条例」（以下，流域治水条例）が制定された。この条例は，①土地利用・建築規制，②水害リス

図8-7　滋賀県の水害リスクマネジメントの枠組み

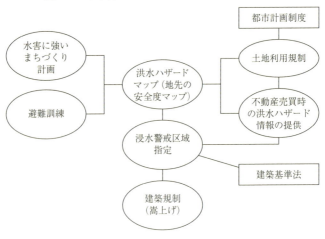

(出所)　筆者作成。

ク情報の開示，③不動産取引時の情報提供，④地域コミュニティの取組みなどの方策を総合的に推進するための枠組みとなる（図8-7）。以下に説明を加える。

①条例の概要

　流域治水条例は，「ながす，ためる，そなえる，とどめる」対策に自助・共助・公助で取り組み，総合的に流域治水を図ることを目的としている。「ながす」対策は降った雨を河川で安全に流すために必要となる河川整備を行う。「ためる」は，公園，グラウンド，建物等に降った雨を一時的にためて川への負担を軽減するための対策である。「そなえる」対策とは，洪水に備えた避難体制等を地域で取り組むなど，住民の自主的な行動を促し，地域防災力の向上を図る取組みである。地域住民，市町，県が協働して，「地先の安全度（内水氾濫も考慮した水害リスク評価指標）*」を基礎情報に，その地域に応じた水害対策への取組みが実施される（*「地先」とは，自分の居住地・所有地と地つづきでつながっている場所を示す）。そして，「とどめる」は，洪水が発生しても人命を守る事を優先し，まちづくりや家づくりの中で被害を最小限にとどめるための対策である。

　「とどめる」の手法として，浸水警戒区域の指定が定められている。「浸水警

戒区域は，建築基準法第39条第1項の規定による災害危険区域（条例第13条第1項）」の運用である。県では，県内で50箇所の浸水警戒区域の候補地を選定するとともに，そのうちの3カ所をモデル地区として重点的な取組みを行っている。そこでは，区域指定をめざして，「水害に強い地域づくり協議会」の住民ワーキンググループ（WG）の場を活用し，地区での住民WGにおいて地域の避難計画などの「そなえる」対策および安全な住まい方などの「とどめる」対策について具体的に議論を重ね，地区での合意形成を図った上で「水害に強い地域づくり計画」を策定することとしている。その後，条例第13条に基づき，区域指定案の縦覧，区域の住民および利害関係人からの意見書の提出，関係市町の長および滋賀県流域治水推進審議会の意見聴取の後に，区域指定が行われる。2017年9月段階で，米原市村居田地区において2017年1月の自治会の総会で決議され，今後滋賀県流域治水推進審議会を経て1つ目の浸水警戒区域が指定された。区域指定のフローを**図8-8**に示す。

②土地利用・建築規制の仕組み

土地利用規制については，基本的には都市計画法，同施行令，および昭和45年通達に準じて既存の都市計画制度の枠組みの中で実施されるが，条例では加えて区域区分について想定浸水深が0.5m以上である土地の区域を新たに市街化区域に含めないものとした（条例第24条）。条例は「地先の安全度マップ」に基づいて水害リスクを軽減する土地利用規制の推進力となることが期待されるが，基礎自治体に対して強制力はなく，実践は基礎自治体の判断に拠る。

建築規制は浸水警戒区域において実施される。「とどめる」対策において標榜される安全な住まい方を促進するために，作成した高精度の洪水ハザードマップである「地先の安全度マップ」に基づいて，200年確率の降雨による想定浸水深が3m以上となる区域について，浸水警戒区域の指定をめざしている。浸水警戒区域内においては，住居，社会福祉施設，学校，医療施設の用途に供する建築物の新築や増改築等の際には知事の許可が必要となる（条例第14条）。

浸水警戒区域内で知事の許可を得て建築行為を行うためには，求められる要件を満たさなければならない（条例第15条）。許可の基準となる要件とは，1以上の居室の床面または避難上有効な屋上の高さが想定水位以上であり，かつ，

第Ⅱ部　減災と防災まちづくり

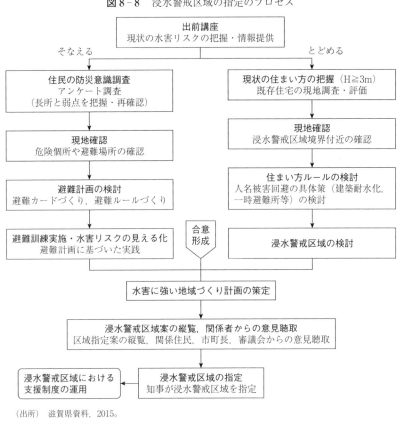

図8-8　浸水警戒区域の指定のプロセス

(出所)　滋賀県資料, 2015。

当該建築物の地盤面と想定水位との高低差が3m未満であるか, 想定水位下の主要構造部 (壁, 柱および梁のうち, 構造体力上主要な部分) が鉄筋コンクリート造または鉄骨造であることである。ただし, 同一の敷地内, または付近に上記に該当する建築物か避難場所を確保できれば, 許可を得ることもできる。

　浸水警戒区域に指定されれば, 県による宅地嵩上げ浸水対策促進事業または避難所整備事業が実施されることになっている。2016年8月時点での県による事業案によれば, 宅地嵩上げ浸水対策促進事業は, 浸水警戒区域内の既存住宅の改築 (建て替え) および増築時に, 地盤の嵩上げ (盛土, 法面保護) 工事, RC造, ピロティ化等の工事費用の助成を行うものであり, 1住宅あたり, 嵩

第8章　水害リスクとまちづくり

上げ等の標準工事費の2分の1（補助上限額400万円）が補助される。

③不動産取引における水害リスク情報の提供

同条例は宅地建物取引業者に対して，取り扱う宅地または建物に関し，売買，交換または賃借の契約が成立するまでの間に，相手方に対して当該宅地または建物が所在する地域の想定浸水深および水防法（昭和24年法律第193号）第14条第1項に規定する浸水想定区域に関する情報を提供する努力義務を課している（条例第29条）。

④避難計画と訓練

「そなえる」対策として，住民を中心とした避難計画の検討がある。県職員による出前講座で水害リスクに関する情報が提供され，住民は理解を深める。その後，地区内の危険箇所や過去の災害の履歴がワークショップやまち歩きで確認される。それらの情報に基づいて世帯ごとに「我が家の避難カード」が作成，避難計画が検討され，それらに基づいて避難訓練が行われる。一連の検討の中で，避難所や避難経路が安全でないと判断されると，より安全な避難所として使用するのに適当な既存施設があるかが調査される。実際に，検討プロセスの中で高齢者福祉施設を避難所として使用することが事業者との合意で決定された例もある。このような地域の活動に対して県と市が支援を行っている。

⑤その他の取組み

滋賀県は地元の銀行に働きかけ，建築規制に関しては，嵩上げ補助金，浸水警戒区域内で嵩上げなどに取り組もうとする場合には金利が優遇される住宅ローンが開発され売り出された。区域指定が進めば，このようなインセンティブも機能することが期待される。このような新たな方策が絶えず検討されており，制度を補完する取組みが継続されている。

5　水害に強いまちづくりに向けて

英仏では，国が水害リスクマネジメントの枠組みを，国全体，社会全体のシステムとして制度を設計している。他方，日本では国策としては総合治水対策の考え方が示され，各都道府県で条例を制定した取組みが進み始めているもの

139

の，英仏で行われているような総合的な制度はできていない。

　英仏の水害リスクマネジメントの制度と日本の水害対策を比較すると，最も大きな違いは，国の自然災害保険制度の有無である。国土交通省では以前公的水害保険の検討も行われたが，実現には至らなかった。災害保険については，リスクの程度が料率に反映されることによって減災効果が期待されるが，英仏どちらも一律の料率が設定されている。イギリスでは，将来的にリスクを料率に反映するシステムに移行することが検討されているが，当面は水害保険への加入率をあげていくことが先決となっているようである（Flood Re, 2017）。

　水害リスクの高い地域における土地利用・建築規制については，英仏では通常の都市計画の枠組みの中で行われている点が日本との違いである。すなわち，英仏では全国すみずみまで規制の対象となる。他方日本では，災害危険区域が設定されていない土地では規制が難しい。また，区域区分については，リスクのある土地を市街化区域に組み込まないという今後のリスク拡大を一定程度防ぐ効果しか期待できない。さらに，フランスでは，水害リスクを反映した基礎自治体の都市計画の策定にまで国が関わっている点で，制度的には土地利用・建築規制が徹底されている。

　日本では治水対策では先んじているが，水害リスクマネジメントという点ではまだまだ改善の余地がある。その中で，滋賀県の取組みは1つの方向性を示しているといえる。例えば，日本では不動産売買時の水害リスク情報の提供に関わる制度を県レベルで行っている。このような取組みは，買主に水害リスクを考慮した住まい方を促すものであり，長期的にみて水害リスクの軽減につながる。また，浸水警戒区域内の建築については禁止するのではなく，嵩上げを要求しその費用を補助するという現実的な施策をとっている。さらに，地域コミュニティの取組みを支援するとともに，やる気を引き出していくことも重要な方策であるが，フランスでは年に1度の住民会議が行われている程度で，イギリスではそのような活動は制度の中に含まれていない。他方日本では，地域コミュニティを重視した方策が多く実施されている。最後に，どのような方策をとるにしても，その基本となるのはハザード情報の開示と共有であり，それを最大限に活用する工夫をすれば，社会の様々な主体を巻き込んだ社会システム

としての水害リスクマネジメントの枠組みに一歩ずつ近づいていけるであろう。

引用参考文献

岩崎正洋，2011，『ガバナンス論の現在』勁草書房。

気象庁，2017，「アメダスで見た短時間強雨発生回数の長期変化について」（http://www. jma.go.jp/jma/kishou/info/heavyraintrend.html　2017年 9 月25日アクセス）。

木下冨雄，2016，『リスク・コミュニケーションの思想と技術』ナカニシヤ出版。

国土交通省，2017，「総合治水対策の仕組みと現状・効果」（http://www.mlit.go.jp/river/ shinngikai_blog/past_shinngikai/gaiyou/seisaku/sougouchisui/pdf/ 2 _2genjou.pdf 2017年 9 月25日アクセス）。

国土交通政策研究所，2008，「英・仏における防災土地利用と関連社会システム」http:// www.mlit.go.jp/common/000029071.pdf　（2017年11月20日アクセス）。

滋賀県資料，2015，『米原市村居田地区水害に強い地域づくり住民ＷＧ（2015.11.29）』。

損害保険事業総合研究所，2013，『諸外国の自然災害に対する保険制度の実態』。

損害保険料率算出機構，2017，『地震保険の基準料率のあらまし』。

馬場美智子・岡井有佳，2017，「日仏の水害対策のための土地利用・建築規制——滋賀県 の流域治水条例とフランスのPPRNを事例として」『都市計画学会論文集』。

DCLG, 2012a, "National Planning Policy Framework".

DCLG, 2012b, "Technical Guidance to the National Planning Policy Framework".

EA (Environment Agency), 2006, "Understanding Flood Risk; Using our Flood Map".

Fiselier & Oosterberg, 2004, "A quick scan of spatial measures and instruments for flood risk reduction in selected EU countries, " RIZA work document 2004.068x.

Flood Re, 2017, 'About Flood Re', https://www.floodre.co.uk/industry/about-us/（2017年 9 月25日アクセス）

Inspection Général des Finances, Conseil Général des Ponts et Chaussées, Inspection Général de l'Environnement., 2005, "Mission d'enquête sur le régime d'indemnisation des victimes de catastrophes naturelles, Rapport de Synthese".

MEDAD (Ministère de l'Ecologie, du Dévelopment et de l'Aménagement Durables), 2006, "Le fonds de prévention des risques naturels majeurs (FPRNM)".

MISILL, MEFI et MEDD, 2005, "Circulaire InterministérielleDPPR/SDPRM N° 05-01 du 23 février 2005".

OECD, 2006, "OECD Studies in Risk Management France".

ODPM (Office of the Deputy Prime Minister), 2005, "The Planning System General Principles".

Standards New Zealand, 2009, "AS/NZS ISO 31000: 2009".

（馬場美智子）

第Ⅲ部

被災者支援と災害復興

第9章　避難生活支援からはじまる復興プロセスと
そのプランニング

1　地域の復興プロセスを概観する

1　一連の復興プロセスとして意識してみる

　東日本大震災の被災地では，防災集団移転促進事業や区画整理によって住宅再生へ向けた宅地造成が進みつつあり，徐々に住宅も建設されつつある。平行して自力での住宅再建が困難である世帯を対象とした災害公営住宅への入居も進んでいる。しかしながら，被災規模があまりに甚大であったことで，それまでの暮らしと大きく異なる住環境，生活環境が生まれつつあり，地域をどのように再生していくのかについては未だ不透明な状況にもみえる。そういった現状を踏まえつつ，住宅の再建と地域の再生の関係について，筆者が13年前の発生以降，継続的に関与してきた新潟県中越地震被災地における被災直後からの復旧・復興プロセスを紹介したい。

　中越地震の被災地では，被災集落単独でみれば人口減少は震災からの復旧・復興プロセスで従来以上に加速している。一方で地域の活力は震災前より上がっているように見受けられるとする向きも多い。地域の状況はいろいろと変化するものではあるが，現在は人口減少が進んでも暮らしそのものは新生・再生されつつあるといえよう。その辺りの要因を，一連のプロセスを振り返ることで明らかにしてみたい。特に従前の地域社会においてコミュニティが機能し，それを震災後の復興プロセスにも上手に活かせるような地域，例えば東日本大震災や熊本地震の被災地，今後の発生が予想される南海トラフ巨大地震の被災想定エリアの中でも沿岸部や中山間地域にとっては重要な視点となるはずである。

第Ⅲ部　被災者支援と災害復興

2　避難所の生活も復興プロセスの一部

　まずは復興居住地計画がどこから始まるのかについて考えてみる。最も望ましいのは，大きな被害を受けた地区・集落の多くの人々が避難直後から一緒になって今後のことを考えられる状況を用意しておくことである。特に，従前居住地が，ただ住宅のある場所ではなく，様々な生業が存在し，それらが一体となって暮らしを形成している場合はなおさらである。一般的には「コミュニティ」とくくられがちであるが，それはたまたま居住地を同じくし，居住年数が長くなると共に結果的に関係が深くなっていくようなケースの場合でも，もちろんそのような対応はそれなりに有効（近所づきあいが仮設での生活をフォローアップする役割を果たす）ではあるが，やはり中越地震の被災地や東日本大震災被災地のうち，沿岸漁村部などでは極めて重要である。

　被災地では非日常の事態が次々と発生する。当面はそこから発生する課題を1つずつ解決することが最優先となり，先のことは考えられない，もしくは考えたくないという状況が継続する。それでも，いつでも地域の多くの人と議論ができたり，支えあいができたりする環境は早く用意されるに越したことはない。個人，世帯の復旧・復興だけでなく，暮らしの場の復興も視野に入れた住宅再建やその居住地計画とするための議論が継続できるように，避難所以降の環境をどのように準備していくのかということはとても重要である。

　新潟県中越地震において大きな被害を受けた旧山古志村では，村外とつながる幹線道路が土砂崩れ等によってほぼすべて通行できなくなり，いわゆる孤立状態に陥った。その状況を目の当たりにした当時の村長は，全村避難という決断を下している。数日後，旧山古志村民はすべて隣接する長岡市へと避難をすることとなった。それ以外にも近接する小千谷市や川口町などでも同様の避難が行われている。

　避難指示が継続し，従前居住地に戻ることに対する制約がある中での避難所生活となったが，避難直後はとりあえず提供された避難所にばらばらに避難していた村民が，ある時点で集落ごとの避難生活に移行するべく，引っ越しによって再編成を行っている。震災当時，14集落，約2200人の人口にすぎない小さな山村であっても，個別バラバラにヘリコプターで孤立集落から救出され，避

146

難所として開放された公共施設に入ることになってしまい，普段から付き合いのある集落住民以外の人と隣り合わせになったことが，緊張感を生じさせてしまったのである。大変労力を伴う作業にはなったものの，避難所の再編成によって，地域の被害状況に応じたその後の対応策などを，地域住民が話し合える環境が整うことになる。大災害の発生時には，まず命を守らねばならないのは当然だが，場合によっては，とにかく安全な避難場所，避難所へ行くことに加え，誰とどこに避難するのかがもつ影響も，それなりに大きいのである。

　なお，地域でまとまって復旧・復興の姿を考える必要性は行政当局も実感しており（実感していたからこそ再編成が行われたともいえる），仮設住宅の建設計画策定にも生かされている。

2　重要な１ステップとなる仮設住宅計画

［１］供給を量だけでなく質も踏まえて考える

　東日本大震災の被災地では最終的に約６万戸の仮設住宅が建設された。政府等の強い要請もあり，また長期に及ぶ避難所での避難生活環境の悪化も進んでいたことから，とにかく早急に仮設住宅を建設し，入居を促進することが当面の目標に設定された。早く安心できる住まいに移り住むことの心理的効果は大きいのは確かだが，暮らしの再建という立場から考えたとき，数（量）をとにかく確保し，仮設住宅入居をとにかく早く進めることが目標とされたことは，よい影響をその後のプロセスに与えたといえるのだろうか。その後，東日本大震災被災地において，従来の被災地に比べて大幅に増加した借り上げ仮設住宅（民間賃貸住宅への仮設住宅としての入居）の実状なども報告されているが，ここではまず，プレハブ仮設住宅を計画する際に考えておくべきことを整理してみたい。

　まず，新潟県中越地震被災地での仮設住宅の計画および入居の状況を整理する。仮設住宅の建設計画は市町村ではなく新潟県によって策定されているが，阪神・淡路大震災被災地に建設された仮設住宅で発生した様々な課題と教訓が十分に反映されたものとなっている。とにかく量としての仮設住宅を早く確保

第Ⅲ部　被災者支援と災害復興

することを優先させ，いわゆる災害時要支援者に該当するようなお年寄りや障害をもった方などを優先して入居を進めた結果，孤立死等が発生してしまった事態を回避するように，十分な配慮がなされたのである。「仮の住まい」ではあるが，そこにあるのは「仮の暮らし」ではないという意識のもと，計画されたといえるだろう。

　選定された立地は旧山古志村での居住環境とは全く異なる，長岡ニュータウン内の未分譲地であった。整然と戸建住宅が並び建つニュータウン内に突如高密な仮設住宅が建ち並ぶこととなったが，村民が暮らしにくさを感じたかといえばそうではない。そこには多くの計画上の工夫が凝らされていた。まずは集落ごとにまとまって入居できるような配置計画であったことがあげられる。これは他の自治体においても，特に中山間地集落の被災者に対しては同様の措置が取られている。

　旧山古志村の場合，14の集落が3つの団地に分散することとなったが，比較的被害も軽微で，かつ世帯数の大きな2つの集落については，それぞれ単独で仮設住宅団地が形成されている。これらの集落は道路復旧やインフラの復旧後，早期のうちに帰村が可能となる集落でもあったため，団地の環境としては他の集落が入居したものよりも高密でかつ，暮らしを支える他の生活関連施設の併設などは行われていない（ただし，集会所は設けられている）。

　集落ごとに仮設住宅を配置しただけではなく，村では隣り合って入居する世帯の構成についても，一定の配慮を行っている。東日本大震災と被災規模が桁違い（中越地震の被災地全体では3460戸の仮設住宅が建設されている）であったことから実現できたともいえるが，仮設住宅の提供と入居のプロセスを，ただ量の確保と供給という問題にとどめず，暮らしの再建の一里塚として丁寧に検討を重ねたことが，その後の復興住居地計画，さらには住宅再建後の様々な地域再生への動きにも生かされることになった。なお，被害が甚大な6集落を含む形で計画された最も大規模な仮設団地には，村内の診療所や郵便局，駐在所も一緒に移設，配置され，空間としては仮設ではあるものの，暮らしの継続を意識したものとなっており，入居者は震災発生前の暮らしにそれなりに近い形で入居期間を過ごすことができたといえる。

148

第9章 避難生活支援からはじまる復興プロセスとそのプランニング

② 被災住民のもともとの生活環境を踏まえて計画する

　住民は従前の居住地において稲作の他，住宅近傍で畑作も行っていた。非販売農家が多くを占める村内においては，経済活動としての営みではなく，自分で作った食べ物を口に入れること，さらにいえば土に触れることそのものが生活の重要な構成要素であったことを意味している。そのことをふまえ，仮設住宅団地に近接した未開発の宅地が一時的に入居者に提供され，仮の畑として利用された。各住戸内に閉じこもることなく，春から秋の期間は畑にでることで平常に似た生活スタイルが実現しただけでなく，その畑から収穫された野菜の味が山古志のそれと異なることで，「やっぱり山古志がいい」と故郷を大切に思う感情を整える役割も担ったともいえる。

　この仮設住宅団地には集会所も設置されていたが，特に積雪期（冬季）には女性を中心とした「お茶の間」として自発的に利用されてきたのも，こういった団地の環境がもたらしたものである。このような考え方は「仮設集落」という概念として，山古志の集落再生に携わった都市計画プランナーたちの助言によって，東日本大震災被災地でも陸前高田市長洞地区において展開されている。なお，旧山古志村の場合，これらの計画に若干の時間を要したため，スピードを第一に考えたケースよりも，仮設住宅への入居が後ろにずれ込み，震災発生から約2カ月が経過した2004年末の一斉入居となっている。建設および入居が遅れることに関しては，行政が住民に対し，目処と目論見を丁寧に提示することで乗り切っている。1週間，1カ月の時間を短縮することよりも，その後の復興に至る議論や計画のプロセスを視野に入れて「急がば回れ」で対応が進んできたのである。

3　住まいの再建と暮らしの再建

① 自分自身の選択だけではない住宅再建への道のり

　東日本大震災の被災地では単独での自力再建が難しい状況が長期間に及んだ。津波によって破壊された防潮堤などはまだ復旧しておらず（そもそも高さの決定にも相当の時間を要した），地震の影響で地盤が沈下し，防潮堤もないことか

149

第Ⅲ部 被災者支援と災害復興

ら，潮の満ち引きなどによって冠水する道路や土地も多かった。応急的な対応はなされたものの，再建するための基盤整備にはほど遠く，個別判断では住宅再建に踏み切れない状況が続いた。また，宮城県内を中心に，安全なまちの再建をめざして都市計画事業などを活用した復旧・復興を進めるために，事業区域を定めるまでは建築行為を制限する建築基準法84条の指定を受けた地域や，建築基準法39条によって災害危険区域に指定され，住宅建設ができなくなる可能性の高い場所も多かった。個人で現地を含む適地を選定して住宅再建を進めるというのはよほど資金力のある世帯でないと難しかったといえるだろう。

さらにいえば，資金力があったとしても地域がどのような状況で復旧していくのかといった青写真，目論見が全く見えない中では，現地もしくは現地近傍での速やかな自力再建は，こと住宅に関してはほぼ不可能であった。再建に踏み切れたのは居住用途を有さず，かつ早期の再建，操業再開が利益となる企業の各種施設くらいであったといえる。そうなれば，水産業や各種産業が立地するエリアはともかく，中山間地域や沿岸漁村地域では，再建資金の確保などと合わせて，復・復興に向けたスピードは鈍化せざるを得ず，仮の暮らしが長期化することになる。

［2］ 復興公営住宅の提供をどう進めるか

生活基盤を復旧するために必要な事業が膨大となり，工事完了までには多くの時間を要する。その影響を受け，被災地がどのような姿となるのかを含め，生活再建の見通しを立てることが難しい状況が続けば，どのように住まいの再建をするかと問われたときに，どちらかというと消極的な立場から公営住宅への入居を希望するという回答が多くなるのもまた当然である。実際，宮城，岩手両県で建設される公営住宅は 2 万1539戸にのぼり，防災集団移転促進事業などで提供される予定の民間住宅等用地 2 万1770戸とほぼ同規模である。両県における被災地で建設される新たな住まいの半分が公営住宅という状況である。被災自治体からみれば，公営住宅の建設は国による復興交付金によってほぼすべてがまかなわれるため，少ない予算で被災者に住宅を提供できることになる。

自力再建が難しいけれども被災地に暮らし続けたいという世帯の願いに応え

ることができるほか，人口・世帯減少の加速に歯止めをかける効果は期待されるものの，これも仮設住宅と同様，早期に大量の住宅を供給することを優先した影響で，立地が悪くなった住宅では，当初入居者が退去した後，空き家のままとなる可能性も高い。当面は特に大きな問題とならないかもしれないが，維持管理の責任は立地している自治体が負うことになる。さらに災害公営住宅としての家賃減免の期間が過ぎたとしても，当初入居者が自力再建が困難な層である以上，何らかの家賃減免措置が継続する割合が大きくならざるを得ない。それらのことも踏まえた上で，量と質の十分な検討と将来的な見通しは各方面で共有しておくことが必要となる。

　ここでも新潟県中越地震の被災地，特に中山間地に位置する農村集落等で建設された公営住宅の計画過程，およびその後の状況について紹介したい。市街地には中層で集合住宅形式の災害公営住宅も建設されたが，集落などでは一棟につき2戸といった小規模の公営住宅も多く建設されている。集落内で公営住宅を希望する数が少なかったことも1つの要因であるが，なるべく集落での暮らし方に近い形で公営住宅も提供しようという意向が働いてもいる。代表的なものは旧山古志村で建設された公営住宅である。農村景観にも配慮しつつ，積雪期の暮らしやすさにも配慮した，木造の公営住宅が建設されている。それらは竹沢小学校跡地にまとめて建設されたほか，集落再生計画を策定し，居住空間の再編を行った集落の場合，集落内で自力再建をした住宅に近接して建設されている。

　旧山古志村の場合，被害の大きかった集落再建には，防災集団移転促進事業ではなく，小規模住宅地区等改良事業を活用している。この事業を施行する場合，従前の住宅が不良であることが前提となる。この場合は住宅被害の軽重にかかわらず，いったんすべての住宅を取り壊す必要があるものの，対象区域内に公営住宅を建設することができるという利点を活用したものである。ただし，あくまでも自力再建を原則として，公営住宅の建設戸数は必要最低限に抑えられた。先述のように，当初入居者が退去した後のことを考えての対応である。そのため，再建意向を各世帯が表明した後も，自治体職員によって丁寧な自力再建能力の確認が行われたほか，地域のリーダーとも話し合いながら最終的な

第Ⅲ部　被災者支援と災害復興

建設戸数が決定されてきた。

［3］仮設住宅入居期間に話し合いが継続してできることの意義

　それが可能となったのは先述のように仮設住宅での生活が空間としては仮でも，日々のなりわいとしては従前地でのそれと近くなるように配慮されたことも大きい。なお，旧川口町でも集落近傍には同様の公営住宅が建設されている。旧山古志村ほどの丁寧な対応がとられているわけではないが，町（当時）としては，当初意向の7割程度が実際の入居世帯であろうという予測のもと，計画策定を進めていたという。結果，ほぼその予想通りとなっている。

　旧山古志村や旧川口町に建設された公営住宅は，建設から5年以上が経過した時点で，当初入居者が死去などに伴い退去し，新たな入居者へと代わっているものもある。空き室も複数発生しているが，当初入居者がいなくなるとそのまま空き室となる，という状況でもない。長岡市との合併後は，市域全体の公営住宅管理運営の枠組みに組み込まれているばかりか，すでに一般公営住宅として取り扱われていることから，本来は市域全体から入居希望者が応募可能な状況である。しかしながら旧山古志村の公営住宅には，旧山古志村出身もしくは在住の世帯が新規入居をしている。この背景には，ある程度，合併地域における入居者選定の裁量が，旧村役場に設置されている支所にゆだねられていることなどがある。これは旧川口町の集落部に立地している公営住宅でも同様である。ただし，いわゆる正規の公営住宅の入居者募集プロセスとは異なっている部分も多い。その是非は改めて検討する必要はあるが，実情に応じて配慮ができるような運用方法は，被災地の公営住宅だけでなく，人口減少が進み，空き家の増加する地方では今後検討すべき事柄でもある。

4　居住地の再生と地域の復興をどう関連づけるべきか

［1］再建を促すための事業はどう選ばれるか

　東日本大震災の被災地でも，住まいの再建のための居住地計画に防災集団移転促進事業が活用されている。津波被災地の移転再建を伴う計画を検討する場

152

第9章　避難生活支援からはじまる復興プロセスとそのプランニング

合，将来的な津波による被害軽減を重視すれば当然住宅地を高台に計画することになる。しかしながら沿岸漁村集落では，多くの人の生業が海と密接に関わっている。住まいの再建のみならず，暮らしの再建，再生のためには，その海との関わりを維持，向上させることもまた重要である。その点からみれば，高台移転は暮らしの再建という視点からみると，当初から厳しいスタートラインを設定していることになる。それはすなわち地域の再生を図る上でも困難な状況である。

　それでも住宅再建に際して，全域的に高台移転が志向されたのにはいくつかの理由を挙げることができるだろう。第一にはやはり被災経験からくる住民の感情である。あれだけの津波，そして何もかも失ってしまった被害状況を踏まえれば，二度とそのような被害を受けたくないと考えるのは当然である。特に被災直後にはその傾向が強く，計画策定時の意向に影響を与えることになる。二つ目としては行政による復旧・復興支援事業の妥当性である。かなりの予算を必要とする再建事業となることもあり，将来的な危険が想定されるところへの移転再建を支援することへの批判も想定されることから，住民の安全性のみならず，行政施策としてより安全な高台移転が選択されることになる。

　ひと口に居住地再建支援といっても膨大な事業数となり，予算を自治体単独で確保するのは困難である。国による復興交付金によって原則自治体負担なしで移転用地の造成等が可能となれば，それらの事業活用が前提となってしまう。さらにはいったん予算化されてしまった事業は，修正や抜本的な見直しが難しい（本当はそうでもないはずだが）。

　防災集団移転促進事業の場合，移転先には住宅が建設されるが，暮らしを支える様々な施設の設置は事業による補助対象外である。効果促進事業などで補うメニューは用意されているとはいえ，場所の移動が生業との関わり方を大きくかえてしまうことには変わりがない。沿岸漁村集落の暮らしを考えれば，住まいの再建だけでそのまま暮らしの再建には結びつかないのは明らかである。生業との関係や，暮らしを支える様々なしくみをどう確保するのかの検討が，計画策定時に配慮できないことで，結果として地域の復興を阻害する可能性もあることは意識しておきたい。

第Ⅲ部　被災者支援と災害復興

2　安全性の確保と生活環境の再生とは対立するのか

　また，各地で防潮堤も計画されているが，海に近く，浸水被害が甚大であったエリアは，防潮堤という対策が講じられた上で，さらに災害危険区域に指定され，利用が制限されることになる。建築制限に関しては，自治体条例で具体的な内容を決定できることから，漁業関連施設等の建築を認めるケースもあるが，リスクの明示と共有，そして的確な避難計画をセットにしつつ，暮らしの再建に必要な土地利用ができるような浸水エリアの取り扱いまでが検討されても良いはずである。リスクが許容できるのであれば，暮らしの再建場所は，なにも絶対的に安全とされる高台だけではないはずである。

3　あるべき姿に近づくために事業を施行する

　新潟県中越地震の被災地である旧山古志村では，現地再建も可能な小規模住宅地区改良事業を採用して，6つの集落が暮らしの再建を図った。当然住宅再建が主目的であるが，これまで以上に高齢化，過疎化が進むことも受け入れた上で，少ない労力を上手に活用することで，持続的に生活ができるような空間構成が採用されている。

　住まいの再建にとどまらない，生業と一体化した「山の暮らし」の再生は，地域の魅力を改めて磨くこととともなり，被災地内外との交流を生み出してもいる。但し，世帯数の減少は著しく，例えば楢木集落では従前は29世帯で構成されていたが，事業に参加し小学校跡地に移転再建した世帯は，その土地を所有する隣接の池谷集落の住民を含めて14世帯（うち公営住宅2世帯）にとどまっている。ただし，その少なくなった世帯数に見合った再建計画をとりまとめている。集落の空間構成は維持されたまま，世帯数だけが減少してしまう，過疎状態の再現にはならず，14世帯で自立，完結できる空間構成が実現しているのである。

　この地区は冬期の積雪量が3メートルを超えることも多く，冬期間の除排雪は地域で暮らし続けようとしたときに，地域住民が提供しなくてはならない手間であり，それがかなりの負担となっている。除雪車等による除排雪を容易にし，そこに暮らす住民も，自宅敷地の除排雪が最低限に抑えられるような集落

第9章　避難生活支援からはじまる復興プロセスとそのプランニング

形態を取ることができたことは，世帯減少が進む中，「コンパクトビレッジ」を実現し，持続性を高める効果をもたらしている。

　人口減少，高齢化はすでに全国的な傾向であり，その対策が求められている。地域の実情，そして将来像をきちんと踏まえた上で，ただ元に戻すという思考停止の状態で各種施策が計画されることは，やはり避けられるべきだろう。

5　復旧・復興プロセスは「タイミング」「時機」も大切

1 「タイミング」をふまえること

　最近，防災に関わる分野では「タイムライン」という言葉をよく聞くようになった。行政や企業などが災害対策を検討する際，事前の備えや災害直後の復旧プロセスを，時間の概念を含めて整理しておくことで，それぞれの対応，対策をタイミングよく展開したり，対応に不備がないかチェックしたりするために導入されつつある。

　従来，こういった災害対策は，例えば行政であれば地域防災計画を策定し，そこに対応業務が併記される形であったものから，もう一歩踏み込んだ取組みであるといえる。この考え方は特に水害対策に活用されている。そもそも2005年8月に米国南部に甚大な被害を及ぼした，ハリケーン・カトリーナにおける災害対応を契機として米国で整備充実が図られたものある。それがわが国の研究者等によって導入され，国の実情に合った調整が施されて現在に至るものである。国土交通省も，2016年8月に水災害を対象としたタイムライン策定活用指針を定めるなど，多岐にわたる災害対応には「タイミング」も重要である，ということが認識されつつあるといえる。

　水災害の場合，例えば洪水であれば河川水位や流域の降雨の状況を基準としながら順次対応を進めていくという点で，タイムラインという概念との親和性が高い。一方で，地震災害など，発生するまでの対応はなかなか難しく，発生後に適切な対応が求められる類いの災害では，一部で検討は始まっているものの，十分な成果が得られているわけではない。しかし，地震災害の場合も，住民の生活環境が大きな被害を受けた場合には，どのようなスケジュールで復

155

第Ⅲ部　被災者支援と災害復興

旧・復興を進めていくのかを考えると，施策のタイミングや，その順序，それぞれの関係を考慮することは重要であり，タイムラインの概念をそちら側に拡張させていく動きはあっても良い。

　国が中心となって進める災害時の復旧事業などではその完了期限などを定めることでおおよその時間的めどを示す仕組みが組み込まれているが，一連のプロセスとしての時間軸のとり方も必要となりつつある。

②　熊本地震の復旧・復興の進み方と東日本大震災

　ここではそういった視点から，2016年4月に発生した熊本地震の被災地における復旧・復興の進み方，進め方を考えてみたい。その際に，これまでと同様，2004年10月に発生した新潟県中越地震の復旧・復興プロセスを参考にしていきたいと思う。近年の巨大地震災害といえば2011年3月に発生した東日本大震災がまずは思い浮かぶ。また地震災害からの復旧・復興という視点からの参考事例として，やはり1995年1月に発生した阪神・淡路大震災で得られた知見は有用であることは間違いない。しかしあえてまた新潟県中越地震をここでは補助線に用いてみることとする。それは直下型地震であることや，強い余震の継続で多くの避難者が発生したこと，中山間地域の集落が大きな被害を受けたこと，などの類似点が存在していることによる。

　熊本県内の被災地には，東日本大震災の被災自治体から，数多くの行政職員が応援に駆けつけ，被災者への対応，災害復旧事業の進展に日々尽力している。たしかに東日本大震災における被災地では，災害復旧は目処が立ってきているものの，地域の再生を含む復興の取組みは現在進行形の状況で，並行して熊本の支援を進めている。東日本大震災の復旧・復興過程で得られた様々な経験が，直接当事者により熊本の被災地に持ち込まれていることによって，業務が円滑に進められていると予想される。その一方で，津波がもたらした壊滅的な被害とそこからの復旧，そして復興のプロセスはとてつもなく長い道のりとなっている。また，各種施策を進めるタイミングは津波による被災と地震による被災では異なる面もある。面的な被害が出ているとはいえ，地域の中には建物が残存し，生活の基盤が失われていない部分が少なからずある熊本の被災地とは異

第9章　避難生活支援からはじまる復興プロセスとそのプランニング

なる部分も多く，その点においても，もしかすると他の地震被災地の復興もまた参考になるのではないかと思うのである。

［3］仮設住宅の計画における他施策の影響

　熊本地震の被災地では16市町村で110の仮設団地が設けられ，そこに4303戸の仮設住宅が提供されている。震災から7カ月が経過した2016年11月14日に，すべての仮設住宅が完成，入居が完了している。ちなみに，新潟県中越地震の被災地では64団地，3460戸の仮設住宅が提供された。その際，最後に仮設住宅に入居したのは村域全体が避難指示対象地域となった旧山古志村の住民であるが，それは震災から2カ月強が経過した2004年の年末である。

　熊本の場合，なぜ全員の入居完了までに7カ月を要したのだろうか。それにはいくつかの理由が考えられる。1つ目は，入居要件の緩和によって需要の把握が複雑になったことである。半壊の被害認定を受けた世帯であっても，住宅を解体する場合には当然仮の住居が必要となるため，仮設住宅への入居が認められることとなり，その判断をした世帯からの申し込みを受け付ける方針が国によって震災から1カ月後に示された。住宅を修復するか，再建するかを悩んでいた半壊認定の被災者の相当数が，住宅解体，再建の判断を下した影響である。

　2つ目は，民間賃貸住宅への一時的入居を認める「みなし仮設」への入居希望者が多くなり，需要の把握が困難になったことである。熊本市などの都市部に暮らす住民は，例えばサラリーマン家庭の場合，その居住地選択は勤務地への通勤のしやすさや子育て環境，生活環境などに応じて柔軟に変更することが可能であり，これは農業従事者などとは大きく異なる。従前の居住地周辺に建設される仮設住宅に入居するよりも，民間の賃貸住宅の方が，却って利便性が高い環境となる可能性もある。被災者の事情に合わせた仮暮らしの選択を可能とするこの対応は，大変効果があったのは確かだが，仮設住宅の建設計画に対しては不確定な要素が多くなったともいえる。

　最後の理由としては，立地の選定である。東日本大震災の被災地では，低地部の多くは津波の浸水被害を受け，利用ができないほか，まとまった高台の土

157

第Ⅲ部　被災者支援と災害復興

地を探すのが大変難しく，結果として小学校や中学校のグラウンドに多くの仮設住宅が建設された。集落住民がまとまって入居することはできたものの，震災から6年が経過しても，まだグラウンドに仮設住宅が残存している。震災後に小学校に入学した児童が，校舎に隣接するグラウンドで一度も活動をすることなく卒業を迎える事態にもなっている。そこまで極端ではないにしろ，学校の早期正常再開は地域にとっても重要であることから，学校のグラウンドに立地するのをなるべく回避し，それ以外の公有地を手当てするのに時間を要したといえる。さらには，集落単位での建設を計画した場合，民地の借り上げによって建設用地を確保したことも要因の1つだろう。民地の場合，2年の入居期限が過ぎた後に土地の返還を求められるリスクもあるとはいえ，仮暮らし期間をどのように過ごすのかを考えると，丁寧に検討が進められたといえる。しかし，本来は早急に提供されるべき仮設住宅の提供が，半年以上の時間を必要としたことで，生活再建を伴う地域の復興に必要な時間がどんどん間延びしていく危険性があることは指摘しておくべきであろう。

④ 仮設入居期間を復旧・復興プロセスの一部として捉える

　新潟県中越地震の被災地の場合にも，民間賃貸住宅をみなし仮設として利用することは可能であった。しかしながら利用実態はほとんど無い。仮設入居者がそういった物件を借りようとした場合，その時点で空き室となっており，かつみなし仮設としての条件に見合ったものはほとんどなかった。さらには室内の環境があまり良くないものばかりで，内見をした時点で申請をあきらめる被災者が多かったのである。

　また，避難指示が発令されていたことによって，地域を離れた場所に仮設住宅を提供されたような被災者は，地域コミュニティへの配慮が入居計画時に施されている仮設住宅のほうが，2年間の「仮住まい」としては好ましいと判断されたといえる。入居に際しては，特に中山間地域の集落から仮設に入居する場合，先述のように集落単位での入居に配慮するだけでなく，隣接する世帯をどう配置するのかについても十分な検討がなされている（特に旧山古志村では）。それは，仮設住宅入居期間であっても，生活が継続されていくことにかわりは

なく，なるべく住み慣れたこれまでの暮らしに近い環境を提供しようという配慮に基づくものであり，それは阪神・淡路大震災で，もともとの居住地とは関係なく，高齢者や配慮の必要な世帯を，早く完成した仮設住宅に優先的に入居させたことによって引き起こされた様々な課題を受けての対応である。その配慮を計画に組み込んだことで，3500棟弱の仮設住宅であればもっと早期に建設および入居完了にこぎつけることができたにもかかわらず，結果的には2カ月を要したのである。

　これらの事例を比較すると，やはり仮の住まい，仮の暮らしをどのように捉え，さらには住まいの再建，地域の再生を進めていこうとするのかという意図が，それなりに反映されているといえる。ただタイムラインを短くするだけでなく，検討が必要な部分には十分に時間をかける，ともいえるだろうか。

　熊本地震で最も被害の大きかった益城町に設置されたテクノ仮設団地は，500世帯を超える大規模仮設団地である。入居者で構成する自治会の設立支援が行われているだけでなく，建築家が設計した集会所も複数設置されるなど，そこでの暮らしを良いものにしていこうという配慮がなされている。もちろん個別世帯の生活再建プロセスにおいては確かに良い方に機能するが，例えば従前の居住環境が，地域コミュニティとの密接な関わり合いの上に成立していたような入居者の場合，新たに隣人となる人々と自治組織を一から作り上げるよりも，もともとのコミュニティに接続しながら仮の暮らしを継続することが，生活再建の近道であることも考えられる。

　現に筆者が何度か懇談を行っている西原村のある集落から仮設住宅に入居している被災者は，仮設の集会所で話し合いを行った後，改めて地域に元からある集会所に場所を移してその後の懇親を図っている。被災者，被災世帯にフォーカスした施策が自然災害時には大前提ではあるが，新たなコミュニティをつくろうとするだけでなく，これまでのコミュニティを大切に復旧・復興を進めていくことも大切であり，両者では施策のタイミングや進め方も異なっているはずである。その観点からすると，特に復旧・復興のタイムラインは，施策の順番だけでなく，やはりタイミングと得られる効果が対になって整理されていかなくてはならないのである。

第Ⅲ部　被災者支援と災害復興

5 よかれと思ったことが必ずしも想像通りの効果を生まないこともある

　一方で被災した住宅の解体はそこまでの進捗状況ではない。熊本地震の被災地では被害を受けた家屋の解体を公費によってまかなう施策が被災地全体で展開されている。新潟県中越地震の被災地では一部の自治体に限られたこの取組は，被災者の生活再建へのハードルを下げる施策として位置づけることができるが，2017年1月19日現在で熊本県が公表している資料をみると，2016年12月末の時点で解体を想定しているのは3万3078棟，そのうち公費解体の申請が済んでいるものが2万9363棟，そして解体済みとなっているのが1万1594棟となっており，進捗率としては計画棟数に対して35.1％となっている。被害認定調査の結果としては，熊本地震においては全壊が8241棟，半壊が2万5663棟となっている。統計の取り方として，熊本市では罹災証明をベースとした算定が行われているため，マンションやアパートなど集合住宅形式の建物が複数含まれていることや，母屋や納屋なども含めて解体件数を1とカウントしていることなど，一概に論じることはできないものの，今回の公費解体は半壊以上の被害を受けたかなりの建物が解体されるということになる。

　なお，解体にあたっては，災害廃棄物の分別処理を徹底し，再利用率の目標値を70％と定めて取組みが進められている。結果として，環境負荷を低減しながら復旧・復興を進めていくことができる状況は整えられている一方で，どうしても大量の解体工事が必要となることで，解体がすべて終わるまでの時間が災害発生から2年間と定められている（熊本県災害廃棄物処理実行計画による）。むろん解体そのものはそれよりも早期に実施されることとなるだろうが，かなりの時間が必要となることは確かである。

　家屋等の解体が遅れることは，その後の住宅再建に際しても，災害復旧工事にも影響し，また住宅を再建するための基盤整備にもそれなりの時間を要することになろう。本来，災害救助法が定める仮設住宅の入居期限は，入居から2年間であり，災害復旧工事の事業期間も3年間である。限られた時間の中で，再建に踏み出すまでの状況にたどりつくために，多くの時間を必要とすることになってしまっている気がする。災害廃棄物の分別は，東日本大震災の被災地でも取り組まれ，その作業には被災者も従事することで収入を確保するなど，

多様な効果を上げている。今後はこれらが災害後の対応のスタンダードになると思われるが，そもそもそこまでの住宅を壊す必要があったのか，住宅を壊すことが復興への近道なのかについては，結論を出すまでにはもう少し議論が必要であると思う。

6 復興までの道のりをどう描くか

1 間延びするタイムラインをどう捉えるか

　地元紙である熊本日日新聞が，前震とされる2017年4月14日の地震から半年が経過した10月14日付の朝刊で，被災した自治体首長インタビューの結果をまとめている。そこでは，復興までに要する年数として4〜6年が必要であるとする回答が最も多く（16市町村中10市町村の首長が回答）なっている。先に触れた益城町では，最も長い10年が必要であるとし，益城町に隣接し，農業を主体とする集落部でも大きな被害を受けた西原村では，4〜6年との回答である。なお，この4〜6年というのが首長の回答としては最も多くなっている。

　この回答結果は，地域によって異なる被害状況を反映しているとみることもできるが，「復興」という言葉は多様な解釈が可能でもある。たとえば道路が復旧した時点でも復興したと感じたというケースが，中越地震被災地で震災から8年が経過した時点で地域のリーダー（自治会長・区長など）を対象にしたアンケート結果から明らかとなっている。それ以外に，農地が復旧したときという回答も多くなっている。

　これらのことを勘案すると，今回のインタビューで回答した首長が，「復興」をどのように考えているのかを合わせて見ておいた方が良いだろう。例えば，益城町の西村博則町長は，「町民一人ひとりの復興が実現できたとき」と復興の時期を見定めている。隣接する西原村の日置和彦村長は，「住民が仮設住宅から出て生活を取り戻し，現在仮設住宅団地として提供している公有地に当初計画していた運動公園を完成できたとき」が完全復興であると，もう少し具体的な区切りを復興の時期として位置づけている。

　ここであらためて「復興」の区切りとそれまでの時間について考えてみたい。

第Ⅲ部　被災者支援と災害復興

町民一人ひとりの復興の目処を10年と位置づけるのは，例えばこれまでの大地震の被災地において，復興計画の計画年度が10年間で設定されるケースが多いことなどを考えると，住宅再建だけでなく，そこでの暮らし向きが，震災前の状況に戻るまでのプロセスを考えているといえるだろう。一方で少し気になるのが，仮設住宅を出て生活を取り戻す時点を，復興の目処だとしている西原村である。

　本来，災害救助法によって定められている被災者への仮住まいの提供としての仮設住宅は，入居から２年間をその利用期限としている。すでに仮設入居が完了しているため，延長をしない限り2018年の夏には，入居者が住宅を再建したり，公営住宅に入居するなどして仮設住宅から退去しているという想定である。しかし復興までに必要な期間として，４〜６年が示されているということは，もしかすると２年ではその状況までたどり着かないと考えているのかもしれない。つまりすでに仮設入居期間を延長することを前提として復旧・復興が進んでいく可能性があるということである。

　先に熊本地震の被災地では仮設住宅の建設と入居が完了したのが震災から約７カ月が経過した時点であることを紹介した。被害規模がそこまで大きく異ならず，中山間地域かつ全国有数の豪雪地帯が被災した新潟県中越地震の被災地では２カ月である。時間を必要とした背景については言及したが，やはり熊本地震の被災地で念頭に置かれている「タイムライン」は少し長めに設定されているように見えるのである。

（ 2 ）拙速ではないスピード感の必要性

　確かに現時点での被災地の状況を鑑みると，２年で住宅が再建できるという目処を共有するのは難しそうな状況でもある。そういった認識にいたるのは，2016年６月の大雨の影響もあるだろう。本格的な復旧プロセスに入ろうとする時期に降った大量の雨が，地震で弱った擁壁などにさらなる被害をもたらすなど，状況をさらに悪化させることになってしまった。影響は各種の復旧作業に及び，それらが当初の計画からの見直しを迫るものになった結果といえるのかもしれない。

しかし，新潟県中越地震の被災地では，道路の寸断などで，1年以上地域への立ち入り制限された旧山古志村の一部集落住民，そして公営住宅の竣工が若干遅れたことによって入居ができなかった人を除いてほとんどの被災者が仮設入居から2年以内にそこから退去し，再建した自宅や災害公営住宅への入居を済ませている。旧山古志村域には14の集落があるが，そのうち，河道閉塞に伴う集落の水没や大規模な地滑りによる道路インフラ等の壊滅的な被害を受けた6つの集落においても，入居から3年後には最後の入居者が退去し，仮設住宅団地はすべて撤去されている。

　これらの地域は約半年間は積雪のため工事の進捗が大幅に遅れる。実際に河道閉塞の対策工事は，ヘリコプターで重機を運搬して行われるなど，それなりの難工事が続く現場であった。しかし，そのような状況下で，かつ従前集落から小規模住宅地区改良事業を活用した移転再建を果たした集落の場合でも，2年が経過した時点で基盤整備がある程度完了し，住宅建設に取り組むことができ，被災から3年強が経過した時点で再建された住宅での暮らしがはじまっている。被害の規模や状況を鑑みると，熊本の状況と新潟中越の状況に天と地ほどの差があるようには思えない。単純化して考えれば，熊本でも3年あればほとんどの被災者が，住宅再建までこぎ着けられても良いはずである。

　このような見通しが出されている理由を考えてみたい。その1つとして，直近にあった国内の被災経験がもたらす影響が考えられる。東日本大震災の被害からの復旧・復興過程が，熊本でもお手本というか，「タイムライン」として適用されているのではないだろうか。たとえば避難所の運営等に関しては，日進月歩，様々な被災地で積み重ねられたノウハウが，次の被災地できちんと展開されることは望ましいことである。実際に熊本学園大学における避難所運営などは特筆すべきものがある。しかし復旧・復興の段階に入ると，必ずしも甚大な被害があった被災地のプロセスをそのままトレースすることが最善ではないこともある。

　甚大な被害が故にタイムラインそのものが伸びている状況をそのまま当てはめなくとも，もっとスピードアップを図れるのではないか，ということである。熊本の被災自治体では，多くの東日本大震災で被災した自治体職員が，応援職

第Ⅲ部　被災者支援と災害復興

員として昼夜を徹するような支援活動を継続している。被災経験があるからこそわかる，様々な場面での対応は，特に行政職員の少ない町村部では，本当になくてはならない存在であることは明白である。地域防災計画では，災害直後の対応はある程度整理されているものの，災害復旧，そして復興をどのように進めていけばいいのかについては，手探りで進めていくしかない場面で，実際に経験をしてきた人々がこれまでの教訓や経験を伝えながら進めていく体制は今後の被災地に必ず必要となってくる。その際に役に立つものとして「タイムライン」には可能性がある。

　ただし，先述したように東日本大震災の被災地は生活再建の基盤こそ整いつつあるものの，暮らしの再生，そして地域の復興はまだこれからの状況である。これまでの施策が復興にどのような影響を及ぼすのかについてはまだ未知数なところもある。さらに津波の被害は面的かつそこに存在していた生活基盤を根こそぎ奪い去る被害を生じさせるが，地震による被害のみの場合，大きな被害を受けた地域であっても，その被害状況はまだら模様である。例えば防災集団移転促進事業を活用した住宅再建の支援を進めるとしても，住み慣れた沿岸部を離れ，安全性を考慮して，高台に新規造成された移転先で住宅を再建するのと，被災を契機として，生活利便性なども考慮に入れた上で市街地近傍に移転先を求めるのでは，移転再建を判断する根拠としてもかなり異なる部分がある。

　復旧・復興は部分部分で最適な施策が講じられることも重要であるが，それよりも将来の暮らしの再建を見定めた上でどのような施策を積み重ねるかという視点もまた重要である。まずはタイムラインの間延びの傾向をここでは指摘しておくが，そういった「ある程度ひっくるめて」経験を伝える，という姿勢も先に被災をした地域から伝え，現場判断に多少でも役立ててもらうことも必要であろう。

7　復旧・復興の全体像をふまえたプロセスデザインが大切

⎡1⎤「めど」を示す覚悟

　もしかすると被災状況やその規模が似ているのかもしれないということで，

第9章 避難生活支援からはじまる復興プロセスとそのプランニング

熊本地震の被災地から，新潟県中越地震の被災地を訪問される方が少しずつ増えてきている。先日も西原村で活動されるボランティアや，中間支援組織の方の訪問があったり，大学として様々な支援活動に取り組む研究グループなども当地に足を向けたりしている。復旧・復興の状況を実際に見て回ってもらうことで，熊本の近未来を想像してもらう支援となればという思惑から対応がすすめられているが，これはまさに「被災地責任」の１つである。この言葉は阪神・淡路大震災を経験した神戸の専門家の口から発せられた言葉でもあるが，その思いが中越地震被災地における支援活動につながっている。現地に行って支援をすることも重要ではあるが，地震被害からの復興プロセスの現場で，実際に現実を目の当たりにしてもらい，そこまでのプロセスを理解してもらうこともまた被災経験のある場所だからこそできる責任の果たし方であるようにも思う。

　現場だけでなく，当時第一線で活動してきた行政職員や，中間支援組織の方々からもヒアリングを受けられる場が設定されているが，その際，当時山古志村の若手職員として，復興の最前線で日々を過ごしていた人の話が印象的であったので最後に紹介しておきたい。

　当時，あまりに大きな被害を目の当たりにして，住民だけでなく行政も希望を見いだせない状況が続く中，それでも行政として地域で住宅を再建し，村に戻るための準備をする覚悟を，「復興プラン」という形で示すこと，そしてそこに震災から２年後を帰村の目標時期としてしっかり示すことにこだわったというのである。実際には一部地域で１年目標を延長する必要は生じたものの，２年で家を再建できるところまで復旧を進めるという行政側の覚悟が示されたことで，被災された方々もそれに向けて必要な話し合いや決断を進めていくことができのだと実感するエピソードである。

　筆者も2016年10月，西原村のある集落を再訪した。３カ月前，初めてその集落を訪問し，話を聞いたときには，大きな被害で集落内での住宅再建もできないかもしれないと途方に暮れていた人たちが，同じような斜面に立地する集落で住宅再建を進めた，福岡県西方沖地震の被災地玄界島を訪問したり，集落内の安全な場所への移転再建も，住民同士の話し合いから検討を進めたりしてい

165

第Ⅲ部　被災者支援と災害復興

ることを聞いた。そこで先のエピソードを紹介した。どれほどの時間が必要な
のだろうと困惑していた被災者，そして行政職員も，前向きかつスピード感を
持って対応していこうと再認識したのかもしれない。それ以降，他人任せにせ
ず，若手や女性など，様々なグループで，地域の復興に向けた話し合いが続け
られている。自分たちが暮らす場所をできるかぎり自分たちの力で再生するこ
とは，より良い復興につながるはずである。

　住宅を建設するための基盤整備に5年以上を要した東日本大震災の被災地で
は，地域を離れる人が徐々に増えていると聞く。時間がかかればかかるほどそ
の傾向は強くなる。そこでの生活を続けたいと願う人がなるべく早くリスター
トを切れるような対策がこれからも必要なのではないだろうか。そのときに，
近年多くなった「被災地の先輩」がもたらす「タイムライン」のうち，本当に
その被災地にとって何がよいのかをきちんと考えた上で伸ばしたり縮めたりす
ることのできる柔軟かつ本質的な理解をした上で，被災地責任が果たされるこ
ともまた重要である。

[2] 住まいの再建だけをゴールとしないために

　災害からの復旧・復興は事業の関係もあり，最終的にどのように暮らしを再
生するかというビジョンの共有がないまま，個別に解を求めて進められていく
傾向がある。しかし，人的・経済的資源に限界がある中山間地域や沿岸漁村地
域では，避難所から仮設住宅，そして住宅再建は，少なくとも前後のプロセス
を意識した中で行われることが重要であり，今後巨大災害の発生が想定されて
いる地域でも事前の取り組みに際しては「暮らしの再建」のために何をすべき
かにより自覚的に対応を図っていく必要があるのだろう。

（澤田雅浩）

|第10章|災害と人と健康|

1　災害に対する備え

1　災害とは

　災害とは，地震・洪水・火山噴火等の自然界で生じる出来事やテロ・紛争等の人為的に生じる出来事と，社会的・経済的，地理的，あるいは人間の身体的・認知的機能の低さ等の社会や人間がもつ弱さが（脆弱性）加わることで引き起こされる出来事である。国連は，「災害とは，コミュニティの対応能力の限界を超えた広範囲にわたる人，物，環境の喪失を引き起こす深刻な社会機能の崩壊」であると定義している。国連の定義とは対照的に，アメリカ赤十字社は人間を中心に据えて，「支援なしには緩和されないような人間の苦痛やニーズの原因となるようなあらゆる状況であり，苦痛の緩和やニーズを満たすためには，外部からの支援が必要な出来事である」と定義している。災害は，広範囲にわたり社会機能に被害をもたらすと同時に，私たち人間の命や日々の生活を奪い，中・長期にわたって悲しみや苦しみをもたらしている。その一方で，しなやかな強さ（レジリエンス：強靭性）を人々にもたらすことも知られている。災害につながる出来事の発生を防ぐことは難しいことから，災害の被害をより少なくする減災に向けて，過酷な状況の中でも健康を保ち生きていけるように，人々を強くしておくこと（強靭性を高めておくこと）が求められている。

2　災害に対する備え

　2005年兵庫県神戸市で開催された国連防災世界会議で採択された基本方針「兵庫行動枠組み」に続いて，2015年3月に，第3回国連防災世界会議が仙台で開催され，2030年までの防災・減災の指針となる「仙台防災枠組み」が国連

第Ⅲ部　被災者支援と災害復興

加盟国間で締結された。災害に対する備えは，国や県レベル，人が生活している地域レベル，かつ個々の人々のレベルを含めて，政府や行政，自治体や自治組織，関連機関や組織と共に，減災に向けて具体的に行動を行うことが必要である。

「仙台防災枠組み」は，「兵庫行動枠組み」と比べると，人々の命・暮らし・健康を中心とした予防的アプローチと，より良い復興を視野に入れた備えが強調されている。4つの優先行動には，①災害リスクの理解，②リスク管理のためのガバナンス，③強靱化に向けた防災への投資，④応急対応に向けた備えの強化ならびによりよい復興があげられ，各項目に対して具体的に行動を行うことが始まっている。また米国では，健康を保ちつつ生活を続けるための備えとして，リスクに対する備え，緊急時の行動計画，備蓄の3項目をあげ，かつ障がいのある人や特有なニードのある人々のための備えとして，情報を得ること，計画を立てること，備蓄をすること，計画と備えを維持していくことの項目ごとに，具体策を示している（Federal Emergency Management Agency, 2004）。日本国内においても，一般の人々を対象とした備えのガイドラインと，特有で個別なニードを持っている災害時要援護者を対象としたものとが作成されている（内閣府，2006）。

③ 災害時要配慮者／要援護者

災害時要配慮者／要援護者とは，必要な情報を迅速かつ的確に把握し，災害から自らを守るために安全な場所に避難するなどの災害時の一連の行動をとることに支援を要する人々であり，一般に高齢者，障害者，外国人，乳幼児，妊婦等が含まれている（内閣府，2006）。過去の災害において，高齢者や障がい者等には，死者数や災害関連死が多いことが報告されている（三谷・村上・今村，2014；立木，2013；立木；2014）。災害が発生すると，食料等の不足，交通機関の遮断，あるいは平時に受けていたサービス（例えば介護保健による入浴や訪問看護サービス等）が受けられない，医療機関に受診できない，薬が不足する等の状況が発生する。このような状況下では，災害時要配慮者がもっている特有で個別のニードを満たすことは難しくなる。

168

第10章　災害と人と健康

［4］災害と看護

　本章は，兵庫県立大学看護学研究科修士課程で提供している科目「災害看護対象論」の一部である。高齢者，子ども，妊産褥婦の災害時の心身の特徴と備えの実態や課題を知ること，また災害時要配慮者に限らず，災害時の人々のこころのありようを知ることは，災害が発生したときに対する予期的な備えとなる。また災害時に看護が何を考え，どのような活動を地域で展開しているのかについても記している。これらを知ることで，災害時の自分自身や家族等周囲の人々と上手に付き合うことができればと考えている。

2　高齢者と災害

［1］災害時要援護者としての高齢者

　災害時要援護者の中でも，特に高齢者は，慢性的な基礎疾患をもっていることが多く，運動器や感覚器の機能低下から避難に時間がかかることに加え，過去の生活経験から“これくらいなら，大丈夫だろう”と避難行動を取らない傾向もあり（正常性バイアス），災害時にその脆弱性がクローズアップされることも多い（三谷他，2014）。また，被災後は，避難所肺炎，虚血性心疾患（狭心症，心筋梗塞），深部静脈血栓症（エコノミークラス症候群）などの災害関連疾患を引き起こしやすく，死に至るケースも少なくない。実際，東日本大震災における災害関連死の死者数の89.5％が66歳以上の高齢者であった（復興庁，2012）。そして，認知症を有している場合は，災害サイクルの急性期（発災〜1週間）〜亜急性期（発災〜1カ月）を健康管理や生活支援の供給を受けられる避難所で過ごすことを困難にするため，症状が増悪するだけでなく，家族の精神的負担が高まることも報告されている（粟田，2012）。

　以上を考えると，高齢者については，災害によって脆弱性が増強されず，かつ災害関連疾患の誘発を可能な限り防げるよう，平素からの備えを充実させることが求められていると考える。

第Ⅲ部　被災者支援と災害復興

⎡2⎤ 災害における高齢者の備えと課題

　災害時，高齢者を含めた災害時要援護者の犠牲を抑え，実効性ある避難支援を可能とするために，「避難行動要支援者の避難情動支援に関する取組指針」が提示された（内閣府，2013）。この指針では，円滑かつ迅速な避難の確保を図るために避難行動要支援者の名簿を作成し，その名簿を活用して「避難のための情報伝達」や「避難行動要支援者の避難支援」「避難行動要支援者の安否確認の実施」や「避難場所から避難所につなぐ要支援者への対応」を行うことが想定されている。そして，名簿情報に基づき，災害時に適切な行動を取れるよう，市町村または民生委員などが中心となって，事前に避難行動要支援者と具体的な避難方法について計画を策定するなど，災害の備え行動が確立されることが期待されている。

　しかし，宇田ら（2016）は，パーキンソン病の在宅療養者を対象にした質問紙調査を通して，「登録制度を知らなかった」「登録する方法を知らなかった」「自分一人でも避難できるだろう」という理由で，回答のあった131人中，126人が避難行動要支援者の名簿への登録を行っていないことを報告している。"災害への備え"という行動は，必要性や重要性は理解できても，「やらなければならない」という実感をもちにくい。その上，「知らないからやっていない」ということでは，法整備や指針が宙に浮いた状況になってしまう。特に高齢者は，インターネットなど人々が簡易に入手できる方法やツールを身近にもっているとは限らないため，備えを行動化するための，積極的な働きかけが必要となる。要援護者の避難において，自助（自らも積極的に防災や避難を行う），共助（近隣における防災活動や支援体制の整備），公助（地方自治体による避難支援プランの策定）が効果的に発揮されるよう，防災や福祉，保健，医療等の分野間が連携し，地域の防災力を高めることが課題となっている。

3　子どもと災害：子どもは災害から守る存在であり，未来の子どもを守る存在でもある

1 子どもの発達段階を考慮した対応の必要性

　子どもは，災害時に大人同様に生命・生活の危機的状況に陥る。しかし，子どもと一言でくくる中には，産まれたての新生児から高校生までが該当する。それ故に守り方が違ってくるのである。乳幼児は，抱っこや触れたときに伝わる感覚や，側にいる大人の立ち振る舞いをよく見ており，よくわからないけれど「いつもと違う」を繊細に感じ取るのである。学童期前半になれば，夜尿や指しゃぶりなど退行現象で親との距離を近くすることで気持ちを落ち着けようとする。学童後期以降になれば，状況が読み取れ，より恐怖や将来などへの不安をもつ。それなのに大人を気遣い，我慢や頑張りをみせる。いずれにしても災害時に様々な形で急性ストレス反応を生じることは正常である。それを大人が許容でき，対応できることが大切である。

　災害時には，情報が閉ざされ，子どもは疎外感をもつ。これは大人の気遣いなのだろうが，「子どもにはわからないだろう」で片づけないことが大事である。また，通常遊んでいる子どもは元気なのだが，その遊びの内容が「地震ごっこ」「津波ごっこ」などと大人が傷つく場合もある。制止したい気持ちはあるだろうが，しかし，これは子どもにとっての大事な昇華の方法なので，もしその遊びをやめさせたいなら，子どもの遊びを上手に他のものへ移行する手助けが必要となる。また自分より下の子どもの世話をしたり，避難所の手伝いを率先して活動する子どももいる。そこには過剰適応が潜んでおり，夜になると眠れなかったり，過換気を起こす子どもたちもいる。遊んでいるから，いい子だから大丈夫，で見過ごさないことが重要である。

2 子どもを守る親をも守る必要性

　一般に子どもの一番の理解者は，親である。その親でさえ，災害時には親としての力を発揮できないこともあるので，子どもの変化や要求に応じることが

第Ⅲ部　被災者支援と災害復興

できない。「親なのに」と追い詰めないことが自他共に大事である。このようなときに子どもがどのような反応をするのか，気になる子どもをスクリーニングする指標を事前に入手しておくことが重要である。大人に余裕がない状況での助けになるのである。

［3］ 病気や障がいがある子どもの支援

　子どもに障がいや病気がある場合は，通常の救援物資にリスト化されない備えと避難する場が重要になる。医療機器を使用する人々は，電源があればいいのではなく，その生活をつなぐ家族の生活を保障することも大事となる。子どもだけでは命をつなげない，生活を維持できないことは誰もが想像できる。家族がつないでいたものを他者に託せる資源があるか，それが複数かが重要となる。支援する側も，それぞれに備えてはいるが途切れることはないか，自らも被災することを想定した支援も考えているかも重要である。

［4］ 子どもは災害から守る存在であり，未来の子どもを守る存在でもある

　最後に，子どもは災害をこれからの人生の中で，再度体験することもあるかもしれない。また幼少時に体験したことを様々な場面で思い出すかもしれない。そう考えると，災害の体験は，子どもの様々な場面で再構成されていくのではないだろうか。だからこそ一緒にその体験を，ただの怖い体験・悲惨な体験としてではなく，今私たちが過去の災害から学び防災・減災への取組みを続けているように，子どもも自身の体験から次につながる力を備えるのではないだろうか。「子どもは災害から守る存在であり，未来の子どもを守る存在でもある」ということである。今の私たちにできることは，ただ単に今の子どもを守っているのではなく，この子たちが大人になって適切に子どもたちを守れる大人を育てるという観点からも，災害を体験した子どもの語りや反応に丁寧に付き合う必要がある。その対応は親・教育・医療・福祉・行政と子どもが関わる全て大人が考えておかなければならない重要な事項である。

172

4　妊産褥婦と災害

1　災害時に妊婦や母子に起こること

　妊娠および分娩が安全・安寧に経過するためには，日ごろからの健康管理が重要である。また，正常から逸脱する可能性は常にあるため，医療にアクセスできることが不可欠となる。しかし，災害が起こると，生活が立ち行かなくなり，これらが難しくなる。食べものがなく，生命維持がやっとという過酷な状態にあった妊婦や子どももいた。栄養バランスの偏り，不衛生なトイレ，水汲みなど重労働の増加，冷え，集団生活でのストレスなどを背景に，血圧の上昇，便秘，膀胱炎，腟炎，不眠，腰痛などの症状も出現していた。東日本大震災では，医療施設に辿り着く前の分娩が通常の3倍になっていた（菅原，2014）。被災地の病院では，入院機能の低下や，被災者の受け入れのために，入院期間が短縮された。これによって，平時ならば受けられるはずのケアや検査が受けられずに退院となった母子もいた。児の栄養源である母乳が分泌しはじめ，上手に与えられるようになるには，授乳手技の習得，乳房ケア，周囲からの支えが必要であるが，生後まもなく避難所へ避難となり，これらの支援が受けられなかった人々もいた。新生児集中治療室に入院中の児が，被災地外の病院に搬送され，母子が離れ離れになるケースもあった。

　災害時に体験した恐怖感や緊張感は，数年間続くことがある。東日本大震災では，産後うつのリスクが2倍になっていた（佐藤，2012）。ハリケーン・カトリーナに遭遇した妊婦では，生命の危機を感じた，愛する人を失った，直接的な被害を被った等の体験が重なった場合に，早産や低出生体重児の割合が増えていた（ACOG，2010）。自分が災害による影響を受けたことで，子どもに何か起こるかもしれないという罪責感や，今は大丈夫でも，この先何か起こるかもしれない不安を抱えながら，母親は子どもを見守り続けている。家族と離れ，自分一人で出産・育児をしなければならない気負いや心細さを抱え，また，住み慣れた土地を離れる寂しさや申し訳なさを感じている。しかしながら，長期的には，ほとんどの人がこれらの症状から回復し，さらに，災害の体験から何

第Ⅲ部　被災者支援と災害復興

らかのものを得たり，自己の成長を感じたりしている。逆境の中で，母子（児）は互いの存在を生きる力にして前を向いて日々の生活を送っている。

［ 2 ］妊婦や母子のための災害への備え

　繰り返される災害の経験を通して，備えの重要性がいわれている。例えば，身動きがとりにくい妊婦，あるいは，自身で身を守ることができない小さな子どものために，日頃から災害を想定した安全な環境をつくっておくこと，安全な場所へ早めに避難できるようにしておくこと，災害時であっても妊婦健診や安全な分娩が保障されるようヘルスケアシステムを整えておくこと，医療施設以外での分娩にも対応できるようにすること，そのために妊婦さん自身が自らの健康に関する情報をもてるようにすること，助かった命をつなぐために災害後の生活に必要な物，人とのつながり，情報の発信／入手ができるようにしておくこと，などがある。

　看護職は，災害時における健康の観点からの備えに取り組んでいる。災害時にケア提供者として動けるように，自身が備えておくことも忘れてはならない。さらに，妊産婦や乳幼児など災害に対して高いリスクをもつ人々に備えを促すことも重要な役割の 1 つである。

5　災害と保健師

　災害が起こったとき，避難所や仮設住宅で看護師や保健師が被災された方に声をかけ，健康の相談にのる様子が映像で紹介されることがある。この看護師と保健師はいずれも看護職なのだが，その違いについてご存知だろうか。

　日本で「保健師」は，看護師，助産師と並ぶ看護職の国家資格の 1 つである。わが国で保健師の資格で働く保健師は，2014年では 5 万人弱（同年看護師就業者数108万人），その約 7 割が，市町村の保健センターや都道府県の保健所に所属して，地域で暮らすすべての人々の健康を守る仕事をしている（厚生労働省，2014）。

　災害時の保健師の活動がクローズアップされるようになったのは，阪神淡路

大震災以降のことである。筆者は当時，兵庫県の保健所の保健師をしており，県内保健所で被害の大きな地域にあった芦屋保健所（当時）に泊まり込みで派遣された。保健所には災害直後より，近辺や遠方から都道府県や市町村に所属する保健師が応援に駆けつけていた。筆者はその保健師たちとともに，避難せず被災した住宅で生活している方々を片端から訪問し，困りごとを把握する活動に従事した。一方，芦屋市の保健師は，避難所に避難した被災者の健康支援に従事していた。

　保健師の重要な役割は，個々の被災者の健康支援にとどまらず，そこから把握した健康上の課題に対応するしくみをつくることである。阪神淡路大震災の津名保健所（当時）管内では，保健所保健師チームが避難所を巡回し，避難者の健康状態とかかりつけ医を聞き取り，そのリストを医師会長に持ち込んだことで，保健所と医師会の連携による巡回健康相談チームが形成された（阪神淡路大震災保健婦活動編集委員会，1995）。

　保健師が最もその役割を発揮し，必要とされるのは，災害復旧から復興期である。外部からの医療・看護の支援者の大半は，被災者が仮設住宅へ移行するとともに引き上げていく。保健師はその自治体の職員として，被災者と共に健康面から地域の復旧・復興を支援し続ける。東日本大震災の被災地である福島県南相馬市は，津波による原発事故により，帰還困難区域，居住制限区域，避難指示解除準備区域など，市内の分断を余儀なくされた。放射能への不安で多くの住民が市外に避難する一方，市内に残り健康への不安を抱える母子を支援するため，震災3カ月後より，予防接種や乳幼児健診などの通常業務を再開し，その中で母親の不安にこたえる活動を模索した結果，子育て経験者の中から「母子健康推進員」を養成し，子育てについて住民同士が支え合うしくみづくりを開始したことが報告されている（週刊保健衛生ニュース，2013）。未曽有の被害をもたらした東日本大震災以降も，様々な災害が多発している。時間が経過し距離が離れていると，被災地福島での復興の営み，その労苦に目を向けることを忘れがちになる。震災から5年を迎えた南相馬市の保健師は，「ただただ目の前に起きてくることに立ち向かった」と振り返りながら，これから先の新たな課題，仮設住宅から災害公営住宅への転居に伴う新たな健康問題，自殺

第Ⅲ部　被災者支援と災害復興

者の増加，放射線不安への新たな対応など，目を向けている（大石，2016）。

　災害時，地域にはこのような保健師がいることを知って連携できれば，効果的な支援提供につながるのではないかと考える。行政保健師の全国組織が，「大規模災害における保健師の活動マニュアル」を作成しているので，参考にしていただきたい（全国保健師長会，2013）。

6　災害による心理的影響と被災者・援助者への心のケア

　災害によってもたらされる心的外傷（トラウマ：Psychic Trauma）と心のケアに広く国民の関心が向けられる契機となったのは，1995年に発生した阪神・淡路大震災であった。ボランティア元年とも呼ばれるが，看護職も全国からボランティアとして支援に駆けつけてくれた。当時，兵庫県立看護大学で精神看護学を担当していた筆者は，支援活動や教育活動を通して被災による心身の変調と回復過程を身をもって学びつつ，その後も様々な自然災害・人為災害後のメンタルな支援に携わってきた。本書では心のケアに関しては第2章で詳しく紹介されるため，ここでは講義内容を踏まえて災害への備えの観点から要点を述べる。なお，文字数の都合上，文中の引用参考文献は省略する。

［1］災害の心理的影響

　災害による心理的影響については，①圧倒的な事態に曝され安心感・安全感が覆される体験（心的外傷／トラウマ），②深刻な喪失体験，③日常生活の破綻，避難生活や家族離散，生活再建の困難などの二次的な生活ストレスの3つの側面から主に理解される。①については，直後から情緒・思考・身体・行動面の様々な変調に見舞われ，生き残ったことへの罪責感（サバイバーズ・ギルト）に苦しむことも少なくない。これらは正常なストレス反応（心的外傷後ストレス反応）であり，通常は徐々に回復するが，急性ストレス障害（ASD：acute stress disorder）や心的外傷後ストレス障害（PTSD：post-traumatic stress disorder）の発症につながる場合もある。それ故，早期から回復過程を支援するケアが必要である。②については，深刻な落胆や絶望（悲嘆反応）がもたらされ，

直後にはしばしば激しい興奮や無力感など（急性悲嘆症候群）が生じる。その後は，様々な両価的な感情を繰り返し再体験する心理過程（喪の作業）を通して徐々に受け容れられるようになるが，この心理過程が進まない場合には，何年も後に現れる悲嘆反応（遅延反応）や心身症のような不調（歪曲反応）がもたらされる。それ故，喪失体験を受け止め，喪の作業に寄り添う支援が必要である。③についてはしばしば長期化し，複雑化・深刻化する。また，①②とも重なり，過酷な生活の中でうつ病や不安障害，アルコール依存症などの精神科治療を要する状態に陥ることも少なくない。したがって，早期からの様々な生活上のニーズに応じた現実的な手助けや，ストレス対処への支援が心のケアにつながる。

［2］被災者への心のケア

被災者への心のケアの意味での具体的な支援としては，災害後の急性期・亜急性期には，安全を保証し安心感をもたらす，具体的な行動がとれるように手助けする，飲み物や食べ物・簡易トイレ・休息のとれる場所・入浴などのセルフケア不足を補う，心的外傷後ストレス反応への理解と回復の見通しへの援助（心理教育），被災体験の語りを受け止め感情に寄り添う，被災体験を共有できる人々との結びつきへの援助，通常のライフスタイルを取り戻せるような援助が大切である。子ども・妊婦・高齢者・障がい者など要支援者のニーズに応じた支援も必要である。慢性期には，孤立を防ぎ見守ること，ストレスマネジメントを支援すること，健康相談と集いの場をつくること，要治療者を見極めて早期に専門機関につなぐことが重要となる。静穏期には，災害に備えるための体制づくりや教育訓練が大切である。

［3］援助活動による心理的影響と援助者の心のケア

もう1つの重要な視点は，援助者が被る心理的影響と心のケアについてである。大規模災害や悲惨な状況で活動する援助者はしばしば被災者と同様に心理的衝撃を受け，様々なストレス反応を生じる（惨事ストレス）。また，親しい間柄の者や心的外傷を体験して苦しんでいる人を支えようとすることによって，

第Ⅲ部　被災者支援と災害復興

自らも PTSD と同様の症状に苦しむ（二次的外傷性ストレス）こともある。さらに，看護職など対人援助の専門職が被災者でもある場合には，しばしば使命感や役割意識によって個人的な被災体験を顧みず職務や援助活動に専念しがちである。

　援助活動に従事する場合には，予測されるストレス状況に備えてストレスマネジメントの実践とセルフケアの維持について準備した上で臨むこと，できるだけペアやチームで活動し，自分を褒め，互いに認め合い，日々の活動の終了時には体験を語り合い感情を表出してストレス緩和を図ることが大切である。

　また，援助者を送り出す組織としては，休息時間に配慮したシフトの調整や活動体制づくり，遭遇するストレスに備えるためのオリエンテーション，活動終了時のアプローチ（ストレスを持ち越さないための語り合い，日常生活に戻る上での留意点や現れやすいストレス反応と対処の仕方を学べる機会づくり），個別相談窓口と連携体制をつくっておくことが望ましい。

引用参考文献

栗田主一，2012，「災害時における高齢者の精神科医療の課題」『Geriatric Medicine』50（3），301-304頁。

宇田優子・三澤寿美・石塚敏子・稲垣千文・滝口徹，2016，「災害時要配慮者の避難支援に関する検討——パーキンソン病生活機能　障害度Ⅰ度の在宅療養者の場合」『日本災害看護学会誌』18（2），35-46頁。

大石万里子，2016，「特集東日本大震災から5年　いま求めている支援とは——福島県南相馬市からの報告」『保健師ジャーナル』72（3），190-196頁。

厚生労働省，2014，「平成26年衛生行政報告例」。

佐藤喜根，2012，「東日本大震災が母親のメンタルヘルスに与えた影響」平成24年厚生労働科学研究補助金「震災時の妊婦・褥　婦の医療・保健的課題に関する研究」研究報告書，39-45頁。

週刊保健衛生ニュース，2013，「東日本大震災から2年　保健師たちが見つめた復興のあゆみ」『週間保健衛生ニュース』第1704号，社会保険実務研究所。

菅原準一・崔佳苗実・五十嵐千佳，2014，「宮城県における震災前後の周産期予後」平成24年厚生労働科学研究「震災時の妊婦・褥婦の医療保健的課題に関する研究」総括・分担研究報告書，33-38頁。内閣府（2014）「避難行動要支援者の避難行動支援に関する取組指針」（http:www.bousai.go.jp/taisaku/.../h25/pdf/hinansien-honbun.pdf）

全国保健師長会，2013，「大規模災害における保健師の活動マニュアル」日本公衆衛生協

会。

近澤範子，2007/2014，「被災者のこころのケア／精神科治療を要する被災者」南裕子・山本あい子編集『災害看護学習テキスト　実践編』日本看護協会出版会，108-116頁／125-130頁。

阪神淡路大震災保健婦活動編集委員会，1995，「全国の保健婦に支えられて——阪神・淡路大震災の活動記録」全国保健婦長会兵庫県支部。

兵庫県立大学大学院看護学研究科21世紀 COE プログラム，2004，「ユビキタス社会における災害看護拠点の形成：看護ケア方法の開発小児　班作成，被災地で生活する子どもたち—家族のささえ—，—看護職のできること—。

兵庫県立大学21世紀 COE プログラム，2005，「ユビキタス社会における災害看護拠点の形成：看護ケア方法の開発プロジェクト精神班編：看護者のための災害時心のケア・ハンドブックⅠ・Ⅱ・Ⅲ」。

福地成，2012，「大震災と子どものこころ」『日本小児医報』43，43-47頁。

復興庁，2012，「東日本大震災における震災関連死に関する報告」(http://www.reconstruction.go.jp/topics/20120821_shinsaikanrenshihoukoku.pdf)

三宅一代，2007，「医療的ケアをもち自宅で生活する子どもと家族の備え」『小児看護』13（6），763-768頁。

三宅一代，2011，「災害により影響を受けた子どもの生活と健康へのケア」『教育と医学』159(11)，21-29頁。

三谷智子・村上由希・今村行雄，2014，「阪神・淡路大震災，東日本大震災の直接死・震災関連死からみる高齢者の脆弱性」『日本保健医療行動科学会雑誌』29(1)，23-30頁。

山本あい子・渡邊聡子・佐山光子・定方美恵子・関島香代子・佐藤悦子・安達真由美・工藤美子，2010，「新潟県中越地震を体験した妊産褥婦および乳児の健康ニーズに関する縦断研究報告書」日本看護協会災害被災者に対する看護活動助成事業活動報告書。

American College of Obstetricians and Gynecologists. Committee on Health Care for UnderservedWomen, 2010, "Preparing for disasters: perspectives on women," Obstetrics and Gynecology, 115 (6), pp.1339-1342.

$$\begin{pmatrix} 1 & 山本あい子 & 4 & 渡邊聡子 \\ 2 & 高見美保 & 5 & 牛尾裕子 \\ 3 & 三宅一代 & 6 & 近澤範子 \end{pmatrix}$$

| 第11章 | 災害ボランティアと現代社会 |

1 ボランティアとは何か

1 自発性，無償性，社会貢献？

　ボランティアとは何だろうか。ボランティアとは何かと問うてみると，多く
の場合「自らの意思で行うこと」「見返りをもとめないこと」「困っている人を
助けること」といった答えが返ってくる。これらはそれぞれ，「自発性」「無償
性」「社会貢献」とまとめることができる。この3点セットは，多くの書籍や
論文で言及されるボランティアの特徴をあらわすキーワードである。そもそも，
「ボランティア（volunteer）」という語句の頭にある「vol」の語源をさかのぼ
っていくと，ラテン語の「volo（ウォロ）」にあたる（巡・早瀬，1997）。実は，
この「volo」は，英語の「will」の語源でもある。英語の「will」には，「意思」
「～しようとする」という意味がある。「volunteer」の語尾の「-er」は，「～す
る人」を意味する接尾語だから，「volunteer」とは「will の人」，つまり「自
らの意思で行動する人」というのが，語句としての原義となる。語源をさかの
ぼってみても，先ほどの3点セットは，ボランティアを説明するのにあたり，
そう悪い線ではなさそうである。しかし，本当にこの3点セット，語源だけで，
ボランティアを説明できているのだろうか。

　日本では，このボランティアが生まれた年，つまり「元年」と呼ばれている
年がある。1995年，阪神・淡路大震災が起きた年である。阪神・淡路大震災で
は，延べ140万人以上のボランティアが被災地に駆けつけ，活躍したといわれ
る。ところで，ここで1つの疑問が生じる。ボランティアは，「自発性」「無償
性」「社会貢献」の3点セットで説明されることが多かったのだった。しかし，
もしもボランティアが，「自らの意思で」「見返りを求めず」「困っている人を

第11章　災害ボランティアと現代社会

助けること」なのだとしたら，そんな行為は，1995年どころか，もっと以前から存在していたのではないだろうか。100年前も，1000年前も，ひょっとしたら1万年前にだって，人々は見返りを求めることなく，互いに助け合っていたのではないだろうか。ならば，1995年がわざわざ「ボランティア元年」と呼ばれた所以，ボランティアの新規性とはどこにあったのか。このことを明らかにするには，かつての助け合いと，ボランティアの助け合いにおける人間関係の質に注目する必要がある。

⌐2⌐ ボランティアの本質

　「村八分」という暗い言葉がある。これは，村社会において，守られるべき掟や秩序を破った人に課される制裁であった。「村八分」にあうと，村人から一切の交流，つきあい，助け合いが絶たれるのだが，例外的に，手をさしのべてもらえることが2つだけあった。葬式の世話と火災の消火である。亡くなった人をそのまま放っておけば，腐敗が進んで衛生的にも問題だ。火災も，延焼のおそれがある。つまり，この例外の2つは，放っておけばまわりに迷惑がかかるという理由で，村八分にあっても，助けてもらえるというわけだ。「村八分」という語が示しているように（あまり良い例ではなかったかもしれないが，この語を例にした理由は後述する），かつての伝統的な共同体においては，様々な助け合いが存在していた。例えば，「村八分」の例外，葬式の世話も，なじみのない人には，葬式にどのような助け合いが必要なのか，あまり想像できないかもしれない。筆者が幼い頃，祖母の家で行われた葬式の際に，台所をのぞくと隣の家のおばちゃんが割烹着を着て忙しく立ち回っているのをみて驚いたことがある。現在のような葬儀屋がなかった昔は，葬式は近隣の人々の助け合いによって，自宅で行われていた。また，筆者は新潟県中越地震の被災地で長くフィールドワークを続けているが，村人から，「豪雪の冬期間で一番大変だったのは人が死んだとき，人が死んだら村総出の仕事だった」と聞いたことがある。どうして冬に人が亡くなるのが大変なのか。冬に人が亡くなると，その遺体を燃やす燃し木を集めるのが豪雪の地では大変で，村ぐるみの仕事になったというのである。

181

第Ⅲ部　被災者支援と災害復興

　このように，かつての伝統的な共同体においては，様々な助け合いが存在していた。この助け合いにおける人間関係の質に注目すると，家族や親戚関係，同じ地域コミュニティというように「血縁」「地縁」といった言葉で表現されるような，濃厚な人間関係が存在していることがわかる。かつての伝統的な共同体における助け合いとは，いってみれば，多かれ少なかれ顔見知りどうしだったり，なんらかの助け合う必然性をもつ人たちどうしが支えあっていた助け合いなのである。このように考えると，かつての社会の助け合いと，ボランティアにおける助け合いの違いが明瞭に浮かび上がってくる。ボランティアにおける助け合いとは，それまで縁もゆかりもなかった人たちどうしが，なんらかのきっかけを通して出会い助け合うこと，つまり他者どうしが助け合うことなのである。特に，災害ボランティアにおいては，この他者どうしの助け合いが，ときに大規模に広範囲にわたって行われる。阪神・淡路大震災では，それまで神戸を訪れたことがない人，ボランティアの経験もなかった人が，数多く被災地を訪れて活動した。ボランティアの社会現象としての新しさは，このような他者どうしの助け合いという点にある。だから，1995年がボランティア元年と呼ばれているだ。ボランティアの可能性を考えるのにも，またボランティアをめぐる課題を考えるのにも，冒頭の3点セットだけでなく，その本質部分にある「ボランティアとは他者どうしの助け合いである」という点を理解するのが重要である。

　このように考えると，筆者がなぜ本章のタイトルを「災害ボランティアと現代社会」としたのか，その理由をわかってもらえると思う。現代社会とは，人々が「血縁」や「地縁」で結びついていた伝統的な共同体が解体され，共通の利害や関心に基づいて人々が社会を形成するようになる社会である。社会学では，前者のような伝統的な共同体を「ゲマインシャフト（Gemeinschaft）」，後者のような社会を「ゲゼルシャフト（Gesellschaft）」と呼ぶ。ゲゼルシャフトの代表の1つが都市だ。阪神・淡路大震災は，日本においてまさに成熟都市を初めて襲った災害だった。実は，ボランティアとは，他者どうしが集まって住む現代社会において，知らない人たちどうしであっても「困ったときはお互いさま」と，いかに助け合える社会を構想することができるかという，最も重

要な問いを喚起するテーマなのである。

2　阪神・淡路大震災以降の災害ボランティア

1 空間的拡大と時間的延長

　次に，日本の災害ボランティアがどのように活動してきたのか，その変遷を簡単にたどっておきたい。ここからの記述は，阪神・淡路大震災以降，災害ボランティアの実践と研究に関わってきた渥美公秀の整理をもとに，まとめている（渥美，2014）。まず，ボランティア元年としての阪神・淡路大震災がある。当時は，災害ボランティアをめぐって，1つの疑問がもたれていた。それは，阪神・淡路大震災は，大都市である神戸が被災したから大量のボランティアが駆けつけたのであって，災害ボランティアは一過性のブームにすぎないのではないかという疑問だった。災害ボランティアが一過性のブームではないことを示したのは，1997年のロシア船籍の「ナホトカ」号の重油流出事故である。日本海側の広範囲にわたって漂着した重油の回収に，ボランティアが活躍した。災害ボランティアが，阪神・淡路大震災の被災地だけでない地域で活躍したという意味で，この「ナホトカ」号重油流出事故は，災害ボランティア活動の「空間的拡大」をもたらした災害だったと位置づけられている。

　この後，災害が発生すると全国各地の被災地に災害ボランティアが駆けつけるようになった。その中で，災害ボランティアを社会に定着させていこうという試みもなされるようになる。1998年には，特定非営利活動促進法が施行され，災害ボランティアを含めたボランティア活動の組織化が進んだ。また，1998年の南東北・北関東水害の頃から，被災地にやってくる災害ボランティアを受けつけ，被災者のもとに派遣する「災害ボランティアセンター」が，被災地の社会福祉協議会を中心に立ち上げられ，より効率的な活動をめざして災害ボランティアがコーディネートされるようになった。そして，2004年の新潟県中越地震では，災害ボランティアが直後の緊急救援の段階や，仮設住宅がなくなった後の地域における生活再建の段階，つまり長期的な復興にも関わるようになった。

第Ⅲ部　被災者支援と災害復興

　新潟県中越地震の被災地は，地震前から過疎高齢化の進む中山間地域だった。そのため，地震前の状態に復旧するだけでは十分ではないことが容易に想像され，「復興とは何か」という問いを喚起した。ボランティアたちは，地震によって一層過疎・高齢化が進んだ被災集落において，どのようによりよい暮らしを営んでいくことができるのか，その復興プロセスに村人たちと一緒に取り組んだのである。災害ボランティアが長期的な復興にも関わるようになったという意味で，新潟県中越地震は，災害ボランティアの「時間的延長」をもたらした災害と位置づけられている。2011年の東日本大震災においても，全国各地から駆けつけた災害ボランティアたちは，直後だけでない，長期的な復興にも関わっている。東日本大震災の特徴は，復興期に関わるボランティア達が移住を始めていることだ。この移住者たちが，東北の復興にどのような意味をもたらすかが，今後の注目されるところになるだろう。

［2］災害ボランティアの秩序化

　このように，阪神・淡路大震災以降，「空間的拡大」と「時間的延長」と，活動の範囲を広げてきた災害ボランティアだが，その活動の変遷の背景に，あるトレンドが存在しているのではないかと渥美は指摘している。それは，「災害ボランティアの秩序化」である。前述の「災害ボランティアセンター」の設置は，秩序化の例の１つだ。より効率的な災害ボランティア活動を展開するために，例えば「災害ボランティアセンター」のマニュアルが整備されたり，平時から「災害ボランティアコーディネーター」が要請されたりするようになった。災害NPOは，災害時に連携できるように全国的なネットワークを形成するようになった。また，災害NPOは，平時から行政と緊密な連携をとるようになり，行政の防災計画や災害対応において，災害ボランティアの「活用」が謳われるようになった。いざというときに，災害ボランティアが効率的に活動できるように，災害ボランティアが秩序化されてきたというわけである。

　災害ボランティアにかかわる仕組み，体制が整備される「秩序化」によって，確実に災害ボランティアに携わる人たちの数は増えたといえる。また，様々な形で，過去の経験が蓄積され，活用されるようになっている。その一方で，災

184

第11章　災害ボランティアと現代社会

害ボランティアの活動が硬直化し，ボランティアが臨機応変に動きにくくなっている例もたしかにある。次に，現在の災害ボランティアにおける課題について，主に災害ボランティアセンターをめぐる事例を中心にみていきたい。

3　災害ボランティアをめぐる課題

1　災害ボランティアセンター

　災害ボランティアセンターの仕組みは実にシンプルなものである。先に述べたように，近年では主に被災した市町村にある社会福祉協議会が中心になって設立される。災害ボランティアセンターの機能は，訪れるボランティアと被災者のニーズのマッチングにある。センターが設立されると，その周知がチラシやウェブサイト，市町村の広報などによって被災者になされる。被災者は，ボランティアにお願いしたいことをセンターに電話をしたり，直接出向いたりして伝える。被災者からの依頼，ニーズは，「ニーズ票」と呼ばれる様式にまとめられる。そこには，誰のお宅で，どのような依頼か，必要な人数や資機材が記される。災害ボランティアセンターは，この被災者からのニーズに応じて，訪れたボランティアをグループ化し，派遣する。その日のうちに活動が終われば，報告書を書いて終了，活動が終わらなければ，残りの活動は翌日以降の「ニーズ票」にまとめられる。このシンプルな仕組みのどこに問題が生じることがあるというのだろうか。

　まず，問題は災害ボランティアセンターが，あくまで被災者からの依頼を待ってから動くという，待ちの姿勢から生じることがある。災害ボランティアセンターが設立された直後は，被災者からなかなかボランティアの依頼が寄せられないことが少なくない。というのも，被災者はそもそもボランティアセンターが設立されたことを知らない場合がある。被災直後の混乱の中で，様々な形の避難生活を送る被災者に，ボランティアセンターが設立されたことを周知するのは容易ではない。また，仮にセンターが設立されたことを知っていたとしても，そもそもボランティアに何をお願いしてよいのかがわからなかったり，自分よりももっと大変な状況にある人のところにまずボランティアは派遣され

185

第Ⅲ部　被災者支援と災害復興

るべきではと遠慮をしたりする被災者もいる。

［2］「本日のニーズは充足しました」

　一方で，被災直後というのは，報道の量も多く，世間の関心も高いため，より多くのボランティアが被災者に駆けつけることになる。すると，たくさんのボランティアがいるのに，被災者からのニーズが少ないために，新たなニーズが寄せられるまで，ボランティアはボランティアセンターで待機することになったり，その日の分のニーズが（正確にはボランティアセンターが把握したニーズが）充足した時点で，ボランティアの受け入れを終了することがある。早々にボランティアの受け入れが終了し，困惑気味にボランティアセンターを後にするボランティアの傍らで，くたくたになりながら家族で家の片づけをしている風景に出会うことも残念ながら珍しくない。もちろん，待っているばかりではなくて，場合によっては「ニーズ班」というニーズの聞き取りを専門で行うチームが被災者のもとをたずねてまわるということもなされるのだが，原則として，センターがニーズを受けつけてから活動を開始するという順番に違いはない。

　このようなボランティアの数と「ニーズ」の数の不釣りあいを見越してか，近年では災害ボランティアセンターの開設時に，ボランティアの出発地を基準に受け入れを制限することもある。受け入れの準備が整うまでは「○○県内の人限定」で受け入れるというものである。ボランティアセンターが受け入れを制限しているのなら，ボランティアが独自に被災地に入り，活動を展開すればいいのだが，場合によってはそれも忌避される傾向がある。「野良ボラ」という言葉がある。これはボランティアセンターを経由していないボランティアを指す言葉である。本来，ボランティアは，どこかに登録されているかどうかなんて関係のないものであるはずなのだが，「野良ボラ」は，ときにルールを守らない迷惑な存在としてみられることもある。

［3］活動の壁となる例

　受け入れだけではなく，災害ボランティアセンターがコーディネートする災

害ボランティアの活動には様々な制約がなされることもある。例えば，応急危険度判定という制度がある。被災による家屋の危険度を応急的に判定し，その時点で建物の中に入ってよいのかどうかを判断する制度なのだが，この判定で「危険」（場合によっては「要注意」も）と評価されると，災害ボランティアセンターから，原則としてボランティアを派遣することができないとされることが多い。一方で，最近の災害では，応急危険度判定で，「危険（赤紙）」「要注意（黄紙）」と判定される家が増えている。判定する人の立場に立ってみれば，さらなる被害を出すまいという気持ちがあるから，結果的に過大に危険性が評価されているのではと思われる判定も生じる。被災の軽微なものも含めて，赤紙，黄紙が続出すると，災害ボランティアが活動できるのは，ほとんど被災を免れた青色紙の家屋だけとなってしまう。「危険」判定をされた家屋であっても，例えば家屋のまわりであれば活動できたり，専門家と相談することで，できる活動もあるはずだ。それを，紙の色だけで原則的に断ってしまうと，本当にボランティアを必要としているところに，ボランティアを派遣できないという問題が生じてしまうのである。

　最後にもう1つ，制約の例として，営利につながる活動にはボランティアを派遣できないというものがある。商店，営業所，工場，事務所，あるいは農業，漁業，ひと口に営利につながるものといっても様々だが，大体これらに関連する活動は，依頼があってもボランティアセンターで是非が問われたり，派遣を断られたりする。この判断は，長らく被災の現場で問題となってきた「個人の財産に公的資金を投入することはできない」というロジックにどこか似ている。本来，ボランティアを依頼する人がいて，それに応えたい人がいるのなら，それが営利につながろうがつながるまいが，ボランティアとして成立するはずである。ボランティアは，行政のもつ平等・公平の原則にとらわれない自由な活動にその真価を発揮すると評価されてきたはずなのだが，いつのまにか平等・公平の原則に縛られているのである。

第Ⅲ部　被災者支援と災害復興

4　災害ボランティアの可能性と現代社会

1 問題の根っこをさぐる

　以上のような問題は，うまく乗りこえられているものも当然ある。乗りこえるための最大のポイントは，前例にとらわれないこと，前例ではなく被災者の声に耳を傾けること，そしてボランティアセンターを含めたボランティアによる支援活動に被災者自身も関わることである。例えば，地域の事情に詳しい町内会長や民生委員とボランティアセンターが連携し，被災者からの依頼がなくてもボランティアの方から被災者のもとをたずねて活動した例や，応急危険度判定の問題も建築士と連携して，「危険」判定の家屋でも可能な活動を模索した例がある。乗りこえるための方策は，いくらでも知恵をしぼれるのだが，ここではボランティアがこれからの社会にとってどのような可能性をもっているのかを見極めるために，先に述べたような問題がどのような理由で生じているのかを分析していきたい。

　ボランティアをめぐる問題は，例えば，何がボランティア活動の対象となるかを，ボランティアではなく，ボランティアセンターが判断するようになってきているとみることができる。このように，本来何かと何かを媒介する手段にすぎなかったものが，その何ものとも媒介しうるという普遍性を有するが故に，権威を帯びること，手段と目的が転倒することを，マルクスは「物神化」と呼んだ。いうまでもなく，これは貨幣が帯びる性質である。ボランティアセンターが孕む問題も，この「物神化」の概念から説明できるところもある。しかし，ボランティアの受け入れを制限すること，ボランティアセンターを経由していないボランティアを「野良ボラ」と呼んで，忌避したりしてしまうことの背景には，別の社会的な心性が働いているように思われる。

2 他者の両義性

　それは，ボランティアの本質にかかわるものである。本章の最初で，ボランティアとは他者どうしの助け合いであることを確認した。実は，ボランティア

をめぐる問題は，このボランティアが他者であるということに起因している。他者は，両義的である。あらゆる幸せや喜びの源泉であると同時に，苦しみの原因でもある（実は，この前提には，全く同型的に両義的な「自然」と人間の関係があるのだが，ここではおいておこう）。この他者のポジティブな面に着目すれば，「知らない人であっても困ったときはお互いさまで助け合おう」という「ボランティアのベクトル」をみてとることができる。一方で，ネガティブな面をひきのばせば，「他者である以上，相性があわないかもしれない，危害をくわえてくるかもしれない，だから回避しよう」という「危機管理のベクトル」をみてとることができる。

　ボランティアの活動を管理したい，受け入れを制限したいという心性の背景には，他者であるところのボランティアに対して，後者の「危機管理のベクトル」が発動すること，それも災害時だからこその社会不安によって，そのベクトルが増幅されて反応していることがあるのではないだろうか。さらに，この社会不安は，災害によるものだけでなく，ベースとして，平時の社会においてすでに喚起されているのではとも考えられる。森達也は，オウム真理教の事件に関する一連の作品を通して，オウム事件以降，日本社会がいかに異物を排除し，同質化した上で，閉鎖的な集団に同調する傾向を強めてきたかを説得的に書いている（森，2010）。地下鉄サリン事件は，阪神・淡路大震災の2カ月後に起こった。「ボランティアのベクトル」を生んだ1995年は，同時に，「危機管理のベクトル」を生んだ年でもあるのだ。この他者の両義性にそれぞれ対応する2つのベクトルは，この二十数年間，拮抗しあってきたのではなく，「危機管理のベクトル」が「ボランティアのベクトル」を凌駕してきたのではないだろうか。在日外国人に対する排斥，陰湿ないじめ，厳罰化の進む司法を思い起こしても，この社会は他者に対してますます寛容でないものになっているように思われる。このトレンドの中で，他者であるボランティアについても管理したいという心性が働いていることが，先に述べた災害ボランティアをめぐる課題の根っこにあるのではないだろうか。

第Ⅲ部　被災者支援と災害復興

［3］他者と向きあうということ

　昨今の災害ボランティア活動を制約しているものも，突き詰めれば根拠はない。極端にいえば何の法律によっても規制されているわけではない。では何によって規制されているのか。筆者は，自主規制だと考える。自主規制の特徴は，結局誰が規制しているのか，主体が曖昧だということである。強いていうなら，主体は「空気」だ。「空気」が規制しているのである。ボランティア活動をめぐる奇妙な制約も，「そんなもんなんだろう」という「空気」に支配されてしまっているのではないか。日本社会は，「空気」を重んじる社会である。冒頭に述べた「村八分」も，何か具体的なルールを破ったからではなく，たとえ正しいことをしても「空気」に反していれば，徹底して疎外されるという性格のものである。この日本社会がそもそも抱えてきた同調傾向が，「危機管理のベクトル」によって増幅されつつあるとも考えられる。

　筆者がここまで，やれ「危機管理のベクトル」だ，やれ「空気」だ，と述べてきたのは，災害ボランティアをめぐる課題を考えるにあたって，仕組みやシステムの批判をしても仕方がないのではないか，より根本的な問題があるのではないかということを強調したかったからである。これらはいずれもボランティアが他者であるからこそ人間がとりうる反応の現われに過ぎない。しかし，他者は危害をもたらすだけの存在ではない。他者の両義性を踏まえて，他者のもつポジティブな可能性を最大限活かすような思考が必要である。災害ボランティアをめぐって生じている問題は，突き詰めれば，現代社会自体が直面している問題だ。それは，他者が集まって住む社会において，いかに互いの違いを認めあって共存することができるか，さらに困ったときはお互いさまと助け合うことができるかという問題である。阪神・淡路大震災は，この問題に1つの希望をもたらした。しかし，この希望が，まさにどのような意味で希望として存在しているのか，現代社会が突きつける問題と照らしあわせながら，見極め続けければいけない。災害ボランティアの可能性を考えることは，今後，人口減少が一層進み，地域の「つながり」が限界を迎える中で，よりよい助け合い社会とは何かという最も大切な問いを考えることにつながるのである。

第11章　災害ボランティアと現代社会

引用参考文献

渥美公秀，2014，『災害ボランティア──新しい社会へのグループ・ダイナミックス』弘
　文堂。

巡静一・早瀬昇，1997，『基礎から学ぶボランティアの理論と実際』中央法規出版。

森達也，2010，『A 3』集英社インターナショナル。

（宮本　匠）

|第12章|内発的な復興の主体形成

1 「復興とは何か」

　日本社会において，とりわけ「復興」が問われるようになってきたのは1995年の阪神・淡路大震災以降のことである。阪神・淡路大震災は，日本において，初めて成熟都市を襲った災害だといわれる。成熟都市，成熟社会とは，右肩上がりに社会，経済が発展していく成長都市，成長社会に対して，これ以上経済発展という意味での社会の成長が見込めないということ，それ故，「豊かさとは何か」「幸福とは何か」があらためて問われるという含意がある。だから，成熟社会における災害からの復興も，そもそもどのような社会の実現をめざして復興すればよいのか，「復興とは何か」という問いがなされることになる。2004年の新潟県中越地震は，この「復興とは何か」という問いにさらに高める災害となった。なぜなら，中越地震の被災地は，地震以前から過疎高齢化が進む中山間地域であったからである。そのため，地震以前の状態に回復するだけでは十分ではないことが容易に想像され，あらためて「復興とは何か」が問われた。実際に，中越地震の後は，復興を関する研究会が数多く開催され，2007年には日本で初めて復興を冠した学会である日本災害復興学会が設立された。

　本章では，よりよい災害復興のプロセスとはどのようなものなのかについて，特にそのプロセスにかかわる主体のあり方について考えてみたい。なぜ，復興の主体が問題となるのか。それは，災害復興において，しばしば，その主体が不在であることが問題となるからである。復興の当事者は，さしあたっては，その被害にあった被災者であろう。復興の主体が不在とは，物理的な意味でそこに被災者がいないという意味ではない。そうではなくて，何らかの理由で，復興を自分が関与できる問題ととらえられなかったり，自分にはそんな力など

ないのだという感覚を抱くなどして，当該の被災者が復興に主体的に取り組めない状態を指す。災害復興の主体が存在しないところでは，どんな支援も，仕組みも，制度も，その対象のよりよい復興につながらないばかりか，かえって対象の力を減じるように働くことさえある。このとき，よりよい復興を実現するには，まずは被災者がその主体にいかになれるのかという，復興の主体形成が問題となる。本章で論じたいのは，この復興の主体形成がいかに内発的になされるのかというプロセスである。本章では，筆者が長年アクションリサーチを続けてきた新潟県中越地震の震源の村，木沢集落（旧川口町，現長岡市）の復興の事例を具体的に参照しながら，復興の主体形成の問題を考えたい。

2　新潟県中越地震の災害復興

1　震央の村・木沢集落へ

　新潟県中越地震は，2004年10月23日に起きた地震である。大きな被害が出た地域は，大都市を襲った阪神・淡路大震災とは異なり，山間部に散在する集落だった。被災地は，災害前から，深刻な過疎・高齢化に悩まされていた。それが，地震からの再建過程で，特に子どものいるような若い世帯が，より便利な市街地での再建を選んだため，山間部の人口は激減，高齢化も一気に進んだ。災害は，既存の社会課題をより深刻な形で顕在化させるといわれるが，中越地震ではまさに，復興過程の中で，過疎・高齢化とどのように向き合っていくかということが避けては通れない課題となったのである。筆者は，地震から半年後に初めて被災地を訪れ，以後，2年間の現地居住も含めて，継続的に復興支援にかかわりながら研究を続けてきた。特に，2年間の現地居住（2006年と2008年）の間は，現地に地震後に設立された民間の中間支援組織である中越復興市民会議のスタッフとして，集落復興の現場にかかわった。その際に，筆者が中心となってかかわることになった地域が，地震の震源でもあった木沢集落だった。

　木沢集落は，旧川口町の北部標高約300メートルに位置する山間集落である。冬季間の積雪は優に3メートルを超える豪雪地である。村からふもとの役場に

第Ⅲ部　被災者支援と災害復興

続く道は崩落により遮断されたが，木沢の人たちは自分たちで道を切り開いて，孤立をまぬがれた。地震直前には，52世帯138名の人々が暮らしていたが，地震をきっかけに村を離れた人が多く，現在では30世帯70名となって，人口は半減してしまった。高齢化率も地震前の35％から50％を超えるまでに増加し，地震前から地域の課題であった高齢化は一気に深刻なものとなった。そうした状況の中で，地震や過疎に負けないで地域に元気や夢をつくろうと，2006年４月，木沢集落住民有志からなる地域づくり団体「フレンドシップ木沢」が活動を始める。筆者はこのフレンドシップ木沢の支援をすることになった。

［2］諦め感，依存心，無力感

　どのような地域になりたいのか，どんな復興をしたいのか，そのためにこの団体にはどんなことができるのか，フレンドシップ木沢が活動を始めるにあたって，そうした活動の目標や理念を話し合う会議が開かれた。ところが，会議の場面では，そうした未来のことをいくら話し合おうとしても，「こんな年寄りばっかの村はもうだめだ」「子どももいねぇのに未来なんてあるか」といった諦め感や，「復興なんて役場の仕事だろう」「役場はあの道をいつになったら直すんだ」といった根強い依存心，そして「オラ，バカだから，復興のことなんてよくわかんねぇ」という無力感が漂った。よりよい木沢集落の未来を考えましょうという投げかけをすればするほど，事態が閉塞してしまったのである。さらに，木沢集落では，地震後に地下水脈が変わってしまい，農業用水が確保できない深刻な問題があった。そのため，復興支援についての話し合いの最後は，「水がない」の一点張りとなり，議論は先に進まなかった。実は，このように，よりよい地域の実現をめざす復興支援をすればするほど，かえって被災者の諦め感，無力感，依存心を高めてしまい，事態を深刻化させてしまったことは，木沢集落にとどまらず，同様に多かれ少なかれ地震前から過疎高齢化の課題を抱えていた中越地震の被災地域において，共通の問題であった。

　筆者も，「水がない」のは大変だと，何とかもう一度水を確保する方法はないのかと探した。すると，これがとんでもなく難しい問題であることがわかった。井戸を掘るには，１カ所あたり数百万円必要で，それも水脈が変わってし

まっている以上，掘ってみても十分な水が出るとは限らない。ふもとの川から水を引くとなると数億円かかるといわれてしまった。とてもすぐには解決できない問題で，筆者はすっかり途方に暮れてしまった。そこで，とりあえず木沢の人々がどのような考えをもっているのか知りたいと思い，村に通おうと思った。ただ，何もないのに村を歩いていると不審に思われると考え，村の中で畑を借りることにした。当時，村の区長であった星野幸一氏は筆者の申し出を快く受けてくれ，村の中でも一番見晴らしのいいところ，それもその畑で作業をしていれば，村のどこからも筆者が来ていることを確認できるような場所の畑を手配してくれた。筆者はその畑に通うようになった。

　畑仕事をしていると，幸一さんにちょっと休まないかと，しばしばお茶のみに誘われる。幸一さんの家の中には，囲炉裏があって，その中には薪ストーブが据えつけられている。筆者は，先述の「水がない」こと，それを自分が支援しないといけないんだということで，頭が一杯になっていたので，眉間にしわを寄せながら，幸一さんに「水が出ないんですよね。大変ですよね。」と声をかけた。すると，幸一さんは「オッ」という一言を残して，隣の部屋に消えていった。何か悪いことでも言ったかなと心配していると，幸一さんがなにやらアルバムを抱えて帰ってきた。「それ，なんですか？」「山野草の写真。」「え，この草すごくないですか？」「浦島太郎が釣りをしてるようにみえるだろ，だからウラシマソウっていう。」「へぇ～，そんな草あるんですね，こっちもすごいじゃないですか。」「これはネジリバナ，オラほうじゃネジバナって言うけど。」「面白い形ですねぇ。」「ネジバナなんてどこにでもあるよ。」「そうなんですか？」「ちょっと，山行って見てみるか。」「お願いします。」，そんな経緯で，幸一さんと山を歩くことになった。幸一さんと山を歩くと，そこには都会出身の筆者には全く知らなかった豊かな自然が広がっていた。山を歩くと，幸一さん以外の様々な村人と出会い，会話をすることになる。そこからわかったのは，自然を享受するための素晴らしい知恵がこの村にはあることと，その知恵を育み続ける村人のたくましさだった。

　実は，畑作業を通して，筆者以外にも大学生たちが木沢を訪れるようになった。この大学生たちは，大阪からやってくる学生や，現地の大学生だったりし

第Ⅲ部　被災者支援と災害復興

た。これらの大学生も筆者と同様，都市部に育った学生が多かったので，木沢の暮らしはとても珍しいものに思えた。そして，筆者が感嘆したように，村人のやり取りの中で，すっかり木沢の暮らしや木沢の人のたくましさに魅了されていった。

③ 語りの変化

　木沢のことを知らない大学生がやってくる。そこで，村人は，木沢のことについて様々なことを語る。それを聞いて大学生が驚いたり，感心したりする。すると，村人はさらに木沢のことについて語るようになる。そんな風に，語りが連鎖していった。その中で，会議の場面では諦め感があったり，依存的であったりして，なかなか出てこなかった村の将来や，理想像についての語りが少しずつ出てくるようになった。「昔と比べて，人が集まる機会が減った」「こんなふうに，木沢がまたにぎやかな村になったらいいなと思う」というように。村のことをよく知らない大学生たちの感受性を通して，木沢の人々はなにげないもの，取り立てて価値のないものと考えていた自分たちの暮らしや生き方が，実はとてもすばらしいものであったことに気づき始めたのである。

　やがて，会議の雰囲気も変化してきた。実は，先の会議の場面を紹介したときに，「役場はあの道をいつになったら直すんだ」という声があったと書いたが，その道とは，木沢集落にある「二子山」と呼ばれる山にある遊歩道のことだった。二子山は山頂に神社もあり，そこから眺める景色は絶景で，木沢の人々にとって大切な場所だった。その山頂から見える景色を，ぜひ大学生にも見てもらいたいということになった。そして，役場を待っていてもいつになるかわからない，地震のときも自分たちで道を復旧したじゃないか，あのときのようにまたみんなで力を合わせればなんとかなるんじゃないかと，二子山遊歩道の自力復旧がされることになった。

　こうして，少しずつ「役場が」が「自分たちで」というように語り口が変わっていった。そして，会議の中でも，村の将来についての議論ができるようになっていった。2007年12月から2008年2月までの間には，「冬会議」と呼ばれた徹底的な話し合いの場がもたれた。合計9回，特に1月後半から2月は，毎

週会議を開き，自分たちの活動が何をめざすのか，そのときに大事にしたいことは何かが話し合われた。その結果，「体験交流を通した定住促進と永住促進」という活動理念がつくられた。この言葉には，外部の人たちとの交流を通して元気を得て，木沢にいま住んでいる人，あるいはこれから木沢に移住してくれる人が，ずっと安心してこの地に住むことができる村づくりをめざそうという思いが込められている。そして，この活動理念を達成するための原則として，「木沢復興7か条」が定められた。木沢集落では，その後，2010年4月に，地震直前に廃校となっていた旧木沢小学校が，宿泊型体験交流施設「朝霧の宿やまぼうし」としてリニューアルオープンした。そして，木沢集落住民がその指定管理を担い，これらの活動理念を達成するための拠点として活用している。大学生との交流をきっかけに，木沢集落では主体的な復興が進んでいった。

　ちなみに，懸案だった水の問題であるが，復興基金のメニューが弾力的に運用されるようになり，木沢の中でも復興基金の補助を受けてボーリングを行い，地下水を入手することが可能となっていた。木沢の事例は，ただ問題が解決されるのを待っているのではなく，それまでに自分たちでやれることは自分たちでやるという考え方のもと様々な活動を展開できたこと，その過程の中で自分たちのくらしのもっている潜在的な豊かさや力に気づいていったことが重要だったことを示しているだろう。

3　中越地震の復興の本質的課題

⬚1⬚ なぜ山の中の村に依存心が生まれたのか

　あらためてふりかえると，木沢集落では，当初は復興にあたって，諦め感や依存心，無力感が根強く，村の将来を考えようとしても，なかなか語ることができなかった。しかし，大学生との交流，対話を通して，自らの暮らしの豊かさに気づいていった。そして，復興の目標を議論することができるようになり，主体的な復興が進んだのである。しかし，ここで疑問が残る。筆者を含め大学生たちが出会ったように，村人はとてもたくましい人々であった。「自分のことは自分でやる」という気概をもって，地震直後には自分たちで道を治してし

第Ⅲ部　被災者支援と災害復興

まうような人々である。それもそうだろう，山間部に位置し，冬季は豪雪の地
では，自分のことは自分でという自助の意識なくしては，生きていけないだろ
う。そんな厳しい自然環境を，自分たちの手で切り開き，より豊かな生活を育
んできた人々であったのだ。それがなぜ，復興にあたっては，諦め感，依存心，
無力感が先に立ってしまったのだろうか。その背景には，この地域が歩んでき
た戦後の歴史がある。実は，災害からの復興を考えるには，「災害前」をしっ
かりと参照すること，そもそもその地域がどのような歴史的背景をもってきた
のかを考えることが死活的に重要である。

　戦争が終わり，日本社会の経済が少しずつ活力を取り戻しつつある頃，同時
に，都市と地方の格差は開きつつあった。また，きらびやかな都市の生活が，
冬期間の出稼ぎ者の視線と，山のお茶の間に置かれたテレビのブラウン管を通
して，中越の山村に届けられた。次第に，中越の人々は，それまで所与のもの
として当たり前だった村での暮らしが，都市と比べて大変不便な，遅れている
ものだと感じ始める。そして，都市との不平等感，不公平感を強めていくこと
になる。そのような状況の中でこの地域が輩出した政治家が田中角栄である。
田中は，すでに保守の有力者がいた都市部を避けて，辺境の村を熱心にまわり，
支持を固めていく。田中は，自らの選挙区の，とりわけ山間僻地からの要望，
いわゆる陳情を積極的に取り次いでいく。そして，その見返りとして，これら
の選挙区では田中の後援会が組織され，陳情との引き換えに巨大な票田となっ
ていった。これが，田中が確立した陳情政治と呼ばれる仕組みである。

［2］お願いすれば村が豊かになる成功体験

　ここで，中越地域の人々の間に，ある見方が確立されていく。それは，自分
たちの地域や生活を，都市との対比において「何がないのか」という欠如でも
ってみる視点，そして，それを行政や政治家にお願いすることで村が豊かにな
っていくという見方である。自らを価値のないものとして説得的に語ることで，
物質的な豊かさを享受するという繰り返しがなされていった。たしかに，陳情
によって，トンネルが通り，冬季間の除雪作業が支援され，村の暮らしは便利
になっていった。しかし，それでも過疎化はとまらなかった。便利になったト

ネルを通って，若い世代は村を離れ続けたのである。その結果，中越地震が起きた頃には，過疎化をはじめとした課題は決して自分たちにはどうにも対処できないものなのだという無力感と，子どものいない年寄りばかりの村にはもはや未来なんてないのだという諦め感，さらにはだれか何とかしてくれという根強い行政依存が残されていたのだった。

　先に，中越地震は，折からの過疎化が深刻で，元に戻るだけでは十分ではないことが容易に想像されたために，復興とは何かを問いかけた災害だったと述べた。実際，筆者も含めて被災地に関わる人々は，「地震の被害も大変ですが，本当の課題は，過疎・高齢化だったんです」としばしば語ってきた。しかし，今からふりかえってみると，本当の課題は，過疎化ではなかったことがわかる。本当の課題は，地震の被害や過疎の問題に対する人々の心の構えであった。これらの問題が，自分たちが取り組める問題と思えるのか，その問題に向き合う力を自分たちは有しているのか，そうした意識をもつことがなかなか難しかったところに，中越地震の復興の本質的な課題はあったのだ。

4　「めざす」かかわりと「すごす」かかわり

1　外部者による2つのかかわり

　さて，本章の問いに戻ろう。本章では，災害復興の主体形成の問題を論じていたのであった。木沢集落の事例をふりかえってみると，木沢集落においては外部者による2種類の働きかけがある。1つは，フレンドシップ木沢の当初の会議で，復興の目標について議論をしましょうといった，地域に変化を求めるかかわりである。もう1つは，大学生らが畑仕事や山歩きを通して，村人と交流したかかわりで，前者と対応づけて考えれば，地域に変化を求めるというよりも，地域が気づいていなかった潜在的な価値に気づくきっかけとなったかかわりである。通常，復興支援であるなら，問題含みの現状を改善，改革しないといけないのだから，前者のようなかかわりがとられるのは当然だろう。しかし，木沢の事例は，前者がなかなかうまくいかなかった。それに対して，後者のようなかかわりが，結果的には現状を変革していくことにつながった。なぜ

第Ⅲ部　被災者支援と災害復興

「よりよい状態をめざす」ことが当事者の閉塞感につながってしまうことがあるのだろうか。

　ここで，肥後（2015）が提起する「めざす」かかわりと「すごす」かかわりの議論が参考になる。肥後は，保育現場の子どもたちと接する中で，何らかの問題をかかえる子どもたちが，何かが「できる―できない」ことをめぐる傷つきに多かれ少なかれ出会っていることに気づく。何かが「できる」状態を「めざす」ことは，もちろん子どもたちの成長にとって大切な要素であるが，「成長するに従ってめざしたようにはいかないこと，しょせんとどかないこと」が目に見えてきて，「それでも『めあて』にむかって目指す生活態度のみ求められると，次第に充実感や達成感よりも，緊張感，失敗への不安，『できない』ことや『変わらない』ことからくる無力感のほうが大きくなってくる」という。そこで，「めざす」生活態度が活かされるためには，もう一方で，「変わらなくてよい」「このままでよい」というメッセージを含んだ「すごす」かかわりが形成されていることが大切だと肥後は指摘する。

［2］よりよい状態をめざすことの陥穽

　「めざす」かかわりが頓挫するのは，端的にいって，「よりよい状態をめざす」ことが暗黙のうちに現在の存在を否定しているからである。現在が十分でないからよりよい未来がめざされる。そのとき，その対象が，そもそも現在の自分自身を否定的にまなざすことで無力感を抱いているのだとしたら，「めざす」かかわりはその無力感を強めるように働いてしまうのである。「よりよい状態をめざす」復興支援が，事態をより閉塞したものにしてしまうことがあるのはこの機制による。それでは，どのようにこの閉塞感を突破することができるか，それは，「変わらなくてよい」という「すごす」かかわりである。先の集落の例でいえば，大学生らとのかかわりの中で村人が見出したことは，何気ない日常の中にある自分たちの豊かさであり，それを築きあげる自らのたくましさだった。注意しなければならないことは，「すごす」かかわりは問題含みの現状を肯定しているのではないことだ。「すごす」かかわりが肯定しようとしているのは，当事者自身が気づいていなかった自らに備わる潜在的な力のこ

200

とである。「すごす」かかわりによって，力を取り戻した当事者は，初めてそこで「よりよい状態」をめざすことができるようになる。このように，被災地において，積極的な未来を構想することが難しかったり，被災者に諦め感や無力感が漂ったりしている際には，復興支援はまずは被災者に本来備わっていた力が回復されるような，当事者の現在の存在の肯定につながるような実践から始まるのが有効であると考えられるのである。

5　復興が内発的であるということ

1　内発的発展論の系譜

　被災者に本来備わっていた力や可能性が，他者とのかかわりにおいて発現し，復興の主体形成がなされていくような復興プロセスを，ここでは内発的な復興プロセスと位置づけたい。繰り返し復興の主体形成を問いながら，「主体的な復興プロセス」ではなく「内発的」としているのは，本章の問いが，鶴見和子による内発的発展論の問題意識に連なる点があるからである（鶴見，1996）。鶴見和子は，西欧諸国等の先発国であれ，アジア，アフリカ，ラテンアメリカ諸国の後発国であれ，いずれも結局は西欧化していくという視点で近代化をみる単系発展論に対して，地球上すべての人々および集団が衣食住の基本的要求を充足し，人間としての可能性を十分に発現できるという目標においては人類共通であるものの，それに至るプロセスと創出すべき社会のモデルについては，地域によって多様に富む過程として，内発的発展論を唱えた。内発的発展においては，そこで実現される社会や人々の生活が，そこで生きる各々の人々によって，その「固有の自然環境に適合し，文化遺産に基づき，歴史的条件にしたがって，外来の知識・技術・制度などを照合しつつ，自律的に創出される」という。つまり先発後発を問わず，互いに参照し合いながら多様な社会モデルを実現していくという意味で，内発的発展論は，多系的発展論である。

　このような社会変化の見立ては，災害からの復興においても十分適応可能だろう。災害復興の目標は，災害による被害と，災害によって深刻化した既存の社会課題の相互解決を図りながら，よりよい社会の実現をめざすという点で被

第Ⅲ部　被災者支援と災害復興

災地に共通するものがあるが，そのプロセスは全く多様なものである。本章で
論じた復興の主体形成のプロセスは，復興の主体が生まれていくと同時に，そ
こに生きる人々自身や地域の暮らしが本来もっていた力や豊かさを発見し，評
価していくプロセスでもある。これは，まさに内発的発展において，地域に固
有の自然環境，文化，歴史的条件が重要な役割を果たすことと同じである。さ
らに，内発的発展が，ある閉鎖的な地域に孤独に進むのではなくて，他の地域，
外来の知識・技術・制度が参照されるのと同様に，復興の主体形成のプロセス
も，被災者にとって当初は他者である外部者とのかかわりにおいて進む。この
ように，鶴見の内発的発展論と，本章で扱ってきた復興の主体形成のプロセス
には共通する点が多い。これが，本章の章題を「内発的な復興の主体形成」と
した所以である。

［2］災害復興のアクションリサーチ

　本章で論じてきた内発的な復興プロセスと，鶴見の内発的発展論との違いが
あるとすれば，その方法論にあるかもしれない。筆者は現象を記述するだけで
なく，積極的にそのプロセスに参与し，よりよい復興の実現を様々な人々とと
もに試みるというアクションリサーチとして，内発的な復興プロセスを明らか
にしたいと考えている。今後予測される人口減少を見据えれば，中越地震が投
げかけたような復興における問題は，他の被災地でも多かれ少なかれみられる
ようになるのではないだろうか。また，諦め感，無力感，依存心のために，支
援がとん挫したり，かえって状況を閉塞させることは，復興にとどまらず事前
の防災・減災にも同様に起こりえるはずだし，そもそも何らかの状況の改善を
めざす「支援」の現場でひろく現れうる問題だと考えられる。その意味でも，
内発的な復興プロセスの研究を賦活するには，他の復興の事例にとどまらず，
生活をめぐる様々な問題に向きあう人々との交流が欠かせない。内発的な復興
プロセス自体が被災地をめぐる多様な人々の交流において進められるのと同様
に，その研究も多様な現場に向き合う人々の間に開かれることが鍵となるので
ある。

引用参考文献

鶴見和子，1996，『内発的発展論の展開』筑摩書房。

肥後功一，2015，『改訂版　通じ合うことの心理臨床──保育・教育のための臨床コミュニケーション論』同成社。

（宮本　匠）

第13章

復興特区の現在とその可能性

1 東日本大震災の復興特区

　2011年，政府は復興特区法（水産業復興特別区域法）を制定，2013年4月に復興庁が水産業特区を認定した。同年9月，水産復興特区に設立された「桃浦かき生産者合同会社：LLC」は，東日本大震災から2年半を経て，経済復興政策の象徴としてスタートをした。

　2011年3月の東日本大震災の発災時，桃浦集落は19人が個別に零細かき養殖事業を営んでいた。高齢化も深刻であったことから，かき事業の再生を一時は断念したという。しかし，荒れた海岸や地域の復興を協力して行う過程で，特区による会社方式での再生の可能性が示唆されたことから，これまでの個人事業者のうち14人が共同で会社設立をめざすこととなった。合同会社スタートまでの2年余の間，漁業協同組合など既存・既得権益事業者との議論は大変厳しいものであったが，生産・加工・販売を一体運営することで経営の機動性・柔軟性確保し，さらに漁業者の意思決定権の堅持が可能な合同会社の設立に至った。現在，核となる㈱仙台水産のノウハウを活用し，従来のかき生産者とは異なる消費者指向型経営に転換しつつある。また，かき超高圧処理装置の開発（神戸製鋼所との共同開発）など生産技術の革新も実現できている。「桃浦かき生産者合同会社」が地域のエンジンとなって，人の回帰や経済の集積を強く感じているという（同社インタビューより）。

　本章の目的は，巨大災害によって「突然」条件不利地域となった被災地再生の切り札として登場した復興特区制度の現状と課題について整理し，今後の課題について検討を行うことにある。以下，第2節は，東日本大震災での特区政策を概観し，特区設置の経緯や東日本被災地全域での設置状況を紹介する。第

3節で，地域政策の視点から，阪神・淡路大震災のエンタープライズ・ゾーン構想から始まる日本における特区政策の系譜を整理した上で，第4節では，復興特区の現在の状況を整理し，第5節において地域政策としての復興特区の現時点での課題を論じる。第6節では復興特区の進化の方向について予見されるわが国の巨大災害を勘案しつつ，被災地再興への仕組みとして若干の提案を行う。最後に第7節において，復興特区政策の評価の枠組みについて言及することにしたい。

2　東日本大震災における復興特区

2011年5月29日，東日本大震災復興構想会議は中間整理を公表し，この中で税制優遇や規制緩和を地域限定で進める「震災復興特区」設置を明記した。検討部会は「『特区的な手法』のイメージについて」を公表。復興構想会議は同年6月末に第1次提言を公刊した（東日本大震災復興構想会議，2011）。この中で被災地復興を支える「特区」手法が明らかにされたのである。

これにさきがけ，5月13日には政府・民主党による「東日本大震災復興特別措置法案」の要綱案が新聞報道されている。被災地に県単位の「復興特別区域」と市町単の「特定被災復興地区」を設けると共に，特区ごとに官民一体の「復興推進機構」やきめ細かい復興支援を行うための復興基金を設けることが柱となっている。地域ごとに規制緩和や財政，金融面措置を講じる他，国の規制を排除して自治体が主体的に土地利用や雇用計画を策定するなど独自に復興に取り組めるようにすると明記された。

巨大災害からの復興は，その甚大な被害への即応とその後の自律過程への連鎖をマネジメントすることに尽きる。甚大な被害に直面する被災地において，従来の制度・仕組みとは異なる復興加速のためのシステムが不可避である。地域がそのイニシアチブによって自律的再生に向かうための選択が可能な規制や仕組みの柔軟さが求められることは，日本が巨大災害からの被災地再生において強く経験してきたことでもある。緊急時に大きな役割を果たした「贈与経済」は，被災地の自律化への歩みの出発点で大変重要な役割を果たしているが，

205

第Ⅲ部　被災者支援と災害復興

同時に「市場」の再生・創出を加速度的に促す新たな枠組みを緊急に準備しなければならない。こうした意味でも復興特区への期待は大きかった。

3　阪神・淡路大震災エンタープライズ・ゾーン構想から東北復興特区へ

　阪神淡路大震災からの復興において，エンタープライズ・ゾーン（企業立地促進区域）構想の提案は，その後の日本の経済システムを予見させる大胆なものであった。ここでは，その経緯について，若干の紹介を行った上で，東日本大震災の復興特区に至るわが国特区制度の推移を簡単に整理しておくことにしたい（加藤，1995，2004）。

　1995年の発災直後，最も早く提案を行ったのは「ひょうご創生研究会」である。1995年3月の「提案」において，「エンタープライズ・ゾーン指定による新たな地域振興」を公表している（ひょうご創生研究会，1995）。ここでは，様々な許認化手続きの簡素化，土地利用・建築等にかかわる規制緩和，外国人労働の就労規制緩和，情報・通信の自由化，事業税・固定資産税等の減免などを提案。こうした特典は10年間有効とした。

　その後，1995年5月には神戸市起業ゾーン研究会が「神戸起業ゾーン計画」を提案した。ここでは，「失業など雇用問題への即応」「ビジネスシティとしての神戸のイメージ改革」「新産業創出拠点形成」などを目的として，税の減免や規制緩和に基づく期間限定インセンティブを核とする都市再生策を提案している。同年6月に策定された『神戸市復興計画』では，産業復興施策の中で「神戸の産業構造の高度化の促進」の1つとしてエンタープライズ・ゾーンの設置が位置づけられた（神戸市，1995）。ここでは，「企業立地を促進するため，税の減免や規制緩和等の投資促進や輸入促進を図る各種優遇措置を備えた地域を設定するとともに，経済に関する各種規制の緩和を求めていく」としている。広範かつきめ細かく計画された産業再生のための計画であるが，これまでにない新たな制度的な枠組みを明確に提案したのはエンタープライズ・ゾーンだけであっただろう。神戸市復興計画とほぼ同時期に策定された兵庫県『阪神・淡路震災復興計画』においても「国内外からの投資や外国企業の誘致を促進する

ため，輸入促進や内外企業の立地促進のための優遇措置等を行う制度として」エンタープライズ・ゾーンの設置を提案した（兵庫県，1995）。

また，通産省（当時）は『新産業社会基盤施設調査：エンタープライズ・ゾーン設置調査』を実施した（通産省委託調査，1995）[2]。ここでは，エンタープライズ・ゾーンをポートアイランドⅡ期地区と設定し，設置期間を10年とした。従来，こうした政策において設置期間があらかじめ設定される例はなく，役割を終えれば制度そのものが消滅するとしたところにこの計画の特色があった[3]。

このように，阪神・淡路大震災からの経済復興において，エンタープライズ・ゾーン設置に関わる多くの議論が行われた。結果的には，政府は一国一制度に固執し，神戸起業ゾーン提案に始まるエンタープライズ・ゾーンの設置は，十分な形では実現しなかった。ただ，1997年1月，神戸市，兵庫県は，各々産業誘致のための優遇措置を盛り込んだ「神戸起業ゾーン条例」と「産業復興推進条例」を制定し，地域のイニシアチブによる経済政策の一歩を踏み出したといってよいだろう（加藤，2005）。

もともとエンタープライズ・ゾーンは英国における大都市衰退への処方箋の切り札として1980年に設置されたものであった。規制緩和と税の減免をインセンティブとした都市政策は，英国再生に向けたこれまでにない大胆な政策として世界的にも注目を集めた。阪神・淡路大震災からの復興において，こうした仕組みの導入が被災地から要望されたことは当然であったともいえる。その後の経緯について以下概略するが，復興政策としては必ずしも十分な形で実現しなかった。その後，日本における地域政策の中で大きな役割を果たしていくことになる（加藤，1998）。

4　東日本大震災復興特区の枠組みと現在

1　東日本大震災復興特別区域法の枠組み

東日本大震災被災地に構築された復興特区の仕組みはいささか複雑である[4]。2011年12月，「東日本大震災復興特別区域法（復興特区法）」が施行された。復興特別区域制度は，震災により一定の被害が生じた区域（「特定被災区域」とい

第Ⅲ部　被災者支援と災害復興

う）において，その全部または一部の区域が特定被災区域である地方公共団体（「特定地方公共団体」という）が特例を活用するために計画策定を行い，国に認められた場合に特例措置が講じられる（加藤，2016）。

　「東日本大震災からの復興を加速させるためには，前例や既存の枠組みにとらわれず，地域限定で思い切った措置を講じることが必要であり，また，被災状況や復興の方向性が地域により様々であることから，地域の創意工夫を生かす仕組みが必要である。あわせて，被災した地方公共団体の負担を極力減らし，迅速な対応を可能とするため，規制・手続の特例や税制，財政及び金融上の特例をワンストップで総合的に適用する仕組みが必要である」（内閣府，2017）という哲学で制度設計が行われた。大きくは，「規制・手続きに関する特例」「税制上の特例措置」「土地利用再編」「東日本大震災復興交付金交付」といった内容である。巨大災害被災地域の再生ということから，産業，住宅，まちづくり，土地利用などハード・ソフト両面からの統合的な仕組みとなっている。

　2017年7月現在，規制や税制特例を受けるために必要な復興推進計画は，特定被災区域において228件であった。その多くは金融上の特例（産業集積関係の税制上の特例や利子補給金の支給など）であるが，産業やまちづくりにかかわる規制緩和（医療機関に対する医療従事者の配置基準特例［岩手県］や工場立地法等に基づく緑地投機性の特例［宮城県］など）が含まれている。また，復興に向けた土地利用再編特例にかかわる復興整備計画は，岩手県194地区，宮城県425地区，福島県230地区などとなっている。

　本章では，この中で経済再生に直接関わる規制や課税措置特例に焦点をあて，現時点での復興特別区域指定によって顕在化した仕組み上の課題等について論点を整理しておく。復興特区に関わる税制上の特例は，**図13−1**を参照されたい（復興庁，2017）。

（2）東日本大震災復興特区の現在

　2017年3月末現在，復興特区法に基づく課税特例に係る指定件数は4691件。このうち，県別にみて最も多くの指定を受けたのは福島県1722（全体の36.7％），次いで宮城県の1288件（同27.5％）であった（内閣府，2017）。ただ，事業者が

208

図13-1 被災地の雇用機会の確保のための税制上の特例措置

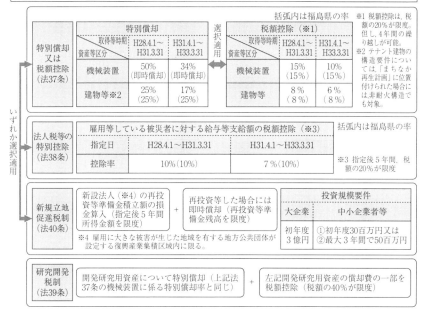

(出所)「東日本大震災復興特別区域法資料」復興庁，2017年4月．

活用している制度にはかなりの偏りがある。新たに取得した設備や機械装置，建物等の特別償却または税額控除される特例である法37条が2522件（全体の53.8％）と最も多く，次いで被災雇用者に対する給与等支給額の10％が税額控除される特例である法38条が2059件（同43.9％）であった。法40条は，「新規立地新設企業を5年間無税に」と謳って制度化されたが，現実にはこの制度を活用した事業所は10件（0.2％）にとどまっている。なお，復興特区の課税特例によって，2012年2月から2014年3月までに，指定事業者が2兆3000億円の投資を行い，13万4000人の雇用が確保された。

第Ⅲ部　被災者支援と災害復興

5　復興特区と地域政策

［1］復興特区の特質

　復興特区がスタートした時点（2011年12月）で，その税制上の特例措置は5年間の時限であった。その後，2016年に2020年度末まで延長が行われている。地域経済の本格復興に時間を要することを勘案すると，2017年10月（本稿執筆時）でその評価を行うにはやや時期尚早とも思われるが，当初の特区特例第1期が終了しているということもあり，復興特区の基本方針をあらためて整理した上で，これまでに明らかとなった課題を整理しておくことにしたい。

　「地域の創意工夫に基づく復興を強力に支援」（首相官邸，2011）。この言葉に象徴されるように，政府の復興特区の制度設計の方針は，「前例や既存の枠組みにとらわれず，地域限定で思い切った措置」「地域の創意工夫を生かしたオーダーメードの仕組み」「規制・手続の特例や税・財政・金融上の特例をワンストップで適用」（復興庁 HP）にある。地域からの選択や施策のパッケージ化を想起させる視点は，これまでにないたしかに「大胆な」被災地再生策といってよいだろう。こうした方針のもと復興特区は「地域の特性に応じた産業の集積や新規産業の創出などによる被災地経済の再生のため，市町村の能力を最大限引き出す」（東日本大震災復興構想会議，2011）仕組みとして機能することになる。

　図13-2は，被災地の経済再生に向けた復興特区の方針を，3つの構成要素から整理したものである。産業集積形成や新規産業創出のためには，既往事業所の再建だけでなく中長期的視点から地域経済が直面する構造転換をも視野に入れた仕組みが必要である。税の減免措置と規制緩和は特区における経済側面の両輪であるが，図13-2には「期間限定，シンプル（ワンストップ）かつ大胆（思い切った措置）」という政府の意図する第三の要素を付加した。被災という緊急性と変化への機動的対応への器としての役割が期待されていることを鑑みれば，被災事業者，地元自治体が再生に向けて地域が選択する大胆な政策に即応できる制度デザインは必須である。ここでは，復興特区のかかる基本方針

から現時点での論点・課題を整理する。

図13-2　復興特区の構成要素と特質

（出所）筆者作成。

　巨大災害からの復興において，被災地で経営を続ける企業（ダメージを受けなかったか損傷が軽微）に緊急に支援政策を集中することは合理的だ。先に指摘したように，使われた特例措置は，設備や機械装置，建物等の特別償却または税額控除される法37条が全体の約5割，給与等支給額が税額控除される法38条が4割強で全体の9割以上を占めている。今回の被災地特区政策は，既存事業者の支援・保護を主たる狙いとしたともいえる。一般に，被災地経済再生の考え方は大きく2つのタイプがある。第一は，域外からの経済活動誘致によって地域乗数の拡大を促進する方法である。これは，域外需要を対象に生産する「基盤産業」を核に，これらが地域経済を実質的に牽引する需要主導型アプローチである。被災地経済の構造転換を促す新規立地事業所への期待といってもよい。第二は，地元産業の連関性強化による地域乗数拡大を促そうとするアプローチである。巨大災害から「生き延びた」地元企業の移出力強化は，地元において連関関係が稠密に形成されてきたことを考えれば，地域乗数効果が大きいと考えてよい。特区のメリットが既存事業者にももたらされているとすれば，被災地の地域乗数を刺激し，ダメージを受けた地域経済を再生する効率的なアプローチと位置付けることができる。柔軟な制度適用による被災地経済再生の加速は，現時点でもなお最優先課題といわなければならない。

　こうしてスタートした特区だが，非常時における地域政策としてみたとき下記の論点が明らかとなってきた。

2　被災地にイノベーションを起こしたのか？

　第一の論点は，被災地経済再生に向けた構造転換への「刺激」としての役割にかかわっている。巨大災害によって大きなダメージを負った被災地産業再生のためには，急進する産業のグローバル展開，知識・情報集約に向けた産業構

第Ⅲ部　被災者支援と災害復興

造高度化への視点は不可避である。その意味で，復興特区への期待は，被災地内外からの新たな投資，そしてこうして立地する企業群が地元企業と接することで生起するイノベーションであったはずだ。では，どれくらいの企業が被災地外から立地してきたのであろうか。自治体ホームページなどで公開されている指定事業者のリストにはそうした情報が記載されていない。そこで，ここでは法40条に着目することにした。同法は，被災地内外からの投資に格段のメリットを提供する仕組みとしてデザインされたものである。

　まず，特区制度（課税特例）によって恩恵を受ける企業タイプに大きな偏りがあることを指摘しなければならないだろう[6]。今回の特区の仕組みでは，特例被災区域として指定を受けたエリアの中で，さらに産業集積地域や業種を特定して事業所指定が行われる。各事業所は，提示された課税特例措置を受けることになる（法37条，38条，40条は選択適用）。法40条「新規立地促進税制」は，今回の特区の特例措置において法人税が5年間事実上無税になるという点で特筆すべきものの1つであった。ただ，法40条適用事例は4691指定事業所のうちわずか10件（全体の0.2％）にとどまっている（2017年3月）。もともと同法は，特定復興産業集積区域内に本店を有し，区域外に事業所等を保有しないことを条件に，特定復興産業集積区域内で機械又は建物等に再投資等に特例を認め当該地域以外での経済活動を禁じていた。一方，「販路開拓等のために市場が大きな首都圏等区域外への進出ができないことは，企業経営の根本に関わる問題であり事業活動の発展を封じられる仕組み」（筆者による指定事業者インタビュー）といった指摘もある。政府はこうしたことから，指定要件を緩和し，法人の主たる業務以外の業務を行う事業所であること，区域外へ設置する事業所の従業員数の合計が，法人の常時使用全従業員数の30％又は2人のいずれか多い人数以下であることの2つの要件を満たした場合は，事業所を区域外に設置することを認めた（復興庁，2014）。ただ，その後も，法40条の適用企業はほぼ横ばいの状況を続けており，新規立地のインセンティブとして機能しているとはいいがたい。今後，より詳細な特区制度の評価が必要である。

　法40条を選択した企業には大きな成果を上げている企業もある。宮城県石巻市北上町で2014年4月に設立，事業をスタートした（株）デ・リーフデ北上は，

第13章　復興特区の現在とその可能性

写真13-1　「デ・リーフデ北上」の温室

（出所）筆者撮影。

　地元企業家鈴木嘉悦郎氏が設立。再生可能エネルギー木質バイオマスを利用したトマト・パプリカ生産・販売を行う「施設園芸」事業者である。2つの温室（合計2.4ha），人工光型種苗供給センターを備えている。オランダの高度な栽培技術を導入した次世代施設園芸である。ここで着目したいのは，高度環境制御システムによる栽培管理など，先端的技術を導入することによる農業のイノベーションを実践する場が形成されたことだろう。農林水産省の「次世代施設園芸導入加速化支援事業」の宮城県拠点として位置づけられることで，リッチフィールド㈱や東京デリカフーズ㈱などとコンソーシアムを組み，野菜ビジネスのいわば6次産業化の実験・実践拠点としても稼働しているといってよいだろう。こうしたオランダ式高度技術導入という技術イノベーションと，農業の6次産業化という社会イノベーションを両輪とする同社は，実質的な事業開始から1年余で成果は当初予測の150％と好調で，第2・第3農場建設も検討しているという。

　法40条適用企業はこうした形で，従来型産業に技術革新をもたらしていることを評価したい。一方で，新規立地促進税制を選択せず，新規立地や起業をした事業所も存在するはずである。復興特区制度が被災地経済再生に向けた構造転換への「刺激」としての役割を果たしているのかについての詳細な検討が必

213

第Ⅲ部　被災者支援と災害復興

要である。

［3］ 死荷重効果から考える

　第二の論点は，復興特区の税制優遇措置が，産業集積地域に立地する既存事業者全体をカバーする仕組みとして設計されたこととかかわっている。既存事業者保護の色彩を濃くした今回の復興特区の仕組みは，もともと5年間を時限とする緊急・短期対応として設計された課税措置であり，これをさらに延長するにあたっては，産業政策手段として考慮すべき課題を必然的に内包することになる。これを，死荷重（deadweight loss）効果から検討しておこう。

　死荷重とは，もともと完全競争市場均衡で得られる総余剰から，課税の結果失った余剰の大きさを意味している。したがって，復興特区は，一時的にこの死荷重（超過負担）を縮小することによって，被災地企業が市場で再稼働することを促す役割を果たすものと位置づけることができる。しかし，この措置はあくまで巨大災害に対応する局地的・期間限定施策である。被災地経済が再生するということは，かかる「特典」が消滅することを意味している。地域政策の視点から，この死荷重をあらためて定義すると，「（復興過程のある時点から）その課税緩和（実際には補助）がなかったとしても，事業所が自らその経営を維持・継続するために負担しなければならない費用」ということも可能だろう（Armstrong and Taylor, 2000）。突然条件不利に陥った事業所に対し，地域との連関性が強い地元企業に復興特区の活用によって政策集中する合理性は明らかだ。しかし，被災地経済がその活動を取り戻す過程で，いつまで政策を継続することが被災地経済の自立復興に有効なのかは判断が難しい。[7]

　緊急・短期的には，経営資金補助や工場・オフィス再建への直接的な支援に減税は有効だ。ただ，これだけでは中・長期的には再び同じ状況に回帰してしまう可能性は大きい。既存事業所の経営効率化や新産業の醸成，技術イノベーション等に影響を及ぼす戦略的な地域のマネジメントは必須である。被災地経済が自律的に再生・発展の経路に転じるためには，地域経済にかかわる産業・経済システムの需給のあり方に影響を及ぼす制度や仕組みを構築する必要がある。いずれにしても，被災地経済の中・長期の均衡水準を拡大する地域経済シ

ステム自体の再編成は不可避である。

「規制緩和・税の減免措置も有効ながら，事業として地域に貢献できるのは，関連ビジネスをこの周辺に誘致し，クラスター形成をはかることで共同仕入れや共同搬送，技術協力も可能になる」（（株）デ・リーフデ北上）。「地域的集中の経済」形成に向けたエリア・マネジメントの必要性も指摘されている。

［4］隠れた費用の懸念

第三に，隠れた費用（hidden cost）への懸念を指摘しておく。この問題は，復興産業集積区域のあり方ともかかわっている。復興産業集積区域は，復興推進計画作成地方公共団体が，同計画において定める「戦略的に特定の業種の集積を推進する区域」である。復興産業集積区域の定義は自治体によって様々であるが，ここでは宮城県の民間投資促進特区のゾーニングのあり方をみておこう。宮城県のゾーニングは，被災した地域を有する自治体が，当該地域へ通勤圏（業種によって定義）を含む地域の産業地区を指定していることによって構成されている。特区という空間を単位とした指定が行われたにもかかわらず，実際には，実に5000弱の特区指定事業所（特定被災区域）に対して個別に特例を適用している。個々の事業者の事務的負担もさることながら，所管する自治体の負担も相当量に達すると考えてよいだろう。事業者や地元自治体の「手間」は肥大化している。例えば，法38条「法人税特別控除」において，雇用被災者の特定を条件としている。被災地経済の再生への企業の貢献という点では，同じ職場で働く人を被災者かそうでないかをたまたま被災時にどこにいたかで区別する意味はあるのだろうか（筆者インタビュー）。事業者や事務手続きを行う地元自治体の隠れた費用（hidden cost）は大きいと考えなくてはならない。

［5］三位一体運用となっているのか？

最後に，被災地経済の再建・創生には，先に示した要素（図13-2）が三位一体となって機能することが重要であることを指摘しておきたい。現実には，特区指定において，課税特例と各種規制は個別に計画が策定され，被災地経済再生の両輪として一体的に運用されていないようだ。「特区指定により課税特

第Ⅲ部　被災者支援と災害復興

例を受け，金融機関等からの融資も認可されたが，建築認可等に時間がかかり，早期の事業スタートに影響がでる恐れがあった」（筆者インタビュー）といった指摘もある。この点では，なお「縦割りの非効率」が効率的被災地再生に立ちはだかっているといっても過言ではない。

こうした既存事業者への特区という形での継続的支援が，本来期待される被災地内投資の拡大による地元企業のイノベーションへの刺激などに，どのように今後結びついていくのかを検証していく必要もある。いずれにしても，被災地再生に向けてこれまでにない巨大な「特区」が形成されてきた。大きなダメージを受けた被災地経済が，特区という引き金によってどのように再生の道を歩むのかは，今後予見される巨大災害からの地域経済再生政策を検討するにあたって，極めて重要な経験なのである。

6　復興特区政策の進化を

巨大災害からの復興は，その甚大な被害への即応とその後の自律過程への連鎖をマネジメントすることに尽きる。被災地において，従来の制度・仕組みとは異なる復興加速のためのシステムが不可避である。地域がそのイニシアチブによって自立的再生に向かうための選択が可能な規制や仕組みの柔軟さが求められる（加藤，2012）。

政府の復興特区案は，東日本大震災で被害を受けた11道県合わせて227の自治体を対象としている。既存の行政界を踏襲した形だ。今後予見される巨大災害からの復興を念頭に置けば，地域が自立的に復興・再生する上で，既存の県や市をベースにすることが効率的なのかについては検討が必要である。復興特区の意義が，既存の制約や規制にとらわれず地域のイニシアチブで自立的な再生の過程をデザインすることにあるとすれば，とりわけ個別圏域において戦略的なエリア・マネジメントを可能とする場を大胆に提案することも検討すべきである。成長や発展の核として可能性がある地区と大きなダメージを負った地区を一体とした圏域設定する。個々の特区で，地域のマネジメントを行う地域再生公社といった組織を設立し，地域に根ざした復興へのプロセスを起動して

いくことが必要である。今回，復興庁が特区群全体の統括組織としての役割を果たしているとしても，被災地は広域で多様である。その復興の進捗も地域・地区によって異なる。地域再生公社は，こうした課題への柔軟な対応にも必要な存在であったかもしれない。

地域再生公社は，圏域の将来ビジョン策定そしてその実施主体となる。ビジョンで描かれた地域の実現に向けて，次世代地域産業醸成への投資，そこでの「仕事」に必要な雇用・教育プログラムの開発・実施，そしてこれに呼応するインフラ整備などを所管することになる。そのために，土地など不動産を含む地域資源のマネジメントにかかわる強い権限を保持しておくことが必要なのである。また，こうした組織を創設する際，その存続期間をあらかじめ設定しておくことが有効である（加藤，2011）。

地域再生公社は地域のイニシアチブで運営されなければならない。一方，政府主導によるこうした仕組みは縦割りと画一性の罠から逃れることはできない。地域固有の課題に即応し制度を柔軟に運用すること，地元経済化界との良好な関係を堅持・形成することは地域経済再生に不可欠の要素である。巨大災害を切り抜けた産業・企業に活力を注入し，地域内経済循環を高めることで効率的な地域再生を実現しなければならない。

巨大災害からの復興は，減税・規制緩和を2本柱とする産業再生に焦点を置いた特区だけでは対応できない。税の減税・規制緩和といったソフト・ウエアは，都市計画と直接関わるまちづくりのハード・ウエアと連動していることが必須であるし，これらが相乗効果を創出するためには地域の実情にあわせ巧みに調整を行うヒューマン・ウエアがパッケージ化されたまちづくりを基軸とする統合型エリア・マネジメントの仕組みが必要である。

被災地の産業構造高度化に向けた新たな産業導入・ビジネス・クラスター形成のための包括支援策提示，さらには復興の過程で新産業創造・技術開発が進化する構造を内包していることが重要であろう。グローバル化に呼応した農業・漁業，環境，医療，介護・福祉産業，教育など高齢化社会における豊かな生活のためのビジネス・モデルを試みる必要がある。これまで規制によって護られ市場が十分に形成されていない領域である。

第Ⅲ部　被災者支援と災害復興

　さらに，被災地全体で展開されるパッケージ政策群全体をマネジメントする
のが地域再生公社である。例えば，スマート・シティは地域と連動した新しい
タイプのイノベーションを企図している。被災地復興に向け，こうした仕組み
を産官学連携して，そのビジネス化をはかるといったことも，様々な既存規制
をクリアしていく上で実証実験型の地域ビジネスもモデルとして提案すること
ができよう。被災地の復興政策群は，機能的には多重・多層的な要素が強い。
パッケージ政策をクラスターとして編成し，復興のプロセスをマネジメントす
るのが地域再生公社なのである。

7　残された課題

　復興特区は，被災地再生にどのように役立ったのだろうか。ここでは，特区
の経済効果について，企業立地に限定してその枠組みを検討することにしたい。
　わが国においても，特区政策は2002年の構造改革特区から，2011年の総合特
区制度，そして2013年には国家戦略特区が設置されてきた。しかし，こうした
特区の効果については，経済的な視点からの評価は行われていない。特区発祥
国の英国では，エンタープライズ・ゾーンの設置について，ゾーン内外の経済
活動の変化を点検した報告書を公刊している（DOE, 1995）。復興特区が，巨
大災害からの地域再生に向けたこれまでにない大胆な政策として位置づけられ
たという点でも，その経済効果を点検することは不可避といわなければならな
い。ここでは，英国のエンタープライズ・ゾーン評価報告を参照しつつ，復興
特区の実態と成果を整理する枠組みを提示することでまとめに代えることとし
たい（加藤，1998）。
　図13 - 3は，復興特区の経済的な観点からの総合評価の枠組みである。ここ
には，まず復興特区とこれを取り巻く周辺地域を位置づけた。復興特区への期
待は，当該事業所の再建のみならず，新規企業立地に伴う特区内外への経済波
及効果やイノベーションの伝播にある。図13 - 3の「周辺地域へのリンケージ
効果」および「周辺地域への乗数効果」がこれを示している。リンケージ効果
とは，特区に新設・移転してきた事業所が，特区外の事業所の生産や雇用，技

第13章　復興特区の現在とその可能性

図13-3　復興特区評価の枠組み

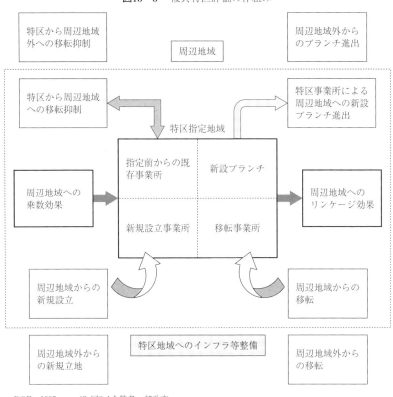

DOE, 1995, pp. 43 図2.1を筆者一部改変。

術革新に及ぼす影響を示している。これに対し，乗数効果は新設事業所による地域所得の拡大を意味している。こうした経済活動の評価と同時に，雇用等の拡大に寄与する効率性も点検しておく必要がある。被災地復興という特殊状況とはいえ，政策の効率性を把握しておくことは，今後の政策展開に対して重要である。

　イノベーション（創造的破壊）は社会の仕組みにも必要である。日本経済の凋落の原因は硬直化した社会経済制度を環境変化に呼応して柔軟にできなかったことにある。戸堂はこうした状況から「制度の大転換こそが日本経済のジリ貧を止める唯一の方法」（戸堂，2011）と指摘する。東日本大震災からの復興は，その意味で，役割を終え硬直化した制度の見直しが出発点でなければならない。

第Ⅲ部　被災者支援と災害復興

制度・仕組みの強い相互連関は，その更新・再構築を困難にしてきたが，復興特区はこうした関係性を局地的に転換する実験と位置づけてよい。被災地特区は，経済再生の切り札であるとともに，日本経済発展に重要な手がかりを提供することになる。ここでの成果は，今後予見される巨大災害からの経済復興に具体的な提案を行う試みを提供してくれるとともに，日本の社会経済システム自体の再点検を検討する上での大きな手がかり与えるものとなろう。

注

(1) 神戸市起業ゾーン研究会は，研究者，民間企業，政府系金融機関等に所属するメンバー有志によって構成された組織である。

(2) 本計画（委員長　加藤恵正）では，税の優遇措置や規制緩和を軸に，「港湾機能を活用した支援」「企業活動支援」「国際交流・集客基盤整備」を行うとした。

(3) かかる視点からの議論は，巨大災害からの産業・経済復興において制度再編不可避とする経済学者らによる計画や提案が矢継ぎ早に提示されてきた。1999年1月「21世紀の関西を考える会：安心・安全な都市・地域づくりチーム」（リーダー　新野幸次郎）は，「従来，国の財政措置に依存しながら政策を実行してきた地方自治体が，独自の判断と財源により，地域を限定して企業誘致へのインセンティブを実施する点において，新しい行政手法として高く評価されるべきである」とした上で，さらなる追加的政策措置が必要とした（21世紀の関西を考える会，1999）。

(4) 磯崎（2012）は，復興特区の全体像について，周到な整理を行っている。

(5) 復興特区税制に関しては，宮本（2013）による論究を参照のこと。

(6) この税制特例に適用される事業所のタイプとしては，①特区指定前からの既存事業所，②新規設立事業所，③新設ブランチ事業所，④移転事業所がある。

(7) 地域経済の衰退モデルを援用して，地域政策からみた死荷重について本章「補論」において若干の検討を行っているので参照されたい。

引用参考文献

磯崎初仁，2012，「東日本大震災復興特別区域法の意義と課題──円滑・迅速な復興と地方分権」（上・下）『自治総研』403・405号。

加藤恵正，2016，「災害からの地域再生と社会イノベーション」加藤恵正編著『都市を動かす──地域・産業を縛る「負のロック・イン」からの脱却』同友館。

加藤恵正，2012，「被災地経済の再生と新たな発展──社会イノベーションの加速を」『都市政策』（（財）神戸都市問題研究所）146号。

加藤恵正，2011，「復興特区の機能と役割」『地方自治研修』（公職研）臨時増刊97号。

加藤恵正，2005，「震災からの地域経済再生——エンタープライズ・ゾーン再論」日本建築学会都市計画委員会『都市変容の予兆としての阪神・淡路大震災復興10年——阪神淡路から次代の都市計画へのメッセージ』日本建築学会。

加藤恵正，2004，「震災復興における都市産業・経済政策——制度的側面からの検証と提案」『都市政策』（（財）神戸都市問題研究所）116号。

加藤恵正，1998,「英国におけるビジネス・ゾーン展開の現実と評価」川端基夫・宮永昌男編著『大競争時代の「モノ」づくり戦略』新評論。

加藤恵正，1995,「活力ある都市の蘇生に神戸起業ゾーンの提案」『週刊東洋経済』臨時増刊 1995/10/ 4 。

神戸市，1995，『神戸市復興計画』神戸市。

首相官邸，2011,「復興にむけて」（http://www.kantei.go.jp/fukkou/organization/reconstructionzones.html 2017年10月 1 日アクセス）。

通産省委託調査，1995，『平成 7 年度新産業社会基盤施設調査（エンタープライズ・ゾーン設置調査）報告書』，通商産業省・関西総合研究所。

戸堂康之，2011，『日本経済の底力—臥龍が目覚めるとき—』中公新書。

21世紀の関西を考える会：安心・安全な都市・地域づくりチーム（リーダー 新野幸次郎），1995,「阪神・淡路大震災からの復興を先導する免税島（DFI）構想」『安心・安全な都市・地域づくりのために』，21世紀の関西を考える会。

東日本大震災復興構想会議，2011，『復興への提言～悲惨のなかの希望～』東日本大震災復興構想会議。

ひょうご創生研究会，1995，『阪神・淡路大震災 ひょうご創生への提言』神戸新聞情報科学研究所。

兵庫県，1995，『阪神・淡路震災復興計画』兵庫県。

復興庁，2017,「東日本大震災復興特別区域法資料」（http://www.reconstruction.go.jp/topics/main-cat1/sub-cat1-13/2017_PDF/20170331_fukkoutokkugaiyou.pdf 2017年10月 1 日アクセス）。

復興庁，2014,「東日本大震災復興特別区域法施行規則の一部を改正する庁令」（http://www.reconstruction.go.jp/topics/2641_1.html 2017年10月 1 日アクセス）

宮城県，2017,「復興支援」（https://www.pref.miyagi.jp/site/hukkousien/fukkoutoc-index.html 2017年10月 1 日アクセス）。

宮本十至子，2013,「震災復興特区と税制」『立命館経済学』61(6)。

Armstrong, H. and Taylor, J., 2000, *Regional Economics and Policy*, Blackwell.

Department of the Environment (DOE), 1995, *Final Evaluation of Enterprise Zones*, HMSO.

第Ⅲ部　被災者支援と災害復興

補論：特区の理論面からのアプローチ

　ここでは，Oates et. al（1971）らの議論にしたがって，巨大災害による地域衰退のメカニズムを整理しておこう（宮尾，1985）。

　何らかの外部要因（ここでは巨大災害による地域産業へのダメージ）が，地域衰退への刺激となったとき，当該地域は「累積的因果関係」から衰退は加速する[1]。地域経済における相互関連性，循環的・累積的性格が強いほど，かかる変化は加速する。ここでは，Oates らのモデルに依拠しつつ，特区政策による事業所補助と死荷重問題について若干の点検を行う[2]。

$$Y_{t+1} = r - sD_t \qquad s > 0 \quad \cdots\cdots(1)$$
$$D_t = u - vY_t \qquad v > 0 \quad \cdots\cdots(2)$$

ここで，Y_t は t 時における被災前の事業所平均所得を，D_t は同期における事業所被災度（たとえば平均水準以下の事業所の割合など）を示している。したがって，(1)式は被災度の拡大が被災地事業所の事業縮小や被災地外への移転を誘発し，その結果次期の所得が縮小することを示している。また，(2)式はこうした所得の低下は，さらなる事業力低下を誘引することを示唆している。ここで，(2)式を(1)式に代入すると次の(3)式となる。

$$Y_{t+1} = r - su + svY_t = aY_t + b \cdots\cdots(3)$$

$a = sv$，$b = r - su$ である。ここで，Y の均衡値である Y_e は，(3)式において $Y_e = Y_t = Y_{t+1}$ とすることで，以下のようになる。

$$Y_e = b/(1-a) = (r-su)/(1-sv) \cdots\cdots(4)$$

図13補論 - 1 は，この過程を図示したものである。AA' は(3)式を示しており，Y_{t+1}は Y_t の関数となっている。ここで，何らかの条件変化によって事業者が経営の縮小や被災地外へ流出すると，所得は Y_1 へ低下することになる。その結果，被災地における経済縮小が進み，所得はさらに Y_2 へと低下する。このプロセスは，Y_e まで累積的に減少していくことになる。

　巨大災害という外的なインパクトは，地域経済活動の停滞・流出をもたらすことで，被災地経済の累積的衰退をもたらすことを示している。こうした事態にたいする２つの地域政策がある。ひとつは，短期的・対症療法的施策である。

　例えば，**図**の t = 2 における Y 値，Y_2 を Y_0 へともどす直接的な補助金（ここでは既存事業所の優遇策）などの政策である。ただ，この政策では，一時的な経済活動

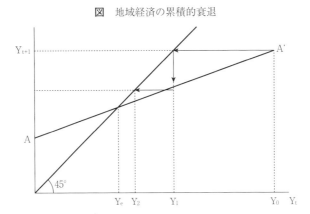

図　地域経済の累積的衰退

（出所）　W. Oates, E. Howrey and W. Baumol（1971）.

水準の回復が実現したとしても，累積的衰退の過程が繰り返されることで再度Y_eへと所得は低下することになる。第二の政策は，中・長期的な観点から累積的衰退に歯止めかけることだ。(1)式，(2)式に示したパラメータに影響を及ぼす衰退の構造自体に影響を及ぼし，Y_e値を引き上げる施策が必要なのである。

復興特区は，課税緩和による死荷重削減によって多くの被災地事業者を支援し，残存経済資源への「刺激」を行う役割を果たしたということになる。しかし，地域政策の累積衰退モデルが示すように，時間の経過とともに一過性の支援はその効果を弱めることになる。今回，この課税特別措置が延長されたが，それは図に示したY_2をY_0へともどす一時的・直接的な支援であり，再び衰退へのプロセスを開始するだけかもしれない。単一の支援政策は効力を失い，Armstrongらの指摘する「死荷重」に転化していくことになる。

補論注
1 ）Myrdal（1957）が提示したこうした「地域不均衡論」は，その後Kaldor（1970），Dixon and Thirlwall（1975）らによる動学モデルによって定式化されることになる。
2 ）宮尾（1985）は，Oatesらによる都市衰退に関わる議論を整理・紹介している。

補論引用参考文献
宮尾尊弘，1985，『現代都市経済学』日本評論社。
Dixon, R.J., Thirlwall, A.P., 1975, "A Model of Regional Growth Rate Differentials along Kaldorian Lines", *Oxford Economic Paper*, vol. 27, pp. 201-214.
Kaldor, N., 1970, "The Case for Regional Policies", *Scottish Journal of Political Economy*,

第Ⅲ部　被災者支援と災害復興

vol. 17, pp. 337-348.

Myrdal, K.G., 1957, *Economic Theory and Under-Developed Regions.*（小原敬士訳『経済理論と低開発地域』東洋経済新報社，1959年）。

Oates, W., Howrey, E. and Baumol, W. , 1971 , "The Analysis of Public Policy in Dynamic Urban Models", *Journal of Political Economy* , vol 79, pp. 142-153.

（加藤恵正）

第IV部

防災教育と心のケア

第14章　学校教育における実践的な防災教育

1　学校教育における防災教育

本章では，「命を守るために災害に適切に対応する能力を育む」ための教育を「実践的な防災教育」と位置づけ，日本の学校教育において実践的な防災教育がどのように行われてきたのかを歴史的な経緯を踏まえ整理すると共に，その課題がどこにあるのか，今後どのような取組みが求められるのかを検討する。

日本の学校教育に，実践的な防災教育が導入されるきっかけとなったのが1934年の室戸台風である。近畿地方への台風上陸時間が小・中学生の登校時間と重なり，登校直後の児童生徒・教職員が，台風による校舎倒壊に巻き込まれ多数犠牲になった。学校という教育の場において，多数の児童生徒・教職員が命を失ったという事実は，学校の安全を確保するとともに，学校教育に防災教育を導入することの重要性を認識させた。その後，教科教育に防災教育が導入され，定期的な避難訓練が実施されるようになった。しかしながら，第二次世界大戦後の教育改革において，防災教育に関する内容は社会・理科などの各教科に分散されてしまう。1995年の阪神・淡路大震災は，各教科に分散されてた防災教育のあり方の再検討を促した。それにもかかわらず，2011年の東日本大震災では，津波により再び多数の学校関係者が犠牲になった。

科学技術が進歩しているにもかかわらず，なぜ東日本大震災では被害を防ぐことができなかったのか。現行の防災教育の課題はどこにあるのだろうか。本章では，実践的な防災教育の取組みについて歴史的な経緯を含め整理し，再検討することにより，防災教育をめぐる課題への解決策を見出す。

第Ⅳ部　防災教育と心のケア

2　室戸台風と学校教育における防災教育の導入

　1934年9月21日高知県室戸岬付近に上陸した台風（室戸台風）は，超大型の台風であり，高知では瞬間風速60メートルを記録するほどであった。台風が近畿地方に上陸したのは，9月21日午前8時前後であり，小中学校の始業時間と重なっていた。強風により，多数の木造校舎が倒壊し，学校内にいた教職員，児童生徒が多数犠牲になった。この台風による，大阪府の小中学校の被害は，全壊22校，半壊98校，一部倒壊45校，浸水35校，犠牲になった教職員は18人，児童生徒は676人にのぼった（大阪府，1936）。学校という教育現場において，児童生徒が犠牲になったことの反省は大きく，当時の大阪府の安井英二知事は「学校の倒壊大破せるため，かれんなる児童生徒の多数その犠牲となり，また少なからざる殉職教員を出したるは，誠に痛恨の極みというべし」と述べている（大阪府，1936）。

　室戸台風から約1カ月後の1934年10月31日に，文部大臣は各県知事あてに「非常災害に対する教養に関する件」（訓令第14号）という訓令を出した。これは，学校教育における実践的な防災教育の実施を初めて公式に指示したものであった。

　訓令では，各学校が実施する取組み内容として以下の5点が示された。
1）平素からの指導に関する事項
2）学校の設備に関する事項
3）平素学校として留意すべき事項
4）平素職員として心えるべき事項
5）実地練習に関する事項

　このうち，「平素からの指導に関する事項」には，具体的に以下の3点が示されている。
㈑　火災，震災，暴風，洪水，津波，その他各種の災害に関し各関係教科の教授ならびに学校生活において常に留意して指導を行い，かつ講話，印刷物その他の方法によって，各種災害の特徴並びにこれに対応する方法など

に関する知識を養うこと

(ロ) 気象台，測候所，放送局もしくは新聞紙上の予報，警報，信号などに関する知識を得て，かつこれに常に留意するように指導すること。

(ハ) 各種災害の機会をとらえてその原因，状況，避難状況等につきなるべく具体的にこれを教え，これに関する注意を喚起して精神の修養に取り組むこと

この訓令は，火災，地震，暴風，洪水，津波などの様々な災害について指導するのみならず，それに対応する方法をも伝えること，各災害の機会をとらえ，その原因・状況・避難について教え，それに関する注意を喚起するなど，災害時に命を守るための方策を教えることを強調するものであった。

この訓令を受けて，学校教育において防災教育の導入が進められた。教科教育においても，第4期国定教科書（1933年～）への改訂に伴い，小学校3年生の修身の教科書に地震防災に着目した「ものごとにあわてるな」という教材が，また，安政南海地震時の津波避難に関する物語「稲むらの火」が，第4期国定教科書小学読本巻10（1933～40年），第5期国定教科書初等科国語6（1941～45年）に掲載された（阪本，2016）。

しかしながら，第二次世界大戦後に日本の教育制度は大きく変革した。学習指導要領は改訂され，終戦直後の1947年の学習指導要領では防災教育は，新たに設置された教科「社会科」に位置づけられていたが，1951年の学習指導要領の改訂により，防災教育は指導内容から姿を消すことになった（城下，2007）。

3　阪神・淡路大震災と総合的な防災教育

1　阪神・淡路大震災と防災教育の改定

戦後の防災教育からの大きな転換点となったのが，1995年1月17日の阪神・淡路大震災であった。地震により，建物，住宅は倒壊し，道路・鉄道などの交通網は寸断され，住まいを失った人は学校などに避難した。突然の災害に直面し，学校はやむをえず休校となり，教員は，避難所対応に追われた。被災した児童生徒への支援も深刻であった。多くの児童生徒・その家族が犠牲になった

第Ⅳ部　防災教育と心のケア

ものの，心に傷を負った児童生徒へのケアをどのように行うのかについては事前に検討されていなかった。

阪神・淡路大震災後の1995年6月に，被災した神戸市では，これから先どのように教育に取り組むのかという方針を検討するための「神戸市教育懇話会」が発足した（神戸教育委員会，1996）。懇話会では，学校における防災教育の実施方針についての検討が重ねられた。防災とは，災害による被害を最小化するための試みであり，日常的な予防措置，災害時の応急的な対応，さらには災害後の復興過程を含むものである。防災教育は，地震が起こった際の応急対応だけでなく，災害に対する予防的な知識，復旧過程における相互支援など，防災について幅広く総合的な教育が必要となる。その一方で，この観点からこれまで行われてきた防災教育をふりかえると，第一に，避難訓練に偏重している，第二に指導内容が断片的である，という課題が示された。

第一の，避難訓練の偏重であるが，学校教育課程で行われている避難訓練は災害発生時に「逃げる・避ける」行動をとるという点に偏っていた。避難行動は重要であるものの，それのみが防災教育として取り上げられては十分ではない。

第二の，指導内容の断片性とは，教育課程に含まれている災害や防災に関する知識が，社会や理科など特定の教科にあるのみであり，それぞれが相互に関連性をもたない学習となっているため，統合された学習として成立しにくいという課題である。各教科内での知識と訓練などを結びつけ，防災に関する地域・技能・態度の総合的な学習を推進していく必要がある。

第三に，阪神・淡路大震災から得た教訓を風化させないための教育の推進とそのための教材開発の必要性が検討された。

以上に述べた観点から防災教育プログラムの検討が行われ，阪神・淡路大震災から10カ月後に，被災経験の共有化を図ることを目的とした副読本「幸せ運ぼう」が作成された。1997年には新しい防災教育カリキュラムとして「『生きる力を育む』防災教育」が策定され，各教科に位置づけられている防災教育が，全体として体系化された。また，各学校において防災教育カリキュラムの運用が始められた。さらに，1997年に新たに「総合的な学習」の時間が導入さ

第14章　学校教育における実践的な防災教育

れたことが防災教育の推進を後押しし，神戸市では，この時間枠を活用して，防災教育の実践に取り組みが始められた。

2 防災教育の柱と実践に向けての取組み

　神戸市の防災教育は，以下の柱から構成されている。第一に，人間としてのあり方・生き方を考える（心），第二に，災害が起こったときに命を守るために必要な知識を身につける（知識），第三に，災害が起こったときに命を守るための技能を身につける（技能），である。

　第一の，人間としてのあり方・生き方を考える，ということは，命の大切さを認識するとともに，災害時に自分・家族・友人の大切な命を守るためにはどうすればよいのかを考えるということである。私たちが住む社会は，様々な人との相互関係の中で成り立っている。地震により倒壊した家屋に閉じ込められると，自分一人の力だけでは逃げ出せず，近所の人に助けを求めなければならないことがある。また，災害により自宅を失うと，避難所で生活しなければならない。避難所での生活は，様々な人との共同生活となるため助け合いが大切になる。このように，災害とその後の生活の中では，自分一人の努力（自助）だけで解決することは難しく，人と人とのつながり（共助）が必要になる。

　第二の，命を守るために必要な知識とは，災害から命を守るには，自然災害がどのように発生するのか，そのメカニズムを知ることにある。自然災害のメカニズムに対し正しい知識をもつことにより，災害に対する過度の不安を取り除くことができる。また，災害は繰り返し同じ地域を襲う可能性があることから，地域が過去にどのような災害による被害を受けてきたのか，どのような災害リスクがあるのかを知っておく必要がある。

　第三の，命を守るための技能とは，地震に強い住まいを建てる，家具を固定する，災害発生時の避難場所・そこへの避難方法を知るなど，命を守るための具体的な方法を身につけることである。

　このように神戸市の防災教育プログラムは，災害発生時だけでなく，災害発生後の生活においても，その場の状況に応じて生きる能力を培うことを目標とする内容となっている。

231

第Ⅳ部　防災教育と心のケア

　また，このような防災教育を実施するには，教員も防災教育に関する知識を
もつ必要がある。阪神・淡路大震災から5年を迎える2000年1月17日に，兵庫
県「震災・学校支援チーム（EARTH）」が発足した。兵庫県が実施する防災教
育養成講座修了者，阪神・淡路大震災当時に学校の避難所運営や復興業務に携
わった教職員，カウンセラーがメンバーとなった。その後も継続して，活動内
容の充実，メンバーの拡充に取り組んでおり，現在は162人体制で活動を展開
している。独自の防災教育推進指導員養成講座を実施するとともに，被災学校
支援，被災経験の共有などが行われている。

4　想定外に備えるための防災教育

［1］災害時の避難行動をめぐる課題

　文部科学省は，2010年の学習指導要領実施に際し，新たに学校安全参考資料
として「『生きる力』を育む学校での安全教育」（文部科学省，2010）を示した。
「『生きる力』を育む学校での安全教育」は，日常生活においてどのようなとき
であっても自ら危険を予測し・回避するために，的確に判断し迅速な行動する
「主体的に行動する態度」を身につけることを重視するものである。しかしな
がら，2011年3月11日の東日本大震災は，これまで展開していた防災教育が被
害を防ぐには十分ではないという課題を突きつけた。

　東日本大震災が発生した時刻は，14時46分であり，校内に児童生徒・教職員
がいる学校もあった。地震発生直後に津波に備えてすぐに避難した学校もあっ
たが，そのような行動を取れなかった学校もあった。東日本大震災による学校
関係者の死者・行方不明者は654人（文部科学省，2012）にのぼった。1934年の
室戸台風に匹敵する被害がもたらされたわけである。室戸台風から70年以上が
経過し，科学技術が進歩してきた状況において，なぜ避難を防ぐことが難しか
ったのであろうか。以下，東日本大震災時の学校の災害対応の事例から詳細に
検討する。

第14章　学校教育における実践的な防災教育

［2］宮城県石巻市立大川小学校の事例

　東日本大震災において，大きな被害を受けた学校の１つが，宮城県石巻市立
大川小学校である。津波により校舎が全壊，全校児童108人のうち69人が死亡，
３人が行方不明，教職員13人のうち10人が死亡するという大きな被害がもたら
された。ここでは，大川小学校の検証記録（大川小学校事故検証委員会，2015）
に基づき地震発生時の状況を整理する。

　地震発生直後，児童は上履きのまま校庭に避難した。保護者の引き渡しによ
り下校した児童は27人，学校にいた児童は76人であった。校長は，年休を取り
不在であったため，現場では，教頭以下11人の教員が対応にあたった。校庭に
避難した後に，学校の裏山に避難するかが検討されたが，裏山の木々が倒れて
いるという情報があったことから，裏山には避難せず，新北上川堤防の沿いの
場所（三角地帯）に向けて15時33分ごろに校庭から列を作り避難を開始しした。
校庭を出た教頭は，道路を県道方面に向かい，津波が来ているので急ぐように
児童に指示した。そのため，教職員・児童生徒は小走りで避難したものの，児
童が県道に到達した時点ではすでに新北上川のやや下流に位置する堤防を越流
して津波が流れ込んでおり，教職員・児童生徒は避難先の三角地帯に到達する
ことなく津波の犠牲になった。

　なぜ，早い段階で裏山などに避難するという行動をとることができなかった
のか。その理由として，検証報告からは，以下の課題が示される。

　第一に，地震対応体制は検討されていたものの，津波避難を想定した体制が
事前に検討されていなかった点である。前述の通り，大川小学校では，地震発
生後，児童は地震被害に備えて校庭に集合し，保護者への引き渡しを行ってい
た。これは，学校の災害対応マニュアルにおいても検討され，訓練も行われて
いた事項であった。しかしながら，津波対策については，マニュアルには，津
波の発生の有無を確認した上で二次避難所へ避難するとの記載があるものの，
避難先は記載されていない。校庭集合後に津波が発生した場合の対応までは十
分検討されていなかった。防災訓練についても，不審者対応，地震・火災を想
定した訓練は行われていたが，津波を想定した訓練は行われていなかった。

　第二に，学校関係者だけでなく，行政・地域の人も津波により被害を受ける，

第Ⅳ部　防災教育と心のケア

という意識があまりなかった点である。大川小学校は，石巻市河北地区の防災ガイドやハザードマップでは，津波浸水域の外になっており，大川小学校は津波災害時の避難所に指定されていた。地震発生後に地域の人が小学校に避難してきており，炊き出しの準備が行われていた。また，市役所関係者が地震後に小学校で他地域の人の避難受入れが可能か尋ねに来ていたという記述もみられる。これらの点からは，行政や地域の人の中には，大川小学校を（安全な）避難先として捉えており，大川小学校から避難するという意識になかなか結びつかなかったことが想定される。

　第三に，教員の津波に関する知識が十分ではなかった点である。津波は，河川を早いスピードで遡上することがあるため，河川の近くに避難することは危険である。大川小学校がある新北上川は，海から２キロほど内陸に位置しているものの，津波が河川を遡上する可能性があったにもかかわらず，河川に隣接する三角地帯に向けて避難したということが被害を大きくした。

　このように，津波被害に対するリスク認識の低さと，事前の津波対策の不十分さが，地震発生後の避難行動に影響を及ぼしていた。過去の歴史災害をたどると，昭和三陸津波では家屋一戸が流失，昭和三陸津波でも破堤したという記録が残されており，これまで津波被害が皆無であったわけではない。しかし，防災対策は，地震対策が中心であり，地域の脆弱性を多角的に見た対策が実施できていなかった。

［3］想定外の災害に備えるための取組み

　東日本大震災では，想定外の事態に直面しながらも，迅速に避難していた学校もあった。岩手県釜石市の小中学校である。岩手県釜石市には小学校５校，中学校４校の計９校あり，地震が起こったときに，授業中あるいは下校準備中だった学校が６校，児童は下校しており，学童と校庭に遊んでいる児童がいた学校は３校であった。東日本大震災では，このうち３校が津波により全壊し深刻な被害を受けたが，校内にいた児童生徒は避難していた（釜石市，2015）。

　地震後に児童生徒・教職員は，事前に想定していなかったいくつもの課題に直面していた。地震後に，津波に備えて校舎３階に避難したものの，貯水槽が

第14章　学校教育における実践的な防災教育

破損し，水漏れがあったため校舎にとどまることが難しく最寄りの鉄道の駅に避難した学校，訓練時には，1年生から順に高台に避難することになっていたが，急いで避難するために体力がある6年生から先に高台に避難した学校，訓練時には，地震後に校庭で点呼をとってから避難することになっていたものの，津波を懸念して点呼をとることなく生徒が一斉に高台に向けて避難を開始した学校もあった（釜石市，2015）。いずれの事例も，事前に定められていた訓練などとは異なる行動をとっていたが，それにより危機を逃れることができていた。

　釜石市は，明治三陸地震津波（1896年），昭和三陸地震津波（1933年），チリ地震津波（1960年）と繰り返し地震津波を経験していたが，これらの災害の後に継続して防災教育が行われてきたわけではない。防災教育の取組みが始められたのは，2006年になってからである。2006年11月15日には，千島列島沖地震が発生し，地震後に釜石市の沿岸地域に津波注意報が出され，地域住民に避難指示が出された。ところが，地震後の避難行動においては「避難した」という人は回答者の13.9％，「避難しなければと親にいった」という人が50％という結果が示された（金井・片田，2007）。さらに，子どもが家族に「避難しよう」といったのに対し，家族からは「避難しなくてよい」といわれたとの回答もあった。このことは，第一に，それまで学校で実施されている防災教育が，児童生徒の避難行動には結びついていなかったこと，第二に，災害時に避難するためには，児童生徒のみならず，家族の意識変革も必要であるという課題を示した。

　そのため，釜石市は実践的な防災教育プログラムの開発に取り組むことを決定した（釜石市，2008・2009）。プログラムのモデル校として，津波被害が想定される沿岸部の学校を選定し，その教職員が中心となり，小学校の低学年部会，中学年部会，高学年部会，中学校部会の4つのワーキング・グループが設置され，教員が指導時に活用する「津波防災教育の手引き」が作成された。手引きは，小学生（低学年・中学年・高学年），中学生が，それぞれ学習進度に応じて活用できるカリキュラム構成となっている。また，教科・領域，学校行事などと関連するように，学習内容・教材も選定された。さらに，小学校と中学校の教材の連携性も重視された。

235

第Ⅳ部　防災教育と心のケア

　モデル校の１つであった釜石東中学校では，津波防災をテーマに，総合的な学習の時間を利用した調査研究が１年間かけて行われた。2009年には「EAST レスキュー」という独自のプログラムが策定された。プログラムのねらいは「自分の命を自分で守る」「助けられる人から助ける人へ」「防災（災害）文化の継承・醸成」の３点であった。三陸津波が発生すると，沿岸部に津波は時速36km の速度で到達するといわれていることから，津波にみたてた自動車と子どもとが競争する。そのときに，ただ走るだけではなく，怪我をした人を背負う，載せたリヤカーを引くなどの試みを取り入れた授業が行われた（森本，2015）。

　このように，釜石市の防災教育は，「災害時に避難する」という行動を重視する内容となっていた。そこには，過去に繰り返し災害に襲われてきた，という地域の被災履歴への理解を深めた上で，ハザードの威力を自分ごととして体感するプログラムを構築するという特徴がみられる。独自の防災カリキュラムの開発・実践を通して，児童生徒のみならず，教員も防災に関する知見を深めていた。

　このような防災教育を実施できた背景には，第一に，市が防災教育を推進するための組織体制を構築していたこと，第二に，市の教育委員会と防災部局との連携体制が構築されていたこと，第三に，地域と連携して教育プログラムを展開した，という特徴がある。防災教育を推進するために，2008年に市内の校長・防災関係者から構成される「防災教育支援推進会議」が設置された。各学校に「防災教育担当」という専属のポストが作られ，「防災教育特別委員会」が設置され，学校ごとに防災教育を推進する体制が整えられた。防災教育のための歴史資料などは釜石市郷土資料館から提供された。突発的な避難訓練は，防災行政無線を活用して行われたが，訓練の実施に対し地域住民も協力的であった。実践的な防災教育は，特定の学校だけの取組みでは難しく，教育委員会，市，地域住民との連携が重要であることを示している。

5　実践的な防災教育

　以上に述べたように，わが国における実践的な防災教育の取組みは，災害の

第14章　学校教育における実践的な防災教育

経験を経て進められてきた。その背景には、災害により多数の学校関係者が犠牲になったこと、そのような悲劇を繰り返さないことへの強い思いがある。前章で述べた、東日本大震災の事例は、実践的な防災教育が、地域と密接に関係していることを示している。つまり、学校だけでの実践は難しく、市、教育委員会、地域住民の連携による取組みが不可欠である。本章の議論を踏まえ、今後、実践的な防災教育をより有効なものとするための方策として以下の点を示す。

　第一に、地域の災害特性に応じた防災教育の実施である。東日本大震災で大きな被害を受けた地域の中には、地震に備えて建物を耐震化する、地震避難訓練を行うなど、地震対策に熱心に取り組んでいたものの、津波対策が十分でなかったところもあった。地震・津波・台風・火山などのハザードによる被害特性は、地域ごとに異なる。そのため、それぞれの地域の過去の災害履歴・被害特性に応じた独自の防災教育プログラムを開発し、定着させる必要がある。

　第二に、過去に地域で発生した災害についてはその地域に住み、それを体験した人が詳しい。地域の人を通して、地域で起きた災害に関する学びを得てそれを具体的な学校防災に役立てる必要がある。児童生徒の登下校時の避難訓練の実施、学校施設を活用した避難所対策の検討など、学校と地域の連携は、災害対応の様々な面において欠かせない。

　第三に、防災教育を実践する教師の人材育成をめぐる課題である。防災教育に携わる教職員の多くは、防災・減災に関する教育を受けたことがない。そのため、大学の教員養成課程において必須科目として防災教育を入れる、現職教員に対する人材育成プログラムの一環に防災教育を入れるなど、教員の人材育成の仕組みを構築する必要がある。

　これらの課題の多くは、過去の災害においても指摘されてきた事項でもある。災害は社会的現象であり、災害による被害を防ぐのも一人ひとりの努力である。これから発生する災害を乗り切るためには、私たち一人ひとりが、過去の取組みから学びそれを行動に移す必要がある。

第Ⅳ部　防災教育と心のケア

引用参考文献

大川小学校事故検証委員会，2015，「大川小学校事故検証報告書」。

大阪府，1936，「大阪府風水害誌」。

釜石市他，2008，「平成20年度文部科学省防災教育支援事業――子どもの安全をキーワードとした津波防災」。

釜石市他，2009，「平成21年度文部科学省防災教育支援事業――子どもの安全をキーワードとした津波防災」。

釜石市教育委員会，2015，「釜石市東日本大震災検証報告【学校編】」（平成26年度版）。

金井昌信・片田敏孝，2007，「児童とその保護者を対象とした津波防災教育の実践から得られた課題」日本災害情報学会第9回研究発表会，321-326頁。

神戸市教育委員会，1996，「阪神・淡路大震災　神戸の教育の再生と創造への歩み」。

城下英行，2007，「学習指導要領の変遷過程にみる防災教育展開の課題『自然災害科学』26（2），163-176頁。

森本晋也，2015，「災害を生き抜くために――東日本大震災の経教訓を踏まえ」研究発表3　全国学校安全教育研究大会　東京都学校安全教育研究大会，28-37頁。

阪本真由美，2016，「日本における防災教育のこれまで」窪田由紀他編『災害に備える心理教育』ミネルヴァ書房。

文部科学省，2010，「『生きる力』を育組む学校での安全教育」。

文部科学省，2012，「東日本大震災による被害報告について」（第208報）。

（阪本真由美）

第15章	復興の心のケアと被災地での防災教育

1 復興の心のケア

1 阪神・淡路大震災は心のケア元年

　阪神・淡路大震災後に，わが国ではじめて「心のケア」という言葉が広く使われるようになった。精神保健医療で被災者をサポートしてきた精神科医・安克昌は「巡回面接，子どもへの働きかけ，電話相談，パンフレットの作成と配布，精神科医が行った投薬などの治療も芸能人の慰問も，＜心のケア＞と呼ばれていた」と記した（安，1996，230頁）。アメリカの精神保健チームは「できるだけ早く被災体験を語り，感情を吐き出しましょう。それがPTSD（外傷後ストレス障害）を予防します」とのメッセージを携えて「心理的ディブリーフィング*」（ミッチェル・エバリー，2002）という手法を推奨しに来日した。それは学校再開後できるだけ早く作文や絵で被災体験を表現することが心のケアになるとのメッセージにつながった。マスメディアで心のケアが叫ばれる一方，心のケアチームに相談を求める被災者はほとんどいなかった。また，メディアが「被災者にとって今必要なのは，耳を傾けてくれる人」と流すと，「自称」心のケアボランティアが全国から被災地を訪れ，被災地は混乱した。心のケアの専門家もどのような方法で被災者に接すればいいのかわからず，試行錯誤の日々が続いた。

　　＊　ディブリーフィングとは，消防士など救援者が活動を終えて，グループで活動をふり返り，個人の体験や心情を話し合うことが，救援者のメンタルヘルスによい影響を及ぼすということからはじまった。はじめに体験を語り，様々な心身反応は正常な反応であることを知り，これからの対処を考えるグループ活動である。

　筆者は6000人以上が亡くなっている状況で，「被災体験を言葉にすることを

早急に求めるべきでない。今必要な体験は，安全感と安心感の回復である」と考えた。避難所では「肩がこる・眠れない・イライラされる方，『リラックス動作法』に○○までどうぞ」とアナウンスしてもらった。毎回5～10名の避難者が来室した。「目の前がスッキリした。震災以来はじめてぐっすり眠れた。落ち着いた」など肯定的な感想をたくさんもらった（冨永，2014）。

　そして2001年911同時多発テロの後，ディブリーフィングを実践した心のケアの専門家は，参加者の満足度は高くても，トラウマ症状が減衰しないことに気づいた。また，2004年12月のインド洋大津波のあと，世界中から心のケアのチームが被災地を訪れ，子どもに津波の絵を描かせたり，その絵を持ち帰ろうとしたチームまでいた。

　西欧でディブリーフィングの検証研究が行われ，その結果「災害紛争の直後にディブリーフィングはやってはいけない」と結論された。替わって急性期の災害紛争後の心理支援のガイドラインとしてサイコロジカル・ファースト・エイド（PFA：Psychological First Aid（アメリカ国立PTSDセンター，2011）が開発された。PFAは8つの活動（コンタクト，安全と安心感，安定化，情報収集，現実の問題解決の支援，社会的支援の促進，ストレス対処，引き継ぎ）から構成された。急性期のガイドラインであるので，被災体験の表現活動は含まれていない。

　では，「災害直後に被災体験をグループで表現することはなぜよくないのか？ 1年後も2年後もずっと，被災体験をグループで表現し分かち合う活動はやってはいけないのか？」という疑問がわく。基本的には，被災体験を表現し様々な感情を信頼できる人と分かち合うことは，心の健康にプラスになる。ただし，災害直後は，余震も続き，過酷な避難所生活など安全感が保障されない状況であり，かつ，過覚醒で興奮状態にある。そのような状況で，被災体験をグループで語らされて，しかも1回のセッションでは，中途半端な語りになってしまい，不快感が残ることがある。こういう経験をすれば，「もう二度と語りたくない」との思いが強くなる。後に述べるトラウマ反応の1つである「回避」を強化し，ストレス障害のリスクを高めてしまう。一方，被災体験を心の中に閉じ込め封印し続けることも，ストレス障害のリスクとなる。中学1年生

第15章　復興の心のケアと被災地での防災教育

の時，阪神・淡路大震災で姉を亡くし10年後にPTSDになりトラウマカウンセリングで回復し，臨床心理士として活躍している植松秋さんの手記は，ストレス障害のリスクと回復をわかりやすく伝えている。10年後にPTSDになったのは10年間，震災，姉のことを学校でも家庭でも語ってこなかったことと自分が姉を助けられなかった自責感のためであった。トラウマカウンセリングは，封印していた震災の記憶を安心できる治療者に語り，現実場面で避けてきたことにチャレンジすることでPTSDのすべての症状から解放された（加藤・最相，2011，134-148頁）。

　だから，安全安心が確保され，少しずつ被災体験にふれ，表現する機会を設けることが，心のケアの要点になる。そのため「時期に応じた心のケア」が大切になる。

［2］ 災害ストレスがもたらす被災者の心身への打撃

　災害ストレスは3つのストレスが混在して被災者に襲いかかる。第一は死の危険・戦慄恐怖を伴うトラウマ・ストレスである。第二は大切な人を突然亡くす喪失であり，第三が避難所生活や仮設住宅での不便な生活である災害後の生活ストレスである。そして，ストレスには，4つのストレスがある。①心身の反応である「ストレス反応」と②そのストレス反応の原因となる「ストレッサー」（出来事）と③ストレス反応を緩和したり，ストレッサーに立ち向かう「ストレス対処」であり，④ストレス反応が強く持続して日常生活を妨げる心身状態の「ストレス障害」である。同じストレッサーを経験しても，ストレス反応やストレス障害に個人差があるのは，(1)器官脆弱性，(2)ストレス対処，(3)受けとめ方の3つの要因による。器官脆弱性は体質なので変えることはむずかしいが，ストレス対処と受けとめ方は学ぶことで変えられる。ストレスをよりよく自己管理するストレスマネジメントを心のケアの理論としている（図15-1）。

　図15-2は，横軸が時間，縦軸がストレス反応・トラウマ反応の強さである。災害の打撃により，ストレス反応・トラウマ反応が強くあらわれる。それは異常事態における正常な反応である。つまり，命を脅かされる体験をすれば誰に

第Ⅳ部　防災教育と心のケア

図15-1　心のケアの理論としてのストレスマネジメント

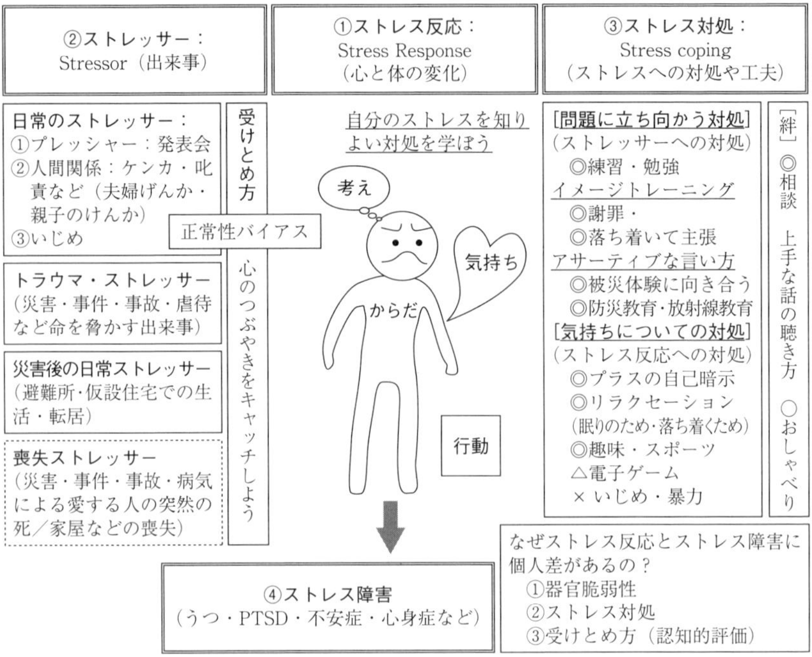

②ストレッサー：
Stressor（出来事）

①ストレス反応：
Stress Response
（心と体の変化）

③ストレス対処：
Stress coping
（ストレスへの対処や工夫）

日常のストレッサー：
①プレッシャー：発表会
②人間関係：ケンカ・叱
責など（夫婦げんか・
親子のけんか）
③いじめ

トラウマ・ストレッサー
（災害・事件・事故・虐待
など命を脅かす出来事）

災害後の日常ストレッサー
（避難所・仮設住宅での生
活・転居）

喪失ストレッサー
（災害・事件・事故・病気
による愛する人の突然の
死／家屋などの喪失）

受けとめ方

心のつぶやきをキャッチしよう

正常性バイアス

自分のストレスを知り
よい対処を学ぼう

考え

気持ち

からだ

行動

④ストレス障害
（うつ・PTSD・不安症・心身症など）

［問題に立ち向かう対処］
（ストレッサーへの対処）
◎練習・勉強
イメージトレーニング
◎謝罪・
◎落ち着いて主張
アサーティブな言い方
◎被災体験に向き合う
◎防災教育・放射線教育
［気持ちについての対処］
（ストレス反応への対処）
◎プラスの自己暗示
◎リラクセーション
（眠りのため・落ち着くため）
◎趣味・スポーツ
△電子ゲーム
×いじめ・暴力

［絆］
相談
上手な話の聴き方
○おしゃべり

なぜストレス反応とストレス障害に
個人差があるの？
①器官脆弱性
②ストレス対処
③受けとめ方（認知的評価）

（出所）　冨永（2014）を一部改訂。

でも起こる自然な反応である。むしろ，反応があらわれることで，受け入れが
たい現実を必死で心と身体が消化しようとしている営みだと考えられている。
安全と安心が保障されれば，多くの被災者のストレス反応・トラウマ反応は減
衰し，日常生活を上手く送れるようになる。しかし，一部，大人であればアル
コール依存，心身症，うつなどとしてストレス障害があらわれてきたり，子ど
もであれば，不登校・暴力でストレス障害があらわれてくることがある。

　トラウマ反応を減衰させていくためには，自分が適切に心と身体に働きかけ
ることが必要で，それをセルフケアという。恐怖で緊張し続けている身体を弛
めてねぎらう，安心できる環境を整える，安心できる人との絆を深める，そし
て安心できる人に自分の体験を語り表現する，すでに安全になっている場所へ
少しずつチャレンジする。セルフケアは「安心・絆・表現・チャレンジ」がポ
イントで，この順序が大切である。安心感がもてない時や場所で，表現を強い

図15-2 ストレス反応・トラウマ反応の時間経過による推移

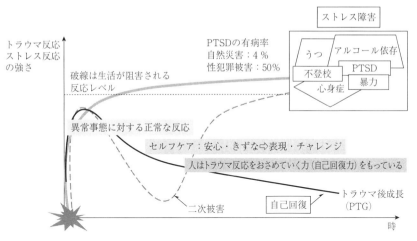

(出所) 冨永 (2012) を一部改訂。

ると二次被害を与える。これらのセルフケアを最大限に引き出す支援が心のケアである。そして，トラウマ，喪失ストレス，日常ストレスのどれか1つのみの対処を主とした心のケアは適切ではなく，バランスよく，かつ時期に応じた支援が大切であるとのモデルを提唱した（冨永, 2014）。

3 災害ストレスとその対処

　図15-3に示したトラウマ反応を子どもも大人も抱えるが，命を脅かす体験は，日常のストレス体験とは異なる記憶の貯蔵をされているといわれている。比喩として，「凍りついた記憶」と呼ばれている。トラウマの記憶の箱は，凍りついていて蓋を開けようとしても開かない。記憶を思い出せない。凍りついているので，心がマヒしている。しかし，この出来事に関連する刺激（安全なきっかけ刺激，トリガーという）にふれると，氷が一瞬のうちに溶けて，トラウマの記憶の箱に吸い込まれて，まるで今起きているように苦しくなる。それが再体験反応であり，昼間はフラッシュバック，夜は悪夢，子どもには災害ごっことしてあらわれる。

　家族の突然の喪失による心身反応は，死者への思慕・探索・想起など分離に

第Ⅳ部　防災教育と心のケア

図15-3　トラウマ反応とその対処

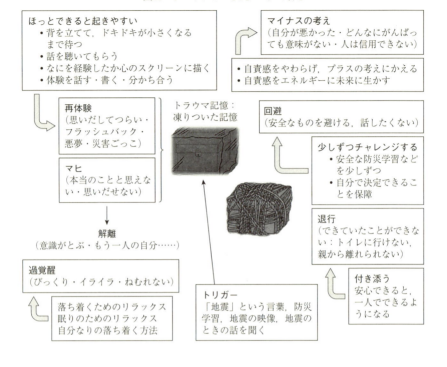

よる苦痛からなる。「生前の姿が思い浮かんで苦しい」「いつも亡くなった人のことを考える」などである。災害はPTSD（心的外傷後ストレス障害）の有病率が低いといわれているが、家族の喪失は、ストレス障害のリスクを高める。そして、ストレス障害の時間経過に伴うリスク要因は、強い回避と自責感である。

　安全・安心な環境になると、氷がとけて、ふっとつらいことが浮かんでくる。悪夢やフラッシュバックは避難所から仮設住宅、仮設住宅から復興住宅へと転居したときに起こりやすい。子どもの災害ごっこも、少し安心できるようになったためである。しかし、思い出してあまりにつらいので、それを思い出させるきっかけ刺激（トリガー）を避けようとする。それが「回避」である。回避は、つらさをコントロールする対処でもある。しかし、安全な刺激を回避し続けると、日常生活の回復がなかなかできない。津波が原因であれば、海に行けない、プールに入れないという児童もいた。そこで、少しずつのチャレンジが

大切である。チャレンジして，ドキドキしたり，不快な気分になるのは当たり前，でも「今は，海は安全だから大丈夫」と心の中でつぶやきドキドキが小さくなるまで待つ。海岸で楽しい活動をするなどの体験を重ねていくことで，トラウマ反応を減衰することができる。

　一方，自責感は，津波であれば「家に迎えに行けばよかった」と助けられなかった自分を責め，地震であれば「どうしてあんなアパートに」「実家にもう一晩泊まるようになぜすすめなかったのか」と自分を責め続けることがある。そんなふうに思わなくてもと助言しても，それはなかなか受け入れられない。自責感をエネルギーに変えて，そのつらい体験を社会や人に生かしていく活動ができるように周りの人がサポートすることが大切であるように思う。

　災害後日常ストレスの対処には，子どもであれば，運動場が仮設住宅などで遊べないため，狭い場所でできる遊びを考える。勉強のサポートをする。工作などの物作りもいいかもしれない。ゲーム漬けになっている子どもに少しでもよい遊びを提案する。例えば，鬼ごっこやスポーツなど友だちと体を動かして交流する遊びである。子どもが安心して遊べると，その間，親が活動でき，親の支援にもつながる。

〔 4 〕ボランティア支援での心のケアを考える

　避難所などで，子ども遊び隊のボランティアとして学生が活動したとき，これらのトラウマ反応はみえにくい。子どもは明るく元気に，ボランティアにまとわりついたり，あるいは叩いたりけったり，乱暴に関わろうとするかもしれない。こんな大変なことがあったのだから，少々叩かれても，子どものためになるのだったらと乱暴を受け入れようとするのは誤りである。「それは痛い！すごーい，エネルギーあるね」と，スポーツなどよい活動を提案するのがよい。布ボールや新聞紙を丸めて剣をつくり，チャンバラごっこもいいかもしれない。そして，ひと遊びしたら，リラックス法を提案するといい。また，積み木を家にみたてて，「水だー」と，家を流す水害ごっこなどの災害遊びを子どもがはじめたら，危険な遊びでなければ，一緒に遊ぶか，見守るのがいい。ただ，一段落したら，リラックス法を提案するとよい。

第Ⅳ部　防災教育と心のケア

　泥出し，家具搬出などのボランティアをして，それが一段落して，被災された方が，様々なことを話しだしたら，耳を傾けるとよい。ただ，この時期の一番の支援は，生活支援であるから，被災時のことをボランティアが聞きだそうとするのはよくない。もし，被災時のことを話しはじめて，聞く方がつらくなったら，素直に，つらくなったことを伝えるとよい。

　東日本大震災のボランティアを経験した人が帰ってから，毎日悪夢をみる，仕事中に被災地のことが頭に浮かびミスが増える，周りの人にちょっとしたことで腹が立つ，といった心身の変化に苦しむことがあった。これは，二次的外傷性ストレスと呼ばれており，支援者に起こる自然な反応である。しかし，適切なセルフケアが行えないと，ストレス障害に移行することがある。そのため，ボランティア活動には，心のケアの専門家にバックアップしてもらうとよい。

5　被災県教育委員会は長期の教育支援・心のケアのプログラムを

　東日本大震災では，岩手県教育委員会が，災害の時期に応じた心のケアプログラムを取り入れ，8年間心のサポートプログラムを展開してきた。学校再開から3カ月の間は，トラウマ反応が前面にでない「睡眠・食欲・体調・イライラ」といった健康観察のアンケートを活用し，リラックス法や絆のワークなどのストレスマネジメント体験を取り入れた「心のサポート授業1」を派遣スクールカウンセラーの支援で担任教師が行った。それにより，教師がストレスマネジメントを学ぶことができた。そして，健康チェックの結果や授業の感想の記述を参考に，派遣スクールカウンセラーは気になる児童について，教師とコンサルテーションを行うことができた。

　半年後の9月には，小学生は19項目，中高生は31項目のトラウマ反応を含む「心とからだの健康アンケート（ストレスチェック）」と心理教育のリーフレットとストレスマネジメントをセットにした「心のサポート授業2」を実施した（冨永編，2014）。心とからだの健康アンケートには，気づいたことや授業の感想を書く欄を設けた。そして，その授業の後，担任が児童生徒と5分程度でよいので全員個別面談を行い，さらに，ハイリスクの児童生徒をスクールカウンセラーが面談する体制を整えた。この心のサポート授業は，自分のストレスや

トラウマを知り，対処法を学ぶ機会になった。大人がハイリスクの児童生徒を発見するために，ストレスアンケートのみを行ってはいけない。必ず，ストレスアンケートは，心理教育とストレスマネジメントをセットで行うようにする。そして，その活動は，少しずつの被災体験の表現につながっていく。

「心のサポート授業2」は，毎年，1回，9月に実施し，岩手県総合教育センターで集約され，沿岸部の児童生徒と内陸の児童生徒のストレス反応の違いなど毎年記者発表して今日に至っている。この長期の支援でわかってきたことは，①災害時に幼児であった子どもが小学校に入学してきたとき，強いトラウマ反応を示す児童が約25％ほどいる。例えば，"つなみ"という言葉を聞いただけで，固まったりうるうる涙が出たりという反応がみられる。②小学校在学中の間にストレス反応は徐々に減少する。③中学生になると再びストレスが高くなる。④沿岸部の中学生の否定的考えが減衰しない。⑤ある学年の内陸への転校生のストレスが高い。などであった。

2016年4月の熊本地震後の子どもの心のケアでは，岩手で活用されたストレスチェックの項目と同じ項目が小学生版では10項目中9項目，中学生版では15項目中13項目が取り入れられた。

災害が発生する前に，どのような時期にどのような内容の心のケアプログラムをするかを県市教育委員会は検討しておく必要がある。

2　被災地での防災教育

1　被災地での防災教育は心のケアとセットで

東日本大震災では，地震から数十分間の避難行動が生死を分けた。そのため平時の防災教育がいかに大切かを知らしめた災害であった。一方，災害は過覚醒・再体験・回避マヒといったトラウマ反応を惹き起こし，一部の者は日常生活を阻害するストレス障害に移行する。「学校における子供の心のケア」（文部科学省，2014）には，「トラウマに触れる可能性がある集団的取り組み（避難訓練，被災当時の回想や津波をテーマにした話し合い等）を学校で行う場合，被災から十分に時間が経過してクラスの子供たちが安定しており，親族・友達を失

第Ⅳ部　防災教育と心のケア

った子供やPTSDのある子供の回復状況を確認した上で行う必要があります」
（40頁）と記載されている。それは，被災地で，被災から間もない時期に，予
告なしの避難訓練を行うと，こわかった体験を思いだし，回避を強め，子ども
に二次被害を与えるリスクを高めるからである。

　しかし，「余震が収まってからでないとクラス単位の防災教育はしてはいけ
ない」というのでは，強い余震から命を守ることができない。四川大地震
（2008年）では余震で亡くなった子どもがいた。そこで，心のケアを取り入れ
た防災教育が求められる。

２ 熊本地震後の防災教育と心のケアをセットにした心のサポート授業

　熊本地震では強い余震が続いた。筆者は発災から１カ月半ころに，重災地域
の小学校に支援に入った。教師研修会で，心のサポート授業を体験してもらっ
た。眠れないときどうする？　イライラしたときどうする？　といったストレ
ス対処の話し合いとリラックス法の体験と，地震にこれまで備えてきたこと，
対処してきたことは？　と余震への対処や工夫の話し合いを行った。教師たち
は，地震後はじめて，余震に対して様々な工夫を自分たちがしてきたことをお
互い確認しあえた。

　次の週に，小学５年・６年生のクラスで，心のサポート授業を，派遣スクー
ルカウンセラーと担任教師といっしょに行った。子どもたちは，余震にたくさ
んの備えをしていた。また，「備える防災」―落ちる・倒れる・割れるから身
を守ると，「そのとき防災」―強い家なら机の下などに，弱い家なら外にとい
ったリーフレットを用意して，子どもたちが余震の対処を出し合ったあとに，
そのリーフレットで望ましい余震への対処を確認した。授業の感想も肯定的な
ものばかりであった。この心のサポート授業で，気分が悪くなる児童はいなか
った。

　そして「地震は建物を壊し人の命を奪います。しかし"地震"という言葉が
建物を壊すかな？」と問いかけたり，「緊急地震速報は，素早く身を守る大切
な合図です。もし緊急地震速報が心地良い音だったら？」と子どもたちに考え
てもらった。防災教育を落ち着いて取り組むことができれば，安心して勉強に

248

第15章　復興の心のケアと被災地での防災教育

集中できたり，災害につよい街づくりを考えることができるようになるよと伝えた。

③ 語り継ぐ防災教育につながる被災体験の表現活動を

そして，災害から1年後，2年後，数年後まで，災害の規模に応じて，表現と分かち合いの活動を行う。事前に児童生徒だけでなく保護者にも表現活動の意味をお便りで伝える。また事前に，がんばってきたこと，つらかったこと，ありがたかったこと，くやしかったことなどについて考える時間を作る。テーマを広く設定し，個人のペースを尊重する。災害時のことを書きたくなければ書かなくてよい。また，スクールカウンセラーによるリラクセーション体験を前後に取り入れる。作文活動は午前中に実施し，給食で気分を切り替える。午後，児童生徒のようすを観察できるようにする。そして，その作文がその後どのように取り扱われるかについて，児童生徒が選択できるようにする。例えば，「語り継ぐ防災教育のために活用してよい。」「名前も公開してよい。」「匿名にしてほしい。」「保護者と学校関係者だけに読んでもらいたい。」などである。

東日本大震災のある重災地域では，10カ月後，「3.11を何もなかったかのように迎えるわけにはいかない」と教師が問題提起し，この被災体験の表現活動が自発的に展開されていった。しかし実践にあたっては，教師間で意見が分かれ，何回も職員会議で議論した。児童生徒が綴った作文を教師は職員室で涙を流して読んだそうだ（渡部，2013）。

PFAは急性期の心理支援のガイドラインであり，被災体験の表現が含まれていないのは当然であるが，1年後も2年後もこのPFAが災害後の心のケアのガイドラインであり，被災体験は表現しない方がいいと思っている心の専門家が日本にはいる。日本の専門家は西欧の手引きが第一だと考える傾向がある。

しかし，世界の災害被災者の90％がアジアであり，災害多発国の日本や中国での災害後心理支援のモデルを世界に発信する必要がある。防災教育の専門家と心のケアの専門家が意見を交換して，被災地で行う防災教育の新しいガイドラインを文部科学省で作成する必要がある。

249

第Ⅳ部　防災教育と心のケア

引用参考文献

アメリカ国立 PTSD センター2006／兵庫県こころのケアセンター訳，2011，「災害時のこころのケア：サイコロジカル・ファースト・エイド　実施の手引き」（http://www.j-hits.org/psychological/　2017年9月20日アクセス）

安克昌，1996，『心の傷を癒すということ』作品社。

加藤寛・最相葉月，2011，『心のケア阪神・淡路大震災から東北へ　回復への道のり』（植松秋さん，134-148頁）講談社現代新書。

ミッチェル，J. T.・エバリー G. S.／高橋祥友訳，2002，『緊急事態ストレス・PTSD 対応マニュアル』金剛出版。

文部科学省，2014，「学校における子供の心のケア」（https://anzenkyouiku.mext.go.jp/mextshiryou/data/seikatsu07.pdf　2017年9月20日アクセス）。

冨永良喜，2012，『大災害と子どもの心――どう向き合い支えるか』岩波書店。

冨永良喜，2014，『災害・事件後の子どもの心理支援』創元社。

冨永良喜編，2014，『ストレスマネジメント理論による心とからだの健康観察ツール集』あいり出版。

渡部友晴，2013，「災害後の心理支援としての表現活動――東日本大震災で被災した地域の学校における「一年をふりかえる」表現活動の取り組み」『心身医学』53(7)，653-659頁。

（冨永良喜）

第Ⅴ部

支援者・専門家の養成

	第16章	減災復興における専門家育成と

第16章　減災復興における専門家育成と減災復興政策研究科

1　専門家育成の必要性

　もし自宅が火事になったとして，消防車でやってきたのが新人や経験数年の消防士ばかりだったら，どうだろうか。「そんなことはとんでもない」と思われるであろう。しかしながら，日本の自治体や企業の災害対応現場は，まさにこのような状況である。防災と関係のない部署から異動してきた「防災の素人」が，着任後，防災について学びながら数年間働き，その後，他の部署に移っていく。近年，多くの自治体では，防災監，危機管理監と呼ばれる専門幹部職を設けているが，専門知識を有していない場合も多い。民間企業でも事情は同じであり，多くの場合は総務課が危機管理を兼務しており，やはり専門家ではない。これでは，いざ巨大災害に直面した場合，災害対応がうまくいかないのは当然であろう。

　危機が発生しなければ，防災や危機管理担当の必要性を感じることは少なく，平時には防災や危機管理の担当部局が軽んじられる傾向すらみられる。大規模な災害が発生するたびに，国や自治体の制度や計画，マニュアル，情報システム等，組織全体の課題は見直されていく。しかしながら，最も基本となる職員一人ひとりの能力や知識の問題がクローズアップされることは少ない。防災・危機管理担当者とは，災害という日常とは異なる状況に対する理解，知識，イメージ力や，社会の脆弱性，法律，経済の知識などが必要な専門職である。そのような人材を，日頃から計画的・戦略的に育成することが求められている。

第Ⅴ部　支援者・専門家の養成

2　日本における防災専門家制度の現状

1　防災に関する職業と研修体制

　防災の専門家が必要とされる職業として，自治体や企業の防災・危機管理担当，学校の防災教育・安全対策担当，災害支援や防災教育を行うNPO，危機管理分野のコンサルタント等があげられる（実際の災害現場で活躍する消防士や自衛官，消防団員等の捜索救助活動のプロは，すでに一定の専門的教育が実施されているため除外している）。

　これらのうち，自治体の防災・危機管理担当者や首長については，消防大学校や消防科学総合センター，市町村アカデミー，人と防災未来センター等で研修プログラムが提供されている。さらに2013年度より，内閣府では，国や地方公共団体等の職員を対象として，大規模かつ広域な自然災害に的確・迅速に対処できる人材や，国と地方のネットワーク形成ができる人材の育成を図るための「防災スペシャリスト養成研修」を開催している。「防災基礎」「災害への備え」「警報避難」「応急活動・資源管理」「被災者支援」「復旧・復興」「指揮統制」「対策立案」「人材育成」「総合監理」の10コースが提供されており，体系的なカリキュラム化が試みられている。主に東京臨海広域防災公園にある有明の丘基幹的広域防災拠点施設で開催しているが，2日間にわたる地域別総合防災研修を展開するなど，各地で受講しやすいよう配慮されている。

　なお，企業については自治体職員のような組織的な研修制度は存在しないが，コンサルティング会社や出版社，NPO法人，危機管理関連の資格認定を行う団体が主催するセミナー等が開催されている。ただし，国や政府に比べて企業は業務内容や規模，経営体制の違いが大きく，個別に対策・対応が求められるため，研修プログラムを標準化，体系化していくことには難しさがある。

2　防災に関する資格制度

　日本における主要な防災・危機管理の専門資格を整理したものが**表16-1**である。すべて民間資格であり，数多くの種類がある。日本独自の資格について

第16章　減災復興における専門家育成と減災復興政策研究科

表16-1　日本の主な防災・危機管理関連資格

資　格　名	認定団体
防 災 士	日本防災士機構
危機管理士	日本危機管理士機構
防災危機管理者	防災・危機管理教育協会
事業継続管理者	事業継続推進機構
総合危機管理士	危機管理支援協会
経営危機管理士	日本経営危機管理協会
社会安全士	関西大学社会安全学部
危機管理主任	危機管理協会
認定リスクマネジャー，チーフリスクオフィサー，上級リスクコンサルタント，ファイナンシャルリスクマネジャー	日本リスクマネージャー＆コンサルタント協会
CBCI	事業継続協会（BCI 日本支部）
ABCP，CBCV，CFCP，CBCP，MBCP	事業継続機関（DRI ジャパン）

（出所）　各認定団体のホームページ等より筆者作成。紅谷，2013

は，一定の学習＋試験合格が認定要件の場合が多数であるが，海外資格と連携したものについては実務経験も要求されるものがある。

これらの資格のうち，最もポピュラーなのは，特定非営利法人日本防災士機構が統括している防災士である。防災士の取得，認証には，①防災士養成研修を受けて履修証明を取得，②防災士資格取得試験に合格，③各自治体，地域消防署，日本赤十字社等の公的機関が主催した救急救命講習を受け修了証を取得，④防災士認証登録，の手続きが必要であり，2017年 9 月末日時点で13万5000名の防災士が認証登録されている（日本防災士機構 HP）。

（3）大学教育

大学においても，学部・学科レベルで防災・危機管理のプログラムを設ける大学が出てきている。富士常葉大学（現・常葉大学）が2000年に環境防災学部（2010年に社会環境学部防災・地域安全コースに改編）を，千葉科学大学が2004年に危機管理学部を，関西大学が2010年に社会安全学部を，神戸学院大学が2014年に現代社会学部社会防災学科を，日本大学が2016年に危機管理学部を設置し

255

第Ⅴ部　支援者・専門家の養成

ている。さらに政策研究大学院大学のように，国内外からの学生に対して，日本語と英語で防災・復興・危機管理を教え，修士（防災政策）の学位を与えるプログラムもある。この他にも多くの大学で，文部科学省のグローバル COE や組織的な大学院教育改革推進プログラム，国際化拠点整備事業費補助金，大学間連携共同教育推進事業，日本学術振興会の博士課程教育リーディングプログラムなど外部資金を用いた防災，危機管理のプログラムが設置されてきた。さらに，大学が独自に防災・危機管理に関する研究・教育に関するセンター等を設置し，独自の認定証（静岡大学防災マイスター講座など）や防災士の受験資格を得られる講座を開設している事例が多くみられる。

3　アメリカにおける防災専門家制度

　次に海外での事例としてアメリカにおける防災の専門家育成の状況をみてみたい。アメリカでは，防災の専門家は「Emergency Manager」と呼ばれ，産官学が一体となって専門職としての社会的地位の確立とジョブマーケットの開拓が進められている。アメリカでも，かつては大学での防災・危機管理プログラムの取組みは活発ではなく，1995年の時点では4大学での事例しかなかった。しかし，その後，FEMA（Federal Emergency Management Agency）の一部門である EMI（Emergency Management Institute）が，大学における防災・危機管理プログラムの共通テキスト等の教材や教育カリキュラムの開発・共有を進める Higher Education Program を開始した（**図16‐1**）。その成果として，2006年には大学の防災・危機管理関連プログラム数は141にまで増加している（**図16‐2**）。同時に，専門職としての Emergency Manager の社会的地位を高め，危機管理の仕事に就くためには資格や研修の受講歴を必要とするなどジョブマーケットの開拓にも努めている（**表16‐2**）。

　EMI は，防災・危機管理の専門家向けに，標準的な災害対応システムである NIMS（National Incident Management System）や ICS（Incident Command System）等の多様な研修事業を実施しており，その一部はオンラインで受講可能である。これらは主に実務者を対象としているが，EMI と提携した大学の単

256

図16-1 アメリカにおける官民学連携による防災専門家制度の確立

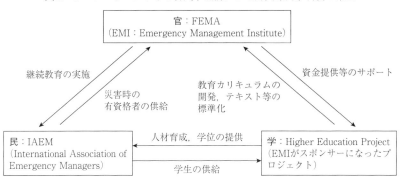

図16-2 アメリカの大学における防災・危機管理関連プログラム数の推移

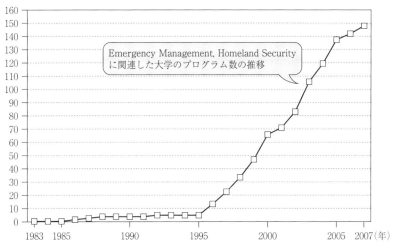

（出所）Blanchard, 2008.

位の一部としても認定され，大学卒業資格を得るためにも活用可能である。アメリカは州ごとの裁量権が大きいため，州が異なっても同じ用語や考え方の下，統一的な災害対応が実施できるよう考えられたのが，ICSである。ICS以外でも，訓練手法や災害対応，復興等の手順が標準化されており，それを身に付けるための研修の受講が，資格や職につながっている。

アメリカにも様々な危機管理・防災関連の資格はあるが，ここでは代表的な

第Ⅴ部　支援者・専門家の養成

表16-2　Higher Education Programで示された
防災専門職がめざすべき方向性

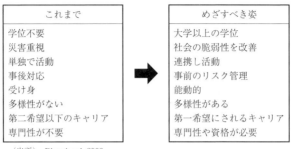

（出所）　Blanchard, 2008.

表16-3　IAEMの危機管理専門資格の認定基準

	AEM	CEM
災害対応等を含む3年以上の実務経験	―	○
4年制大学の学位	―	○
6以上の分野での専門家としての社会的貢献	―	○
3通の推薦状	○	○
マネジメント分野での100時間以上の学習歴	○	○
危機管理分野での100時間以上の学習歴	○	○
危機管理に関するエッセイ	○	○
100問の選択肢式試験	○	○

（出所）　IAEM HP.

　資格としてFEMAと関係が深いIAEM（International Association of Emergency Managers）が統括するCEM（Certified Emergency Manager），AEM（Associate Emergency Manager）を取り上げる。研修，試験が中心の日本の資格要件に比べると，推薦状や実務経験，一般的なマネジメントについての学習，小論文など幅広い要件（**表16-3**）となっている。また資格の維持には継続学習が必要であり，EMI等の教育プログラム等への参加が求められる。これらは，資格取得者が実際の災害時に貢献可能なことを担保するための措置であり，資格の信頼性確保に役立っていると考えられる。

　日本とアメリカの状況を**表16-4**にまとめた。日本では，国レベルで統合さ

第16章　減災復興における専門家育成と減災復興政策研究科

表16-4　日米の防災専門家制度の違い

	日　本	アメリカ
大学教育	教育，研究を行うセンターは多いが，学位を出す学部，学科，研究科は少数。	1990年代後半以降，大学が連携してカリキュラム開発を進め，多数の大学がプログラムを提供。
資格制度	座学，試験重視。	座学に加えて，経験や小論文，推薦状が必要。
専門職としての位置づけ	未確立。	専門職として地位を確立。
研修制度	主催者により様々な研修が実施。	国の機関による標準化された災害対応，復興の研修制度が整備。研修受講が，就職と結びついている。

れた動きではなく，個々の組織による教育・研修，資格の取組が乱立し，研修受講や資格取得が就職につながる状況ではなく，社会的な認知・評価は十分ではない。今後，日本で防災・危機管理の専門職の職能を確立するためには，実務者・研究者が連携した防災・危機管理の教育プログラムの開発や，社会からの信頼性を高めるための防災・危機管理資格の統合・標準化，官学民が連携した防災専門職のジョブマーケットの開拓等が求められよう。

4　大学の役割と減災復興政策研究科の挑戦

［1］大学に期待される役割

　各地の大学で，災害や防災，復興と名の付くセンターや組織を有する動きが広がっている。これは地域の自治体やコミュニティなどから，防災分野で大学への期待が高まっている1つの兆しだといえよう。大学に求められる役割としては，1つは災害時に実態調査をし，地域や自治体の災害対応，復興計画策定等の支援を行うことである。もう1つは，平時を「災間期」と捉え，防災の専門家を育成するとともに，災害教訓を体系化し，地域や時間を超えて伝えていくことで，社会全体の災害対応力を高めていくことである（**図16-3**）。

　教育面では，防災や復興の専門家育成の難しい点に，人材需要の変動の大きさがある。大規模な災害が発生すると，災害対応や復興の専門家が大量に必要になる一方，平時にはそれほど人材需要がないのが実情であり，FEMAでは

第Ⅴ部　支援者・専門家の養成

図16-3　大学に求められる役割

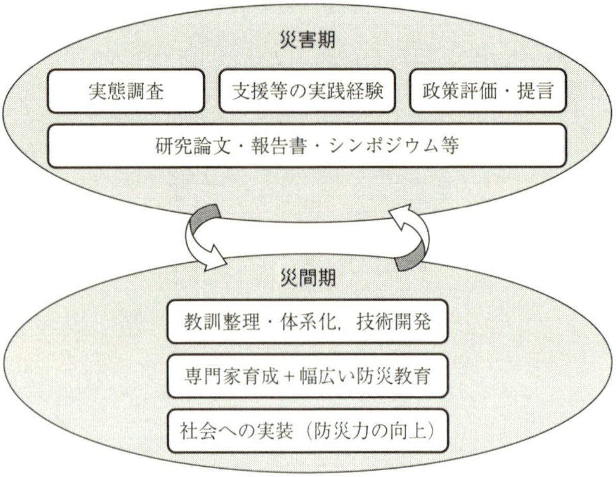

災害期
実態調査　支援等の実践経験　政策評価・提言
研究論文・報告書・シンポジウム等

災間期
教訓整理・体系化，技術開発
専門家育成＋幅広い防災教育
社会への実装（防災力の向上）

非常勤職員を増やすことで，この需要変動に対応している。津波や地震など巨大災害のリスクが大きい日本では，ひとたび巨大災害が発生すると，様々な分野の専門家が総動員で，災害対応や復興に注力しなければならない。そこで，防災の専門家といっても，平時の防災・減災対策や災害復興の中核を担う「A：防災や復興の中核的専門家」に加えて，災害後の対応や復興に係わる「B：防災や復興に一定の知識，理解を有する幅広い分野の専門家」の2種類が必要となろう。（**図16-4**）

　日本で，まず不足しているのは前者Aの中核となる専門家であるが，既存の防災系学部，学科の卒業生の多くが，防災や危機管理と関係のない就職先を選んでいる現状を踏まえれば，防災の専門家が活躍する社会の側の受け皿不足という面も大きい。FEMAの官民学連携の取組みのように，ジョブマーケットの拡大も必要であろう。また後者Bについては，例えば公共政策や都市計画，MBA，看護などのコースに減災や復興の副専攻を設け，本来の専門に加えて減災復興の知識をもつ多様な専門家を育成することが有効であろう。実際，アメリカで1990年以降増加した大学での防災教育プログラムの中には，MBAや公共政策大学院等の副専攻として防災を学ぶプログラムが多数含まれている。日本でも，このような動きが広まっていくことを期待している。

260

図16-4 減災復興で求められる二種類の専門家

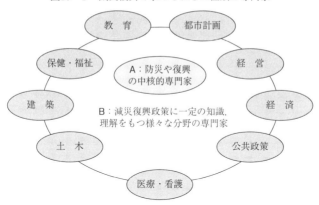

2 兵庫県立大学大学院減災復興政策研究科の挑戦

　兵庫県立大では，看護学部で以前より災害看護の実践的教育・研究に取り組んできた。また，2011年に防災教育センター（現・防災教育研究センター）を設置し，防災マインドをもつ学生を育てるための学部生対象のプログラム「防災教育ユニット」を提供してきた。その成果として，毎年多くの学部生が防災について講義やフィールドワークで学び，被災地でのボランティアや地域防災活動に参加するようになった。

　これらの活動をさらに発展させるため，2017年4月には，兵庫県における阪神・淡路大震災の対応やその後の復興の知見，東日本大震災や紀伊半島大水害等の教訓を伝えるとともに，地球温暖化や地震の活動期に入ることで高まる巨大災害リスクに対応し，減災復興に貢献する専門人材の育成を目的として，大学院減災復興政策研究科を開設した。防災を体系的に学び，修士（学術）の学位を修得することが可能な教育プログラムを提供している。本研究科の特徴として，以下の点があげられる。

○「減災」と「復興」を一体化させる

　従来，減災とは災害被害を軽減させるための事前対策，復興とは被害からの再建策と考えられてきた。1つの災害に着目すると，このような定義になるのだが，日本，あるいは世界レベルで考えると，常に何らかの災害は発生してお

り，私たちは災害と隣り合わせの日々を過ごしている。災害前後で分けるのではなく，災害からの回復・復興の取組や教訓が，次の災害の被害軽減につながっており，両者の教訓を統合させる概念として「減災復興」という用語を用いている。

○人文，社会科学を中心にした分野に重点を置く

これまでの大学での防災教育は，気象や災害のメカニズムを明らかにする理学系や構造物により被害を軽減させる土木，建築などの工学系が中心であった。本研究科では，自然現象としての災害よりも，社会の脆弱性への対応や公共政策，人間行動，教訓継承，企業経営など人文，社会科学の側面から，災害被害の発生メカニズムやそれを防ぐ社会のあり方にアプローチしている。

○実践的な講義・フィールドワークを提供する

減災復興政策研究科が立地する HAT 神戸には，人と防災未来センターをはじめ，JICA 関西，アジア防災センター，IRP（国際復興支援プラットフォーム），UNISDR（国連国際防災戦略事務局）駐日事務所など数多くの防災関係機関が立地している。これらの防災関係機関や行政機関，NPO 等の実務者による実践的な講義を設けるとともに，被災地や今後の災害に備える地域へのフィールドワークを必修とし，専門的知識と実践的対応の双方を修得することが可能である。

○幅広いバックグランドを有する学生に対応する

修士課程の定員は1学年12名であり，これに対して11名の教員が配置されており，非常に手厚い教育体制を実現している。現場で減災復興活動に取り組んでいる社会人が，体系的に減災復興について学びに来られるように，1年次に必要な講義をすべて取得し，2年次には職場に戻り，仕事をしながら修士論文を完成させられるカリキュラムとしている。一方，減災復興に関する専門知識を修得していない学生については，学部生向けの防災教育ユニット科目が聴講可能であり，学生の幅広いバックグランドに対応した教育カリキュラムを準備している。

○国際的な大学間ネットワークを展開する

兵庫県立大学では，過去に大災害を経験した被災地の大学，あるいは将来の

図16-5 兵庫県立大学大学院減災復興政策研究科・修士課程のカリキュラム

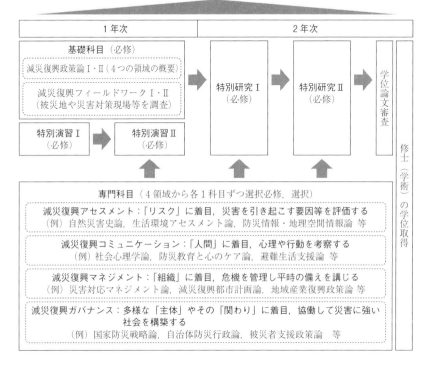

大災害が予想される地域にある大学との連携を進めるため,「減災・復興に関する教育・研究グローバルネットワーク"GAND"(Global Academic Network for Disaster Reduction/Reconstruction)」を構築し,毎年,国際セミナーを開催するなど交流を進めている。これらの取組を活かしながら,海外の大学との連携や国際的な情報発信を強化していく予定である。

兵庫県立大学ではこのような特色を活かしながら,**図16-5**に示すようなカリキュラムで減災復興政策にかかる教育を展開し,行政,NPO,学校,企業,

第Ⅴ部　支援者・専門家の養成

地域コミュニティなど幅広い分野で，減災復興に関する施策の立案や実践，地域や学校での防災教育，多様な主体のコーディネート等の取組みをリードする人材を育成する。そのためにも，関西大学社会安全学部や神戸学院大学現代社会学部社会防災学科，人と防災未来センターなど，先行する近隣の他大学や専門機関等と連携しながら，日本に求められる減災復興の専門家像がいかなるものかを追求し，災害に強い社会をつくるため，専門家の社会での位置づけを高めていくため努力をしていきたい。

引用参考文献

紅谷昇平，2013，「日米比較による防災専門家の資格・教育制度についての考察」『地域安全学会・梗概集』No. 33。

特定非営利活動法人日本防災士機構ホームページ（http://bousaisi.jp/transition）

室崎益輝・今井良広，2011，「第5章　災害・防災関連研究所」『災害概論』（災害対策全書1）ぎょうせい。

B. Wayne Blanchard, Higher Education Project, Emergency Management Institute, July 1, 2008（パワーポイントファイル）.

IAEM ホームページ（https://www.iaem.com/）。

深見真希・久本憲夫，2011，「アメリカ合衆国危機管理における教育研究開発――EMI と高度教育プログラム」京都大学経済学研究科 Working Paper J-84.

浜口善胤・大西一嘉「米国における防災教育に関する研究」『日本建築学会学術講演梗概集』F-1，2002。

紅谷昇平「自治体防災の最前線　第4講　自治体にも防災の専門家を／人材育成の仕組み構築が急務」『日経グローカル』2017年1月。

（紅谷昇平）

	被災地に関わる「若者，バカ者，よそ者」を
第17章	育てる

——災害多発時代における大学，特に公立大学の役割——

1 若者，バカ者，よそ者

「若者，バカ者，よそ者」は，真壁昭夫氏の著書（PHP 新書818，2012年初版発行）の題名（副題は「イノベーションは彼らから始まる!」）で，これからの日本経済のイノベーションを成し遂げられる人たちの候補としてあげられている。この言葉がいつから使われるようになったのかは定かではないが，地域創造・再生や被災地での支援活動においても，この「若者，バカ者，よそ者（順番はいろいろだが）」たちが，きわめて重要な役割を果たしているとの話をよく聞く。

被災地において，それぞれは以下のような役割をもっている。すなわち，

「**若者**」は文字通り，若さというエネルギーをもち，暗く後ろ向きになりがちな被災地や被災者を明るく元気に，前向きにすることができる。

「**バカ者**」は，広大でどこから手をつけてよいのかわからないような被災状況であっても，復旧に向けて馬鹿になって，真剣に作業に打ち込むことができる。

「**よそ者**」は，暗い話の多い被災地でストレスを抱える被災者が，被災者間では言えないような不満をはき出す相手になれる。

東日本大震災など近年の災害の復興支援のために，被災地外から被災地に行き，支援活動をした大学生ボランティアには上記のような役割があり，復旧・復興に向けてきわめて重要な働きをしてきたと考えられる。ボランティア活動にかかわらなかった学生には，被災地で大学生が果たした，このような役割を理解できないだろう。また，ボランティアを送り出した大学教員であっても，若い大学生にこのような役割があり，大学生がその役割を果たす中で，教室で学ぶ以上に成長するということを理解していただけないかもしれない。ここで

265

第Ⅴ部　支援者・専門家の養成

は，兵庫県立大学の本部や防災教育研究センターがボランティア学生とともに東日本大震災被災地で支援活動をする中で得た「大学教育」に資する知見を紹介する。さらに，被災地支援のみならず，大学や大学生が果たすべき社会貢献をより発展させていくために，大学，特に「地域貢献」を教育目標の1つに掲げている公立大学がすべき取組みについて提案する。

2　兵庫県立大学の被災地支援

（1）東日本大震災に対する大学の支援体制

　2011年3月の東日本大震災が起こってすぐ，兵庫県立大学では学長を本部長とする東日本大震災支援本部が発足した。発災から約1カ月経った4月14，15日に当時の副学長を代表とする支援本部幹事会教員5名の調査団が福島県福島市や宮城県仙台市と石巻市などの被災地を訪問し，兵庫県立大学が果たせる被災地支援について調査した。その調査結果に基づいて，同じく公立大学法人である宮城大学と連携して，宮城県内被災地の支援活動を協働で実施していくことを決定した。

　大学院減災復興政策研究科の設立に繋がる兵庫県立大学防災教育センターは東日本大震災と同じ年の4月に発足した。センター設立準備の段階から，防災や減災に関わる知識や技術の習得だけでなく，被災地などでの支援活動を率先して行う大学生を育て，将来被災地などで活動してもらうことをめざしていた。時を同じくして東日本大震災が起こり，その実践の場が期せずしてやってきたわけだが，センターの教職員も学生も支援活動の素人であったので，不安いっぱいのスタートとなった。初めての支援活動の前に，被災地支援ボランティアをポスター掲示やセンター教員担当の講義などで学生に向けて募ったが，大震災発災直後ということもあり，登録してくれた学生は，募集期間1カ月で104名にのぼった（ちなみに，兵庫県立大学には大学院生も含めて約6500名の学生が在籍しているので，この登録者数が多いのか少ないのかについては意見が分かれるかもしれない）。

第17章　被災地に関わる「若者，バカ者，よそ者」を育てる

2 学生ボランティアによる支援活動と防災リーダーの育成

　その後，学生ボランティアによる支援活動に関して被災地のカウンターパートである宮城大学と協議を重ねた。その中で，被災地へのアクセスや活動条件が整った段階の5月20日〜23日（車中2泊・仙台1泊4日）に第1回目の支援活動を実施することになり，活動への参加をボランティア登録学生にメールで呼びかけた。その結果，学生18名が参加してくれることになり，教員3名を加えた総勢21名で宮城県石巻市鮎川と石巻市内で瓦礫撤去の作業を行った。ちなみに，移動に用いた借り上げバスには40名以上分の席があるが，夜間移動の際にできる限り体を休められるようにとの配慮で2席を1名が使用した。これは長距離移動のボランティアバスでは，当時一般的に行われた対策であった。

　さらに，2011年7月（石巻市内），9月，11月（以上，南三陸町歌津地区）に一般学生による支援活動を行った。そして，2012年3月には留学生向けの被災地視察（宮城県仙台市，石巻市，南三陸町，そして気仙沼市）を兵庫県国際交流協会との共同で実施した。2012年度以降，この被災地支援活動の運営主体は徐々に防災教育センター（2015年4月に研究部門を加え，防災教育研究センターに改組）に移ったが，現在まで夏及び春の長期休暇中に，主として宮城県南三陸町で支援活動：高齢被災者向け健康イベントである「スマイル健康塾」の開催（宮城大学に協力）と歌津・馬場中山地区の養殖わかめ事業の復興支援活動（兵庫県立大学の独自活動）を続けてきた。

　2016年4月に発災した熊本地震に対しても，大学は支援本部を発足させ，看護学研究科の教員と学生による健康支援やセンター主導でボランティア学生による生活環境の復旧支援などに取り組んだ。2017年4月に発足した大学院減災復興政策研究科の大学院生たちも，東日本や熊本の被災地におけるフィールドワークを通して教育を受け，研究を行うだけではなく，それらの被災地において復興支援のボランティアとしてもかかわっている。さらに，最近では福岡県朝倉市周辺で起こった九州北部豪雨の被災地でも，大学院生を含む学生ボランティアが復旧支援活動に従事している。

　以上のように，23年前に阪神・淡路大震災を経験した兵庫県の公立大学法人である兵庫県立大学は防災や減災にかかわる教育組織，すなわち防災教育研究

267

第Ⅴ部　支援者・専門家の養成

センターや大学院減災復興政策研究科を設立し，兵庫県と県内の自治体や市民セクターが蓄積してきた阪神淡路大震災の知見や教訓を伝えながら，被災地が抱える課題やこれから起こるであろう災害に適切に対処できるリーダーを育てている。そういった人材育成をめざす上で，大学主導で進めてきた被災地での学生ボランティア活動は普段行っている座学以上の成果をもたらしている。

3　兵庫県立大学学生の被災地ボランティア活動からの学び

東日本大震災の被災地で支援活動を行う前には，学生を対象にした事前の説明会や勉強会を必ず行ってきた。その際には「被災者の心をおもんぱかり，被災者に寄り添う」ことの大切さを説明し，支援活動が被災者にとって迷惑とならないよう指導した。被災地では，発災から約半年間（当初2回の活動）は瓦礫撤去などの肉体労働が中心となっていたが，学生たちは1泊4日（＋車中泊2泊）という過酷な移動や劣悪な現場環境であっても，被災地の現状を深く理解し，その悲惨さに共感しつつ献身的に働いた。しかし，甚大な被害を受けた被災地に被災者の姿は見られず，自分たちがしていることに対する被災者の評価を聞くことはなかった。また，あまりにも広大で甚大な被災地に対して自分のできることの小ささを痛感した学生がいた。その結果，一部の学生の中には，この無念さのあまり被災地支援活動から遠ざかった学生もいる。その一方で，さらなる支援の必要性を感じ，大学からあてがわれる支援活動だけでなく，学生自らが考える支援活動を進めていきたいという学生も現れはじめた。

2011年9月の第3回目から始まった支援活動の1つであった「傾聴活動」は被災者の心のケアと高齢者の生活不活発病阻止を目指す活動であった。震災から半年しか経っていない頃の南三陸町の被災者には苦悩や悲しみの表情があり，心の復興にはまだまだほど遠いという感があった。学生たちはこのような状況の被災者に向き合うに当たってかなりのプレッシャー（どう対応したらよいのかといった）を感じていたようである。しかし，悩み考えながらの被災者への対応ではあったものの，被災者からいろいろな悲しい出来事や苦しい状況を少しずつ聞き出し，最後にはわずかながらも笑顔を引き出せたことなどから，充

実感を伴う活動になったようである。被災者には,「若くて元気な若者が,遠くから(利害のないよそ者として)やってきて,一生懸命になって(バカ者のように)話を聞いて,対応してくれたこと」をありがたく思ってもらえたようである。

ボランティア学生の活動後の感想文を見ると,学生たちは多くのことを考え,学び,そして次なる目標を探し設定している。活動を通して,学生たちは現在の自分自身の置かれている環境が如何に恵まれているかを知り,その環境に対する感謝の気持ちをもつようになっている。また,現在の自分自身の姿を顧み,よりよい自分の将来像を描くことに繋がっている。被災者支援に関しては,被災者を元気にするために,繰り返し同じ被災地に通いながら被災者と支援者(学生)の間でお互いの顔がわかる関係性を築くべき,つまり,同じ場所で同じ人たちにより添って継続的に支援することが大切,と考えるようになった。学生ボランティアの活動を企画・運営する私たちセンター教員も宮城大学の教職員スタッフも考えたことはそれと同等であったので,2012年度以降,南三陸町で,高齢者向けの健康イベントである「スマイル健康塾」と同町歌津の馬場中山地区で養殖わかめ復活の支援を夏と春に継続的に開催してきた。

4　学生ボランティア主体の被災地支援活動

このような支援活動を続ける中で,2011年12月に学生たち自らが立ち上げたのが,兵庫県立大学学生災害復興支援団体 LAN(Leaders' Active Network)である。彼らは,大学主催の支援活動への参加をきっかけに,「自分自身が被災地支援の際のリーダーになること,そして同じ思いを持ったリーダーを育成すること」を設立の趣旨として活動を始めた。彼らの活動を応援するために,防災教育センター発足時の教員3名が顧問になった。当初,宮城大学で同様に立ち上がった学生主体の団体「絆むすび隊」とともに南三陸町で活動しながらも,彼ら独自で支援できる被災地と支援内容を模索していた。そのような中,2012年8月に,センター教員の紹介で放射線被災地である福島県相馬市周辺の農業復興支援を行うことを決めた。この頃は,事故を起こした福島第1原子力発電

第Ⅴ部　支援者・専門家の養成

所周辺の放射線環境に関する情報が十分ではなかったので，大学などが公式に
ボランティア活動を開始できる状況ではなかった。そこで，彼ら LAN メン
バーは，「そうであるならば，私たちのような学生の自主的な団体が支援にか
かわろう」と決断し，相馬市周辺の放射線環境を大学生らしく正しい科学的知
識に基づいて調査し，安全性を確認・確保した上で支援活動を始めた。

　まずは相馬市に拠点を置き農業復興をめざす NPO 法人「野馬土」と東京の
NPO 法人「有形デザイン機構」と協働で「カフェ野馬土」の建設事業を始め
た。カフェ完成後には浜通り農民連青年部とジャガイモの作付けや収穫，被災
住民を励ます春・夏祭りの開催，農業復興のためのイベント「田んぼアート」，
そして放射線被災地の定点視察などを現在までに十数回に及び継続して行って
いる。なお，これらの訪問活動にかかる旅費等の経費のほとんどは彼らの自腹
であったが，最近では「ひょうごボランタリープラザ」の助成金や福島県の被
災地支援にかかわる助成金なども活用している。また，彼らは福島の放射線被
災地支援活動にとどまらず，大学が継続実施してきた南三陸町や熊本県西原村
での支援活動にも，さらに兵庫県下で行われている防災・減災のための活動に
もかかわっている。現在も約40名の現役学生たちが LAN に所属し，多種多様
な活動を展開している。

5　大学における被災地ボランティアの育成教育

１「防災教育ユニット」の教育

　兵庫県立大学防災教育研究センターは，全学 6 学部（経済・経営・看護・
工・理・環境人間学部）の学生を対象に「防災教育」をユニット方式で実施し
ている。基礎科目 8 科目（このうち，フィールドワーク科目 2 科目），専門科目11
科目（フィールドワーク科目 1 科目，アクティブラーニング関連科目 3 科目を含む）
を開講し，各学部の教育とは別に防災・減災関連の学びの機会を提供している。
自らの意志で本格的に学びたい学生は「防災教育ユニット」の特別専攻生とし
て在籍し，開講科目の中から規則に沿って最低12科目（24単位）を習得すれば，
卒業時に修了証書を授与される。このように，兵庫県立大学は，被災地ボラン

第17章　被災地に関わる「若者，バカ者，よそ者」を育てる

ティアとして実際の支援を始める前に学んでおくべきことや将来地域の防災リーダーとして活躍する上での素養を，座学やフィールドワークを通して学べる教育システムをもっている。

　すでに述べた学生団体 LAN に所属する学生の一部はこの特別専攻生でもある。特別専攻を修了した卒業生の中には，防災教育関連科目受講と被災地ボランティアの経験を通して，自衛隊，消防，災害看護，そして行政などの災害や防災・減災にかかわる仕事を進路として選び，就職したものが多くいる。2017年4月に発足したばかりの大学院減災復興政策研究科には，この特別専攻生やLAN 出身の学生は今のところ在籍していないが，今後はさらなる学びの場としてこの大学院に進学してくる可能性がある。

　以上述べたように，東日本大震災以降，兵庫県立大学は充実した防災・減災に関する教育を展開しながら，積極的に被災地での支援活動を担う学生を育成してきた。その結果，他に誇れるような支援の成果も得られており，同時に支援活動に従事した学生の成長を見届けてきた。これらが達成できたのは，すでに述べたような被災地における「若者，バカ者，よそ者」人材を育てる十分な環境を用意し，きめ細やかに対応してきたからである。

❷ 被災地ボランティア育成のための大学のあり方

　被災地で活躍する学生を育成するために大学がもつべき教育環境や組織対応について，他の大学でも実践できるよう，以下に整理してみたい。

　①兵庫県立大学では，大きな災害が起これば，被災地の支援のため，そしてその復興をめざして支援本部が立ち上がる。どの大学においても同様で，支援内容を協議する支援本部のような組織が大学の学長や理事長を長として発足する。この組織が，被災地の支援内容を決定したり，支援活動を推進していくことになる。

　②大学教員自身が行う「被災地での活動」の多くは研究活動になるのであろう。場合によっては，これは混乱した被災地にとって迷惑になることがある。そういったやり方だけで大学が被災地にかかわるのではなく，学生の，若くて元気で，一生懸命な思いと力を生かして支援することが被災地には

第Ⅴ部　支援者・専門家の養成

必要である。その支援活動は，翻って考えれば，学生の人間形成や本来の大学での学びにもよい影響をもたらす。つまり，学生は被災地支援活動に真剣に取り組む中で，自分自身について深く考え，自分の存在意義を発見する。そのことが将来の自分の姿を描くことに繋がり，そのために必要な学びに真剣に取り組むようになる。こういった効果を理解した上で，大学，特に地域に根ざす公立大学では，学生を巻き込んで被災地支援活動を率先して行うことが重要である。

③可能であるならば，ボランティア活動の事前と事後に正しい防災・減災のための知識，被災者のメンタルケアや復興支援の方策などを学べる教育機会，すなわち講義を，多くの学生が聴講できる一般教育科目として用意する。兵庫県立大学の「防災教育ユニット」の基礎科目がこれに当たる。さらに，より深く学びたい学生向けのカリキュラム（防災教育ユニットの専門科目がこれに当たる）があればさらによいだろう。

④学生ボランティアを単なる労働者として送り出すのではなく，学生自身の成長を考えたボランティア活動とすべきである。そのために，事前の教育と活動準備および事後の振り返りを行うべきである。そのような事前・事後に学生とともに活動を考えるために，学生目線でフットワークの軽いボランティアセンターのような組織（兵庫県立大学では，防災教育研究センター）が必要になる。そこには，被災地での活動を企画・準備してくれるカウンターパートや支援を必要としている被災者との連絡調整をする専任の職員や被災地支援に積極的な教員を配置する。また，この組織は，自主的にボランティア活動を行う学生組織（兵庫県立大学には，上記の LAN や神戸在住の東日本大震災被災者を支援している Bridge などがある）を支援するだけでなく，学生の安全管理の上でも極めて重要な役割を果たせる。

⑤ボランティア学生に学術的情報の伝授，そして実際の活動に関わる技術的な支援を提供するだけでなく，経費的な支援を行う。兵庫県には，大学・高等学校などの学校が実施する東日本や熊本におけるボランティア活動に対して現場までの移動経費を助成してくれる「ひょうごボランタリープラザ」といった組織と仕組みがある。また，兵庫県立大学では，学生応援基

第17章　被災地に関わる「若者，バカ者，よそ者」を育てる

金（大学への寄付金を財源とする基金）があり，これを使ってもボランティア活動を支援している。

6　被災地におけるボランティア学生をより多く育てるために

1　大学間ネットワークの必要性

　被災地ボランティアの果たす役割，そして学生自身が活動を通して多くのことを学んでいることについてはすでに述べた。さらに学生のボランティア活動を推進するときの大学の対応，用意すべき環境や組織についても述べた。しかし，現実として，多くの大学が学生ボランティアを育成する組織を持ち，多岐にわたる防災関連科目を講義として用意するのは経済的にも人材的にもたやすいことではない。これを達成するためには，大学間のネットワークが必要となる。兵庫県下では，「大学コンソーシアムひょうご神戸」加盟の大学や防災関連研究会などに在籍する教職員が不定期に集まりながら，防災関連講義の共同開催や学生ボランティアの育成と活動を計画・実施している。

　また，大阪市立大学，大阪府立大学，そして兵庫県立大学などの防災関連組織の所属教員が「公立大学防災センター連携会議（座長：兵庫県立大学大学院減災復興政策研究科・室﨑益輝研究科長）」を立ち上げ，共同で学生や市民向けの防災・減災教育を推進しようとしている。この連携会議では，参加大学を将来的には全国の公立大学に拡げる計画もあり，防災・減災教育の推進だけでなく，災害時に周辺公立大学が被災大学及び被災地に学生を送り，支援活動を行う仕組みなどについての議論も始まった。これには公立大学協会加盟の公立大学の理解を取り付けなくてはならないが，公立大学の教育理念（地域貢献）にも合致するので重要な取組みと考えている。

　このような連携を模索する中で，関西広域連合が東日本大震災被災地で実施した「カウンターパート方式」の支援は効率的で的確な支援形態を有していると考えられる。これは行政主導の取組みであったが，関西広域連合に所属する関西の2府5県が支援担当先を被災規模の大きかった東北3県（岩手，宮城そして福島県）の中からそれぞれ決定し，重複がなく，きめ細やかな支援を行っ

273

第V部　支援者・専門家の養成

た。このような方式を公立大学が採用することで，将来起こる大災害に備えることができるだろう。災害時には迅速できめ細やかな支援が可能になるだけでなく，平常時からこの方式で連携することで公立大学が目指す「地域貢献」や「地域防災活動」に対しても有益な情報のやりとりが可能になる。ただし，この大学連携は公立大学に限ったことではなく，国立や私立の大学においても重要である。

（ 2 ） 学生の自主的活動と学生間ネットワークに対する支援

　学生たちの自主的な被災地支援活動を支援することも重要である。兵庫県立大学にLANやBridgeといった学生組織が生まれたように，2011年の東日本大震災を契機に学生による支援（ボランティア）組織が全国にたくさん立ち上がり，学生たちによる支援活動が東北地方の各地で展開された。これら学生組織の中には，すでに解散したものや活動が停滞しているものも多いのではないだろうか。その主な原因は，災害復旧がある程度終わったために学生たちの熱意が低下したことや学生組織が継続的に活動していく上での経済的な支援がなくなっていったことなどである。このような状況に陥らないようするために，大学やそれを束ねる組織（公立大学協会のような組織）の積極的なかかわりが重要となる。

　公立大学協会は，2011年6月に「東日本大震災復興学生ボランティア等に関する作業部会」を発足させ，同年10月に，公立大学に在籍し被災地で支援活動をした学生ボランティアを集め，彼らによる「車座シンポジウム」を開催した。これをきっかけとして，協会は2012年11月には「被災地支援と地域防災活動」に関する公立大学学生のワークショップを開催した。2013年には，これらが発展し，被災地支援や地域貢献活動の情報を共有する公立大学の学生ネットワークが，学生たち自身の発案から誕生した。さらに，2013年以降，このネットワークが企画・運営する全国公立大学学生大会「LINKtopos（LINKはつながり，toposは場という意味。学生ネットワークそのものもLINKtoposと呼んでいる）」が公立大学学長会議にあわせて毎年開かれている。被災地支援のみならず地域貢献活動に従事する全国公立大学のボランティア団体の学生やボランティア（社

第17章　被災地に関わる「若者，バカ者，よそ者」を育てる

会貢献）活動に関心のある学生たちが毎年集まるこの大会は，公立大学の存在
意義の１つでもある「地域貢献」だけでなく，公立大学が目指すべき教育につ
いて考える重要な大会になっている。さらに，学生たちが被災地や地域といっ
た現場で培った知識や知恵を共有でき，次の活動へと発展するためのエネル
ギーを吸収できる素晴らしい場にもなっている。このように全国の学生が交流
し，切磋琢磨して学びあえる場の存在は極めて素晴らしく，公立大学ならでは
取組みといえる。

7　積極的に「若者，バカ者，よそ者」を育てる

　大学生には，実社会で働いている社会人がもっていない，大学生ならではの
特徴や特典がある。つまり，大学生は多くの可能性を秘めた，「若者」であり，
「バカ者」であり，そして「よそ者」なのである。しかし，学生の多くはそれ
に気付いていない。大学の教職員の多くもその良さを理解していないし，うま
く引き出せてもいない。その結果，大学生の価値を十分に被災地支援などのボ
ランティア活動に活かせていない。彼らには，
・「若者」特有の，何にでも一生懸命になれる，健康な体と体力がある。
・お金はないけど，時間がある。だから，
・「バカ者」になっていろんなことに挑戦でき，いろんな可能性がある。
・若さ故に，少々の失敗が許される。
・被災地では，「よそ者」（利害がない者）故に，被災者の話し相手として重宝
　される。
　これら大学生ならではの利点を発揮できる場の１つが被災地支援である。学
生には，これらのことを理解してもらって，被災地ボランティアとして被災地
で活躍してもらいたい。その経験は彼らにとって，大学の教室内では学べない
素晴らしいものを与えてくれるはずである。また，私たち教員はボランティア
の意義を伝え，彼らが一歩踏み出すために必要な環境を整えていかなければな
らない。これら両者の思いや取組みがうまく繋がることで，被災地を元気にで
きるし，これからの災害に備えることも可能となる。被災地支援だけがすべき

275

第Ⅴ部　支援者・専門家の養成

ことのすべてではないが，被災地支援は大学やそこに在籍する大学生が挑戦すべき，重要な社会的責任の1つである。

（森永速男）

あとがき

　減災復興に貢献する専門人材の育成を目的として，2017（平成29）年4月に，兵庫県立大学大学院減災復興政策研究科が開設されました。研究科長，教授4名，准教授5名，講師1名，計11名の専任教員，学内の他学部他研究科の教員，学外から7名の特任教授が，1学年定員12名の大学院学生の教育に携わっています。育成する人材像は，①減災復興に関する施策を担う能力を有する人材，②被災地における減災復興対策や平常時の危機管理を実践できる能力を有する人材，③学校やコミュニティにおいて防災教育リーダーとしての役割を担う人材，④多様な主体を繋ぎコーディネートする能力を有する人材，⑤減災復興に関する学術分野で専門性を有する人材です。例えば，地方自治体や都道府県教育委員会が策定する減災や復興のガイドラインの作成の要になる人材を育てるのも本研究科の役割です。

　なお，本研究科の開設に先立って2011（平成23）年4月に発足した「防災教育センター（2015〔平成27〕年に，防災教育研究センターに改組）」では，全学の学生すべてを対象とし，ユニット方式にて防災関連教育を行ってきました。阪神・淡路大震災を経験した兵庫県を始め兵庫県内の各自治体やNPO法人には，防災・減災対策のみならず復興に至る過程で積み上げてきた素晴らしい知恵がたくさんあります。これらの知恵を次世代につなぎ，災害に強いまちづくりを推し進める上で，防災教育研究センターにおける教育・研究は極めて重要です。そこでの学びを経た学部生の一部は本研究科に進学し，より深く学んで，減災社会実現のために新しい成果を生み出してくれるでしょう。

　大学院の専門科目は，減災復興アセスメント，減災復興コミュニケーション，減災復興マネジメント，減災復興ガバナンスの4領域から構成されています。また，基礎科目として，減災復興フィールドワークがあります。阪神・淡路大震災，東日本大震災や熊本地震の被災地に教員と学生が訪問し，支援しながら

の教育研究に携わっています。熊本地震後には，ほとんどの教員が被災地に赴き，ボランティアセンターの立ち上げに尽力したり，学校で防災教育と心のサポート授業を実践してきました。また，震災後2年目には被災地の小学校で，担任教師と大学院生が共同で防災と心のサポート授業を実践しました。折しも2017（平成29）年7月5日から6日に発生した九州北部豪雨災害では，一部の教員・学生はすぐに支援に入り活動をしました。また南海トラフ地震を想定して，地域防災に取り組んだり，地理情報システムを活用した防災マップを大学院生が協力して作るなどの活動も行っています。

　効果的な減災と，回復と創造の復興を遂げるためには，さまざまな学問の結集が必要です。そのため，本研究科教員（防災教育研究センター教員を兼ねる）の専門は，地球物理学，建築学，土木工学，情報学，行政学，経済学，心理学，看護学と多岐にわたっています。そこで，各教員が何を教え，どんな研究をしているかを1冊の本にしてみてはと，2017年7月に，出版委員会を立ち上げました。災害関連の専門書を発刊している出版社には室﨑研究科長が交渉され，多くの災害関連の専門書を発刊されているミネルヴァ書房が出版をお引き受けくださいました。

　ミネルヴァ書房第一編集部長の梶谷修様には，全体構成のアドバイスや，大変丁寧な校閲，迅速な校正をしていただきました。心より感謝申し上げます。

　本書は，減災復興に取り組む人づくりに役立つ1冊になると確信しています。また，お読みいただき，忌憚ないご意見も頂戴できれば幸いです。

　阪神・淡路大震災から23年が経過しました。災害で突然命を奪われ，無念の思いを抱えてお亡くなりになられた方に心より哀悼を表すとともに，そのご家族，お友だち，地域の人たちの苦しみや悲しみが再び繰り返されることがないよう，災害に強いまちづくり，復旧から復興と新しいまちづくりに，兵庫県立大学大学院減災復興政策研究科教職員一同尽力することを誓い，むすびの言葉といたします。

　2018年1月

　　　　　　　　　　　兵庫県立大学大学院減災復興政策研究科　教職員一同

索　引

あ 行

IAEM（International Association of Emergency Managers）　258

ICS（Incident Command System）　256

あいち協働ルールブック2004〜NPOと行政との協働促進に向けて　63

愛知県被災者支援センター　63,65

アクションリサーチ　202

圧死　24,29

アプリケーション（アプリ）　88, 95, 100, 102,104

安心で安全なまちづくり　120

安政地震　11

EMI（Emergency Management Institute）　256

生きる力　232

医師会　175

異常気象　27

伊勢湾台風　20

稲むらの火　36,80

医療機器　172

インターネット　89,97,98,100

インドネシア・アチェ州　38

インドネシア・シムル島　38

雲仙普賢岳　26

AEM（Associate Emergency Manager）　258

NIMS（National Incident Management System）　256

FEMA（Federal Emergency Management Agency）　256,258,259

沿岸漁村集落　153

沿岸漁村地域　150

エンタープライズ・ゾーン　206

応急危険度判定　187

大川小学校　233

大阪市立大学　273

大阪府立大学　273

オープンデータ　105

恩恵　19,26,27,30

温泉　27

御嶽山　27

か 行

海底噴火　27

回避　244

カウンターパート方式　273

過覚醒　244

学生応援基金　272

学生間ネットワーク　274

家具転倒防止　8,10

学民交流　2

花崗岩　23

火砕流　26

火山災害　22,26

火山噴火　22

過剰適応　171

課税措置特例　208

仮設住宅　147,149,157,158,160,161

仮設集落　149

仮設団地　159

ガバナンス　51

釜石市　234

瓦礫撤去　268

関西広域連合　273

感震ブレーカ設置　10

官民連携　68

キーエレメントデザイン　119

危機管理　2,4

気象災害　22
絆むすび隊　269
九州北部豪雨　28, 267
急性ストレス障害（ASD）　176
急性ストレス反応　171
旧山古志村　146, 154, 158, 163
教訓　22, 25, 29
協治のガバナンス　70
共助　51, 77
協働連携　3, 4
業務継続計画　44, 45
漁業復興　26
局地的大雨　28
居住地選択　157
近助　8
熊本地震　42, 267
クラウド　100, 104
訓練　48, 49
計画　48
傾聴活動　268
ゲゼルシャフト　182
ゲマインシャフト　182
ゲリラ豪雨　28
県外避難者　5
減災　30, 172
　　——の総合化　I
減災復興　262
減災復興政策　15
減災・復興に関する教育・研究グローバルネ
　　ットワークGAND　263
原子力発電所事故　56
建築規制　126
合意　125
広域連携　3
合意形成　130
公営住宅　150
公益　57
公助　51
高所避難　25, 29
洪水確率　133

洪水防御施設　134
洪水リスク脆弱性　133
公的支援　60
公的水害保険　140
公費解体　160
神戸起業ゾーン計画　206
神戸市復興計画　206
後方支援　64
公立大学　274
公立大学協会　274
公立大学防災センター連携会議　273
凍りついた記憶　243
凍りつき症候群　32
国連防災世界会議　167
心のケア　239
心のサポート授業　248

さ 行

サードセクター　53, 54
最悪想定　2, 4
災害　19, 30
災害関連死　12
災害関連疾患　169
災害関連情報　87, 88, 93, 95-97
災害危険区域　154
災害公営住宅　151
災害時要援護者　169
災害時要配慮者　168
災害情報　96, 97
災害対応サイクル　3
災害対策基本法　14
災害対策本部　44, 45
災害対策本部会議　46
災害ボランティア　5
　　——の秩序化　184
災害ボランティアセンター　183, 185
サイコロジカル・ファースト・エイド（PFA）
　　240
再体験　244
最大層間変形角　115

280

さんさん商店街　26
CEM（Certified Emergency Manager）　258
死荷重効果　214
自助・共助・公助　51,77,136
地震応答解析　114
地震応答履歴　117
地震災害　23
自責感　241
自然災害　19,20,23,29
自然災害保険　127
事前復興　12
事前防備　2
自治体間支援　56
自治体の防災力　64
実行管理　2,3
質点系モデル　114
シビックテック　104,107
島原大変肥後迷惑　22
シミュレーション　111,118
社会貢献　274
社会的責任　276
私有財産制　59
住宅再建　59
住宅の耐震補強　8
集中豪雨　24,28
住民ワークショップ　128
主体形成　193
受援力　68
昇華　171
小規模住宅地区等改良事業　151,154
少子高齢化社会　5
衝突境界　23
情報システム　88,95,105
新規立地促進税制　212
人口減少　145
震災関連死　5,9
震災障害者　5
震災離職者　5
新産業社会基盤施設調査　207
浸水警戒区域　137

新耐震基準　117
新耐震設計法　113
心的外傷／トラウマ　32,176,247
心の外傷後ストレス反応　176
心的外傷後ストレス障害（PTSD）　176,241,243
震度　111
心理的ディブリーフィング　239
水害　24
水害保険　128,135
水害リスク　121
水害リスク情報開示　129
水害リスクマネジメント　121
水蒸気爆発　27
スーパーコンピュータ　119
「すごす」かかわり　200
ストレス　241
ストレス対処　241,242
ストレス反応　241,242
ストレッサー　241,242
スマートフォン　88,89,94,95,104,105,108
スマイル健康塾　267,269
生活再建プロセス　159
生活不活発病　268
政策の現場化　1
脆弱性　169
正常性バイアス　31,40
政府部門　52
セキュリテ被災地応援ファンド　55
雪害　22
セルフケア　242
全国公立大学学生大会　274
総合現場科学　15
総合治水　121
相互支援　77
創造的復興　11,54
想定南海地震　115-117
備え　174
そなえる　136
ソフトウエア　7,9

た　行

大学間ネットワーク　273
大学教育　266
大学コンソーシアムひょうご神戸　273
退行現象　171
対口支援　3
対策の足し算　6,7
大地震動　112
耐震基準　112,113
台風・豪雨災害　27
タイムライン　155,162,163,166
高台避難　25
宅地嵩上げ　138
他者　182,188
多数派同調性バイアス　31
建物被害予測　114
ためる　136
多様な主体　125
地域貢献　266,274,275
地域コミュニティ　125
地域再生公社　216
地域サポートセンター　15
地域復興支援員　61
地域防災活動　274
地域防災計画　14
地学教育　24
地球温暖化　28
地球の営み　19,20,26,28-30
地区防災計画（制度）　14,128
地先の安全度マップ　137
窒息死　24,29
中越地震　→新潟県中越地震
中越復興市民会議　61
中山間地域　145,150,156
中小企業等グループ施設等復旧整備補助事業
　55
中小地震動　112
津波てんでんこ　29,38
津波災害　25

データベース　106
溺死　25,29
都市計画　130
土地利用　126
土地利用規制　132
土地利用計画　134
特区の経済効果　218
鳥取県中部地震　42
とどめる　136
トラウマ　32,176,247
トリガー　243
努力義務　139

な　行

内水氾濫　134
内発的な復興プロセス　201
内発的発展論　201
ながす　136
南海トラフ巨大地震　6,38
新潟県中越地震　11,54,145-147,151,154,
　156,161-163,165,193
200年確率の降雨　137
妊婦　173

は　行

ハードウエア　7,9
パートナーシップ　14,15
Higher Education Program　256,258
バカ者　265,269,275
ハザード情報　108,126
母親　173
阪神・淡路震災復興計画　206
阪神・淡路大震災　1, 3, 5, 11, 20, 22, 29, 54,
　78,267
阪神大水害　24
被害の引き算　6
PDCAサイクル　3
東日本大震災　2,11,20,22,25,29,42,55,232,
　265,266
東日本大震災復興構想会議　205

282

索　引

東日本大震災復興特別区域法　207

被災者生活再建支援法　60

被災者台帳　105

被災地支援　275

ビッグデータ　92

避難訓練　230

避難計画　139

避難行動要支援者　170

　　──の避難情動支援に関する取組指針
　　170

避難場所　138

ヒューマンウエア　7, 9

兵庫県南部地震　23, 116, 117

兵庫県立大学学生災害復興支援団体 LAN
　269

兵庫県立大学大学院減災復興政策研究科
　1, 19, 261, 266

兵庫県立大学大学院シミュレーション学研究
　科　119

ひょうご創生研究会　206

ひょうごボランタリープラザ　270, 272

Build Back Better　11

福島第 1 原子力発電所　269

復興　26, 192

　　──の主体　192, 202

復興基金　57-59, 69

復興計画　162

復興災害　9

復興地域づくり　13

復興特区　204

不動産取引　128

フラジリティ曲線　112, 116

プラットフォーム　100, 107

プレート　23

包括ケアセンター　15

防災　172

防災教育　25, 227, 270, 271

防災教育科目　19

防災教育研究センター　19, 266, 272

防災教育センター　19

防災教育ユニット　261, 262, 270, 272

防災士　255

防災集団移転促進事業　145, 150-152

防災スペシャリスト養成研修　254

防災リテラシー　68

防災力　170

放射線被災地　269

法人税特別控除　215

保険加入　131

保健師　174

保健所　175

母子　173, 174

ボトムアップ　14

ボランティア　26, 180, 182, 265-267, 271,
　272, 274

ま　行

マグニチュード　111, 113

マニュアル　48, 49

マヒ　244

未災地　68

みなし仮設　157

南三陸町　267

宮城大学　266, 267

民間部門　53

室戸台風　227

メカニズム　20

「めざす」かかわり　200

メディア　88, 89, 93, 94, 96, 98, 100, 102, 104,
　105

猛暑　28

モバイルデバイス　105

桃浦かき生産者合同会社　204

や　行

野菜ビジネス　213

よそ者　265, 269, 275

ら　行

ラフカディオ . ハーン　80

283

リアルタイム　88, 92
リーダーシップ　47, 48
reconstruction　11
り災証明　105, 106
リスクアセスメント　2, 4
リスク移転　123
リスク回避　123
リスクガバナンス　2, 4, 125
リスク軽減　123
リスクコミュニケーション　2, 4, 126
リスク情報提供　129
リスク保持　124
リスクマネージメント　2, 4
リスボン地震　11

利他行動　31
リテラシー　97
revitalization　11
流域治水条例　136
料率　131
LINKtopos　274
レジリエンス　167
ローカル・ガバナンス　58, 62, 64, 68, 69
六甲山　23, 24

わ　行

若者，バカ者，よそ者　265, 269, 271, 275
我が家の避難カード　139

執筆者紹介 （所属，執筆分担，執筆順，＊は編者）

＊室﨑　益輝（兵庫県立大学大学院減災復興政策研究科長・教授，序章）

森永　速男（兵庫県立大学大学院減災復興政策研究科教授，1章，17章）

＊冨永　良喜（兵庫県立大学大学院減災復興政策研究科教授，2章，15章）

紅谷　昇平（兵庫県立大学大学院減災復興政策研究科准教授，3章，16章）

青田　良介（兵庫県立大学大学院減災復興政策研究科教授，4章）

阪本　真由美（兵庫県立大学大学院減災復興政策研究科准教授，5章，14章）

浦川　　豪（兵庫県立大学大学院減災復興政策研究科准教授，6章）

永野　康行（兵庫県立大学大学院シミュレーション学研究科教授，7章）

馬場　美智子（兵庫県立大学大学院減災復興政策研究科准教授，8章）

澤田　雅浩（兵庫県立大学大学院減災復興政策研究科准教授，9章）

山本　あい子（兵庫県立大学地域ケア開発研究所教授，10章-1）

高見　美保（兵庫県立大学看護学部教授，10章-2）

三宅　一代（社会福祉法人芳友 にこにこハウス医療福祉センター教育課課長，10章-3）

渡邊　聡子（高知県立大学看護学部准教授，10章-4）

牛尾　裕子（兵庫県立大学看護学部准教授，10章-5）

近澤　範子（元兵庫県立大学看護学部教授，兵庫県立大学名誉教授，10章-6）

宮本　　匠（兵庫県立大学大学院減災復興政策研究科講師，11章，12章）

加藤　恵正（兵庫県立大学大学院減災復興政策研究科教授，13章）

《編者紹介》

室﨑益輝（むろさき・よしてる）

1944年生まれ。京都大学大学院工学研究科博士課程単位取得退学。神戸大学工学部教授、同大学都市安全研究センター教授を経て、独立行政法人消防研究所理事長、消防庁消防研究センター所長など歴任、関西学院大学教授、兵庫県立大学特任教授を経て、現在、兵庫県立大学大学院減災復興政策研究科長。著書に『地域計画と防火』『ビル火災』『危険都市の証言』『建築防災・安全』など多数。

冨永良喜（とみなが・よしき）

1952年生まれ。九州大学大学院教育学研究科博士課程（教育心理学専攻）単位取得退学。兵庫教育大学学校教育学部附属発達心理臨床研究センター教授、同大学大学院連合学校教育学研究科教授を経て、現在、兵庫県立大学大学院減災復興政策研究科教授。著書に『災害・事件後の子どもの心理支援』『ストレスマネジメント理論による心とからだの健康観察と教育相談ツール集』（編）『「いじめ」と「体罰」その現状と対応』（共編）など多数。

兵庫県立大学大学院減災復興政策研究科

2017年開設。阪神・淡路大震災以後、行政、企業、学校、NPO、地域、ボランティア等多様な主体が蓄積した教訓や知見を学問的に体系化し、減災と復興を表裏一体として捉え、既存の学問を横断的に組み合わせ、減災復興政策にかかる教育研究を展開。減災復興施策の立案や実施、危機管理の実践、防災教育など多様な取組みをリードする人材を育成・ネットワーク化することにより、災害に強い社会づくりへの貢献をめざしている。

災害に立ち向かう人づくり
——減災社会構築と被災地復興の礎——

2018年5月10日　初版第1刷発行　　　　　　　〈検印省略〉

定価はカバーに
表示しています

編　者	室　﨑　益　輝 冨　永　良　喜 兵庫県立大学大学院 減災復興政策研究科
発行者	杉　田　啓　三
印刷者	中　村　勝　弘

発行所　株式会社　ミネルヴァ書房

607-8494 京都市山科区日ノ岡堤谷町1
電話代表　(075)581-5191
振替口座　01020-0-8076

© 室﨑・冨永ほか，2018　　　中村印刷・新生製本

ISBN978-4-623-08241-4

Printed in Japan

市町村合併による防災力空洞化

――――――室﨑益輝／幸田雅治　編著　Ａ５判　264頁　本体3500円

●東日本大震災で露呈した弊害　市町村合併後の地方自治劣化が懸念されている。住民の生命に関わる防災の観点から、平成の大合併の問題点を総括する。

震災復興学

――――神戸大学震災復興支援プラットフォーム編　Ａ５判　308頁　本体3000円

●阪神・淡路20年の歩みと東日本大震災の教訓　神戸大学で震災復興学を講じる執筆陣が、学際的視点から課題を検証する震災復興学の入門テキスト。

防災・減災のための社会安全学

――――――関西大学社会安全学部編　Ａ５判　250頁　本体3800円

●安全・安心な社会の構築への提言　災害に強い社会の実現をめざして、最先端の学際的研究から自然災害への総合的対策を検証する。

リスク管理のための社会安全学

――――――関西大学社会安全学部編　Ａ５判　288頁　本体3800円

●自然・社会災害への対応と実践　平常時の生活や経済活動に関するリスク、東日本大震災の実証分析を踏まえた災害時のリスクへの対処法を検討する。

事故防止のための社会安全学

――――――関西大学社会安全学部編　Ａ５判　328頁　本体3800円

●防災と被害軽減に繋げる分析と提言　専門研究の蓄積を礎に事故防止と被害低減の実現をめざす。

東日本大震災 復興５年目の検証

――――――関西大学社会安全学部編　Ａ５判　380頁　本体3800円

●復興の実態と防災・減災・縮災の展望　東日本大震災以降、学際的視点から５年間の復興支援を分析した研究成果。

――――― ミネルヴァ書房 ―――――

http://www.minervashobo.co.jp/